劉邦傳

權謀天下

飄雪樓主 著

登基稱帝與功臣離散，楚漢終決一統江山

從一介布衣到漢朝的開國皇帝
劉邦如何走向權力的巔峰？

四年楚漢之爭拉開序幕，並以項羽烏江自刎落下帷幕
且看劉邦如何在亂世中力挽狂瀾，最終成就千秋偉業

目錄

目錄

目錄

第十章
博弈的密碼

逼反英布

在張良的下邑畫策中，和另兩位「自己人」相比，英布算是「外來人」。如果非要弄個武將排行榜，驍勇的英布是當仁不讓的第一戰將。項羽的成名之戰——鉅鹿大戰就是在英布充當急先鋒的情況下，偷襲秦軍糧道成功，才使得項羽發起全面進攻，大破秦軍。後來在分封大會時，項羽把英布封為九江王，也足以說明項羽對英布的認可和信賴。

如何才能從虎口奪食呢？雖然張良已經指出了兩人關係正處於微妙的「彆扭期」，這就是突破口，但凡事說起來容易做起來難。「派誰去九江才能成功抱得悍將歸呢？」劉邦陷入了沉思。

正在這時，一個叫隨何的人主動請纓。

隨何原本只是劉邦身邊的一名近侍，關鍵時刻挺身而出，使得這個原本默默無聞的演說家有了一展才華的機會。

他說服英布的過程可謂一波三折，被後人引為典範。下面，就讓我們搬起小板凳好好坐下，慢慢來看隨何這次九江之行吧。

隨何興沖沖地來到九江後，英布命太宰（古代一般指大臣，在秦漢時指專管膳食和宴會的官員）招待他，自己避而不見。一連三天過去了，隨何再也坐不住了，他對負責接待自己的太宰說道：「我來這裡已經三天了，大王連見都不肯見我，他心裡分明是認為楚強漢弱，不能做最後的決斷。但是，我既然來到了這裡，好歹也得見上一面吧。談得攏就談，談不攏就拉倒，這樣拖著總不是辦法吧。」

太宰只好去請示英布。英布想想也有道理：「既然如此，那就見面吧，在我的地盤上，還怕他不成？」

　　於是，英布接見了漢朝特派使臣隨何一行。隨何充分把握住了這次機會，展示了自己的演講功力，堪稱經典。

　　「請問大王，您和項羽可有親戚關係？」隨何一見面便來了個單刀直入。

　　「我們無任何血脈關係，只有上下級關係。我是被他分封到這裡的一個諸侯王。」英布也許是被隨何那種氣勢給懾住了，像一個小學生一樣老老實實地答道。

　　「大王過得還如意吧？」隨何第二問出爐。

　　「還行吧，一般。」

　　「只怕是不太行，很差吧？」隨何的第三問咄咄逼人。

　　「這……」

　　「當初項羽攻打齊地時，曾向您發出『遣兵令』，結果大王沒去，只派了幾千老弱殘兵前去增援，算是敷衍過關了。還有，項羽回救彭城時，二度向大王發出『遣兵令』，結果您這一次真是做絕了，不發一兵一卒。這又是怎麼回事呢？」

　　「我……我病了嘛。」面對隨何的發問，英布支支吾吾地答。

　　「不，不。」隨何的頭搖得像撥浪鼓，義正詞嚴地說，「大王您其實沒有病，只是有心病罷了。您表面上對項羽絕對效忠，但內心其實早就想棄暗投明了，只不過礙於當前漢弱楚強的形勢，您下不定決心罷了。」

　　這下英布無話可說，只有洗耳恭聽的分兒了。

　　「恕我直言，您如此擁兵自重，雖然打起仗來不會吃虧，但恐怕在政治上還是稚嫩得多。這樣下去，恐怕到時候您會死無葬身之地啊！」隨何

開始發表「威脅論」。

「依你之見，我當如何？」英布弱弱地問了一句。

「關鍵時候是看清路，站好隊。您當務之急當然是棄暗投明，加入漢王的陣營啊。」隨何對此早已胸有成竹。

「項羽毀盟約、殺義帝、廢舊王，此乃不仁不義、不忠不孝也；漢王收諸侯、高築牆、廣納糧，此乃韜光養晦、謀圖未來也。您把自己的身家性命全都託付給項羽是大錯特錯的，只有回頭是岸，選擇支持投靠漢王這邊才是明智之舉。」

英布聞言，沉默良久，心裡很是觸動，但嘴上卻問：「不管是不是楚強漢弱，就算我有心歸附漢王，但僅憑我這麼一點兵馬，怎能抵擋住項羽的不敗之師？」

「不是讓您一個人對抗項羽。您只要拖住項羽幾個月時間，給漢王贏得反擊的機會就行了。」隨何說完這句話，開始亮出了自己的底牌，「漢王早已立下承諾，事成之後，必定封王封地給您。」

至此，英布已心有所動，但離付諸實踐還有那麼一丁點距離。

「容我三思。」英布以此結束了這輪談判。

此後幾天，英布那裡毫無音信，隨何察覺事態不妙，馬上派手下十多個隨從在軍營中四處打探，結果得到了一條重要的消息：英布正在密室會見項羽的使者。

於是，形勢進一步明朗：在這小小的九江，劉邦和項羽展開了激烈的人才爭奪戰。這個沒有硝煙的戰場同樣充滿了火藥味。只是這場人才爭奪戰還沒開打，項羽一方就已經落了下風。原因有二：

第一，劉邦派出的使者隨何比項羽的使者稍稍快了那麼幾天，且這

幾天決定了整個局勢。隨何在項羽的使者到來之前就已經爭取到了英布的心。

第二，劉邦派出的是智勇雙全、巧舌如簀、膽識過人的隨何，而項羽卻隨隨便便派了幾個粗魯的武士充當使者。

在這場人才爭奪戰中，項羽明顯對對手猜想不足，他甚至沒有考慮到劉邦會介入。單從這兩點來看，項羽已注定在這場人才爭奪戰中失利了。

也正是因為這樣，就在英布和楚國使者進行單方面會晤時，隨何不請自來，出現在了會客大廳。他直指楚國使者：「九江王已是我大漢的人了，你楚國的人還來這裡做什麼？」

隨何語出驚人，把包括英布在內的人都驚住了。楚使呆了半晌才回過神來，關鍵時候，楚使個人素質不過硬暴露無遺，他在沒有弄清楚事實真相的前提下，就單方面相信了隨何所說的話，並且做出了中途離席這個極其錯誤的舉動。

「大王再猶豫，事情一旦敗露出去，可就追悔莫及了。」隨何屬聲提醒道。

英布終於站起來，暴喝一聲：「殺了他。」

楚使死了，隨何笑了，英布終於解脫了，他只有一條路可以選擇了，那就是跟隨漢王一起去打江山。這樣一來，隨何憑著伶牙俐齒和過硬膽識光榮地完成了這項說服任務。

英布殺楚使歸降漢王的事，項羽很快就知道了。一怒之下，他派出手下項聲和龍且兩員猛將，帶三萬大軍去興師問罪。值得一提的是，龍且是項羽手下的「絕代雙殺」之一（另一個是鍾離昧），作戰風格以快、準、狠著稱，在楚軍中的威望很高。而項聲也是項氏家族的人，與項莊、項他一

樣都是威不可擋的猛將。項氏家族裡只有項伯勉強稱得上謀士，其他包括項羽在內都是武士。

英布哪能被別人隨便欺負，於是雙方馬上展開了陣地戰。這場戰爭果然如劉邦所料，一連打了幾個月，但最終的勝負還是分出來了，龍且勝，英布敗。自古成王敗寇，敗寇英布只好帶兵抄小路投奔正駐紮在滎陽的劉邦。

到了滎陽後，英布首先要去見他的新主子劉邦。劉邦接見他的地點不是議事大廳，而是內室。

選擇內室見客，這在當時是件很沒禮貌的事。乍一看，這似乎不符合表面功夫一流的劉邦禮賢下士的風格。原因很簡單，因為當時劉邦喝醉了酒。醉了酒，失態也就難免。

這樣怠慢的待客之道，英布自然感到不爽了，但人在屋簷下不得不低頭。不爽歸不爽，他還是很恭敬地向劉邦行了禮。劉邦在酒精的麻醉下，隨便和他聊了幾句家常話，然後手一揮，叫隨何安排他去歇息。

出了內室，英布不幹了，感覺受到汙辱的他一氣之下要拔劍自刎。《史記》對此記載了八個字：「布大怒，悔來，欲自殺」。幸好隨何及時阻攔，才免去一場血光之災。接下來，隨何充分發揮三寸不爛之舌的特長，為劉邦的怠慢行為進行了辯解。

事實上，隨何這番辯解為最終留住英布造成了重要作用。要知道當時英布雖然只是一個小小的九江王，但對劉邦和項羽任何一方來說都是相當重要的砝碼，甚至可以說他決定著楚漢之爭最終的走向。

英布的重要性，醉酒後的劉邦給忘了，因此他即將面臨這個舉足輕重的人物流失的嚴重問題。如果真是這樣，張良「下邑畫策」中最重要的

「搞定英布」將功虧一簣，楚漢之爭勝利的天平將完全傾向項羽。

關鍵時候還是得看張良的，幸好隨何拖住了英布，他馬上為英布安排了隆重的歡迎儀式。

為了拉攏這個舉足輕重的人物，張良可是下了不少功夫。他專門安排了兩排威武的士兵跪著迎接九江王的到來，這極大地滿足了英布的虛榮心。見面後，張良畢恭畢敬地對英布說道：「在下先替漢王為大王接風洗塵。」

張良自知酒量有限，於是拉上了陳平，充分發揮了東道主的優勢，兩人你一杯我一杯輪流敬英布。山珍海味、美酒佳餚不說，還有歌女做伴，就這樣，張良首先把英布穩在了漢營中，這給第二天劉邦徹底收服英布贏得了時間。

果然，第二天，劉邦把虛情假意的一貫作風表現得淋漓盡致。他親自接見英布後，對他噓寒問暖，關懷備至，還信誓旦旦地表示要馬上派人到九江把他的家眷接來，以防卑鄙小人項羽下毒手。總之，對劉邦的這次接見，英布心裡只有兩個字：感動。

就這樣，英布算是基本被劉邦搞定了。而徹底幫劉邦把英布搞定的人不是別人，正是項羽，因為這時候，項羽在九江把英布的全家老少都殺光了！這下，項羽算是幫了劉邦的大忙了。從此，英布對項羽恨之入骨，誓死血債血還，並死心塌地跟隨漢王了。

值得一提的是，彭越這時也早已被劉邦「招安」過來了。這樣，張良的「下邑畫策」在短短不到一個月的時間裡就全部實現了。韓信、彭越、英布三大曠世奇才積聚到劉邦身邊。在經過彭城慘敗後，劉邦又有了可以和項羽抗衡的資本了。

至此，楚漢之爭主線的第一場大戰結束，雙方進入了蓄勢階段。隨後，支線的第二場大戰——安邑之戰——拉開了序幕。

鯨吞魏地

在人才拉鋸戰中，劉邦嘗到了甜頭。隨後，他再接再厲，馬上又來了個三步走。這三步雖小，卻對日後整個戰局造成了至關重要的作用。

第一步：封太子，建根據地。

為了向天下人展示自己奪天下的決心，劉邦聽從蕭何的建議，把那個在逃難過程中，被自己幾番推下車的劉盈封為太子，很好地穩住了人心。

並且根據形勢所需，他還把對抗楚軍的軍事根據地建在了滎陽，自己親自坐鎮滎陽指揮軍馬調動。

滎陽地處河南西部山區與中東部平原的交會處，易守難攻，是軍事防禦系統中的天然屏障。滎陽附近的敖倉是大秦帝國時建造的，儲存了大量的糧食。因此，選擇滎陽可以說是占據了天時地利人和。

而蕭何依然留在櫟陽，服侍年幼的太子，處理朝廷事務，負責軍馬糧草的徵集，進行兵器衣食的運輸，為劉邦在前線的部隊提供了堅實的後勤保障。

單從這一點來看，劉邦用人的確是一流的。蕭何沒有行軍打仗、衝鋒陷陣的軍事才能，卻有很好的組織策劃才能。讓他管理國家內政和後勤，正是知人善用。而善於出謀劃策的張良和善於帶兵征戰的韓信，在前線出

謀的出謀，打仗的打仗，各司其職，充分發揮各自的才華和潛能。難怪後人公認劉邦是中國歷史上最會用人的皇帝。

正如劉邦自己所說：

「運籌帷幄之中，決勝千里之外，我不如張良；鎮守國家，安撫百姓，供給軍糧，暢通糧道，我不如蕭何；運兵百萬，戰必勝，攻必克，我不如韓信。這三人都是人中俊傑，我能任用他們，是我取得天下的原因。項羽連一個范增都用不好，這是他之所以被我擒殺的原因。」

第二步：打造「偽樓煩騎兵」。

彭城的慘敗，讓劉邦最受傷的不是項羽的厲害，而是樓煩騎兵的厲害。

這三萬騎兵打起仗來簡直不要命，要不怎麼能以一敵十、以一敵二十，打敗五十餘萬聯軍？

「沒有自己的騎兵，永遠都不可能擊敗楚軍啊！」劉邦發出了深深的感嘆。

屬下很快就察覺到了劉邦心中的痛，推薦了秦朝舊將、名聲在外的李必和駱甲兩名騎士，請他們兩人來當總教頭，調教一支鐵騎雄兵。

劉邦一聽大喜過望，馬上派人把李必和駱甲兩人請來了。

然而，出人意料的是，儘管劉邦很真誠，但李必和駱甲兩人拒絕了。理由很簡單，他們覺得自己是秦國人，不足以服眾。劉邦執意相留，兩人只好說，我們留下來可以，但只能當軍事顧問。

劉邦只好任命灌嬰為中大夫令，李必和駱甲分別為左右校尉，組建了一支騎兵進行祕密訓練。這支騎兵很快就有了嶄露頭角的機會。一次，項羽還是採取他的騎兵戰術，以高舉高打的方式攻擊劉邦的步兵。這時候，

劉邦的鐵騎突然殺出，打了楚軍一個措手不及，最後楚軍一敗塗地。

這麼短的時間居然擁有了騎兵，項羽在驚訝之餘，不敢再輕舉妄動。於是，楚漢兩軍就這樣以滎陽為界線對峙起來。

第三步：鯨吞魏地。

魏地的主子是魏王魏豹，他本來是個很安分守己的人，守著項羽封給自己的一畝三分地過日子就很滿足了。然而，劉邦出關後一路西征，眼看其他諸侯王紛紛歸附於他，迫於這樣的強大輿論壓力，他不得已只好選擇了入夥。結果劉邦對他並不看重，後來又任用彭越為魏相，等於架空了他這個魏王。

魏豹心不甘情不願，做起事來自然就消極。這樣一來，劉邦更沒有好臉色給他看了。羔羊也會怒吼，就在劉邦在彭城大敗時，一直找不到理由離開的魏豹自然不會讓眼前的機會白白溜走。他向劉邦打了個「探病母」的請假條後，選擇了一走了之。魏豹前腳剛走出劉營，後腳就轉投了項營。

劉邦這下急了，眼下正是用人之際，自己少了個魏王就少了一分力量，而項羽那邊多了個魏王就多了一分力量，此消彼長，這讓原本就處於劣勢中的他感到了危機。不能眼睜睜看著魏豹離自己而去，得勸他回心轉意！

這一次，劉邦沒有再派隨何出馬，而是派出了自己手下的「第一說客」酈食其出馬。酈食其自從到了漢營，憑著一張三寸不爛之舌，立下過許多功勞，深受劉邦器重。然而，他這一次的外交之旅卻以失敗告終。要知道，魏豹這時早已鐵了心，酈食其無論如何也說服不了他。

酈食其雖然沒能延續自己外交不敗的紀錄，但給劉邦帶來了魏軍的一些情況。

「魏軍的大將軍是誰？」劉邦問。

「柏直。」酈食其答。

「魏軍的騎兵將領是誰？」劉邦問。

「馮敬。」酈食其答。

「魏軍的步兵將領是誰？」劉邦問。

「項他。」酈食其答。

三問三答，對話到此戛然而止。對劉邦來說，有了這三個情報，就已經足夠了。接下來，他馬上起兵伐魏。

劉邦派出的是以大將軍韓信領銜、以曹參和灌嬰為副將的三人組合團。當時酈食其問這樣安排的原因時，劉邦答：「魏王沒有用身經百戰的周叔做大將，而派柏直做大將，怎麼是我大將軍韓信的對手呢？魏軍騎兵將領馮敬倒是驍勇，但比起灌嬰來說還是稍遜一籌，至於步兵將領項他雖是項氏族人，但論文論武都不是曹參的對手啊。所以，派這三個人去伐魏，可以確保穩操勝券。」

事實證明，劉邦看人用人果然高人一籌。下面，我們就來看看這場龍虎之戰。

韓信帶領漢軍很快就抵達了臨晉。到了這裡漢軍就停下了，因為前面有一條黃河擋住了去路，而黃河那邊就是魏王魏豹的地盤蒲坂縣。魏豹早已在黃河對岸步步為營嚴加防守。於是，如何渡河成了擺在韓信面前的一個大難題。

接下來就要看韓信的表演了。到了臨晉後，韓信並沒有急著率兵渡河，因為那樣傷亡肯定慘重，而且還不一定能渡過去。他開始在黃河邊上四處轉悠起來。別看他很清閒，卻是有目的的。他透過多種管道了解到這樣一個情況：河對岸的魏軍防守很嚴密，只有上游的夏陽守兵甚少。

那麼，為什麼魏王在關鍵的夏陽疏於防守呢？夏陽一帶因地理位置特殊，根本就沒什麼樹木，船隻很少很少，想渡河幾乎是插翅也難飛過來。魏王認為夏陽是最安全的地方，所以只派了少量兵馬來守。

韓信馬上開始做準備工作。他一邊派曹參帶人到山裡採木材，當砍柴的樵夫，一邊派灌嬰到附近集市上去收購瓦罌，當了一回採購員。兩大將軍不明所以，暈乎乎地辦好各自的事後，韓信依然繼續玩深沉，他二話不說遞給他們一人一個錦囊，叮囑他們用木材和瓦罌造木罌。

木罌的造法其實很簡單，就是木樁夾住罌底，四周捆成方格，然後往裡放上瓦罌，最後再把木罌連起來，這樣木罌在水中便風吹不散雨打不落了。但是，渡河的船都已準備好了，現在還來造木罌，是不是白天點燈，多此一舉呢？納悶歸納悶，兩大將軍還是按時完成了任務。

韓信驗收木罌後，在一個月黑風高的晚上，指揮渡河行動了。他首先令灌嬰帶一些老弱病殘的士兵搖旗吶喊，做出要搶渡黃河的樣子，吸引河對岸魏軍的注意力。然後，他帶領大部隊抬著木罌乘夜向夏陽出發。到了夏陽後，他令眾人放下木罌，讓士兵們坐進木罌裡，在夜色的掩護下，向黃河對岸划去。

此時，魏軍的注意力都被灌嬰在晉津佯裝渡河的精彩表演吸引了。可等了半天，只聽見河對岸吶喊聲陣陣，卻沒見實際動作。正當魏軍納悶時，韓信的大部隊早已在夏陽一帶悄然登陸了。登陸後，韓信立刻打了魏軍一個措手不及，夏陽幾乎沒費吹灰之力就奪下來了。

這時候，西魏軍的策略部署是以安邑為中心，魏豹親自指揮，重點布防，試圖力挽狂瀾，阻止漢軍前進的步伐。

然而，魏豹很快就明白理想與現實的差距了，因為在跟漢軍的接觸戰

中，他帶領的魏軍一敗塗地，只能狼狽逃往魏國的都城曲陽，而被寄予厚望的安邑自然毫無懸念地成了漢軍的囊中物。

連下兩城，漢軍士氣大振，接下來便馬不停蹄地向魏王的都城曲陽進軍。魏豹這時充分發揮決戰到底的精神，再次選擇了主動出擊。在沒有等到將軍柏直回都支援的情況下，他就出城去郊外迎敵。結果再次證明，魏軍完全不是漢軍的對手。魏豹再次發揮「鑽山豹」精神，不羞遁走。漢軍大將曹參可不是吃素的，他開始狂追，最後把魏豹團團圍在一座叫武垣的小城裡。

曹參正要對困在「籠子」裡的魏豹進行強攻，這時候韓信說話了：「狗逼急了會跳牆，不如讓他自己乖乖來投降吧。」

果然，魏豹眼見自己已無路可走，在部將強烈要求活命的抗議下，只得向韓信投降。

隨後，韓信又攻下平陽，徹底拿下了魏國全境。

面對到手的魏國，劉邦做了三件事：

一是把魏國國土一分為三，改設為河東、上黨、太原三郡。

二是對魏國降將進行獎罰。主動投降的魏國大臣、大將都得到了加官封爵的嘉獎，唯獨「二進宮」的魏豹及家人被遊行示眾，最後落得個廢官為奴的悲慘下場。

三是對魏國宮女進行留棄。魏豹的愛妾薄姬被納為「後宮一祕」，成了劉邦的「壓寨夫人」，其餘宮女皆貶為平民，攆歸回鄉。

這便是支線的第二場戰役：安邑戰役。這場戰役是漢軍在彭城之敗後取得的一次大勝利，一舉扭轉了漢軍不利的局面，對楚漢雙方來說，這是此消彼長的分水嶺。

殺死陳餘

搞定魏國後，劉邦很高興，一邊親自坐鎮滎陽和項羽繼續對壘，另一邊令韓信繼續帶兵向趙國進軍。這時候，劉邦做了一個小手腳。他以滎陽保衛戰為由，抽調了韓信一萬精兵，一方面是作戰的需要，另一方面也是提防韓信的需要。

韓信對劉邦的舉動並不在意，依然很有信心，因為這一次，他帶上了自己的智囊張耳。他之所以這麼做，是因為趙國除了趙王歇這個名義上的主子，還有真正的主子——代王陳餘。而陳餘才是他真正要清除的對象。

張耳和陳餘的事前面已說過了，這對曾發誓要同生共死的結拜兄弟，自從鉅鹿之戰反目成仇後便水火不相容。雖然後來劉邦在進軍彭城時，利用假人頭成功騙取了陳餘的信任，從而達到了聯盟的目的，但彭城失利後，陳餘得知了真相，便毅然和劉邦決裂了。

這時候，劉邦派韓信征伐趙地，很顯然就是要滅掉陳餘，剪除項羽的羽翼。

眼看漢軍大兵壓境，陳餘自然不會袖手旁觀。他馬上對趙王歇建議道：「大王，漢軍要想進入我們趙燕之地，必須要經過井陘隘口這條路。所以，我們就在井陘口集結兵力，布下天羅地網，讓他們有來無回。」

井陘是從山西的太行山進入河北平原的必經之地，被稱為「太行八陘」之一。井陘的特點是，四周是崇山峻嶺，而中間是低窪澤地。陳餘的意思就是，屯兵在這裡守株待兔，諒韓信插翅也難飛。

趙王歇覺得很有道理，準備照做。

此時，有一個人站了出來，提出了不同的意見。這個人便是廣武君李左車。

李左車祖籍齊國，他的爺爺是戰國時期著名的將軍李牧。都說虎父無犬子，名門之後的李左車自然也不會差，他在中國歷史上很有名氣，對中國文化影響深遠。關於他的傳說有二。

傳說一，相傳中國象棋的棋子布陣，就是模仿李左車在廣武山上的布陣，而像棋中的「車」，指的就是他本人。這個「車」在象棋中能縱橫行走，作用極為重大，一般沒有「車」保護，「帥」是很難保全的。

傳說二，相傳李左車是民間的「雹神」，有蒲松齡的《聊齋志異》和紀昀的《閱微草堂筆記》相關記載為證。

此時，漢軍壓境，李左車自然不會袖手旁觀，馬上提出了自己的高見。

「千里匱糧，士有飢色。漢軍透過長達千里的運輸線送糧，肯定不是一件容易的事。如果前方士兵因為糧草缺少而餓得面黃肌瘦，戰鬥力肯定會大大下降。井陘隘口是一條狹長的『一車道』，戰車不能並行通過，騎兵不能列陣通過，接連數百里都是這樣。在這樣的情況下，漢軍的糧草車肯定被安排在後面，這便是漢軍的命門所在啊！」

隨後，李左車提出了自己的完美計畫：「代王可深溝高壘，堅守在這裡不動，讓漢軍主力部隊找不到決戰的機會。我可帶三萬精兵繞到敵人後面，截斷其軍糧。如此一來，漢軍困於荒野之地，進不能進，退不能退，要吃沒吃，要穿沒穿，自然不戰自亂。如此一來，漢軍便成了甕中之鱉，不出半月，定會為我所破。」

應該說李左車的計畫相當完美，堪稱經典。如果陳餘按他的計謀行動的話，恐怕韓信再屬害也在劫難逃。然而，事實證明，這只是李左車一人

一廂情願的想法，因為他一說出口，陳餘就一口回絕了。

陳餘自然有他的理由：

「十則圍之。就算是一倍於敵人的兵力，都要設法正面迎敵，戰勝敵人。現在韓信號稱幾萬人，而實際上只有幾千人，再加上遠道而來，已是強弩之末。而我們的兵力有二十多萬，十倍於敵人的兵力，完全可以將敵人團團圍起來打，最終全殲敵人。我們如果連這麼弱小的對手都怕成那樣，那以後遇到真正的強敵了，豈不是要躲進深山，閉門不出了？

「人挪活樹挪死。古人云，君子之德如風，小人之德如草。我們帶領的是義兵，就要堂堂正正、清清白白，我陳餘光明磊落，怎麼能像劉邦那樣使用陰謀詭計呢？」

這些理論被陳餘說得頭頭是道，然而，正是他的這種書生意氣最後害了他。

李左車的妙計被拒絕後，他沒有再選擇勸說，而是發出了這樣的感嘆：「我等皆死無葬身之地矣！」

帶領大軍到達井陘隘口的韓信望著這奇特的地形，卻是心驚肉跳，直到手下探子回報說陳餘拒絕了李左車的計謀，他才長長地舒了一口氣，嘆道：「天助我也。如果陳餘用了李左車之計，我就只有束手就擒的份兒了。」

發完感嘆，韓信馬上令大軍火速前進。在離井陘三十里的地方，他讓隊伍停下來安營紮寨。

士兵們連夜行軍，個個都很累，原本以為可以好好休息一下，哪知到了半夜，韓信卻突然升帳，叫來兩個正在做美夢的騎兵將領，交給他們一個光榮而艱鉅的任務：各率一千騎兵，帶著紅旗，從小路進軍，到趙營附

近躲起來。待趙軍出擊，傾巢而出時，再迅速衝進趙營，拔下趙旗，插上我們的紅旗。

布置完後，韓信馬上又叫來一個將領，命他帶一萬精兵為先鋒，直出隘口，背水列陣，等待廝殺。

那將領得令後，說了兩句話：「我堅決服從大將軍的命令，但我只怕有負大將軍的厚愛。趙軍有二十萬之眾，我區區一萬兵馬去河邊壘營，只怕還沒走到河邊，我們就成刀下之鬼了。」

對此，韓信笑道：「你大可放心，我以自己的人格保證你的人身安全。你儘管去，趙軍不會打你們的。正是因為趙軍兵多，所以他們希望和我們的主力進行大決戰，以達到全殲的目的。對你這隊先鋒，他們不敢輕舉妄動，以免把主力嚇跑了。所以，你們儘管大搖大擺地去做你們的事，趙軍不會為難你們。」

事實果然如韓信所說，當這一萬先鋒進軍時，趙軍選擇了漠視。於是，他們順利抵達河邊，然後開始在河邊安營紮寨。

到了三更時分，韓信命士兵擂鼓奏樂，全部人馬一起殺向趙營。

趙軍等了這麼久，就等和漢軍進行大決戰了，所以自然傾巢而出，誓要把韓信的漢軍打成肉餅。但是，他們不會料到，當他們如潮水般衝出時，那兩千潛伏在趙營邊的漢軍馬上闖進趙營，開始了換旗的苦力活，很快就讓趙營變了樣。

而這時，韓信率領的漢軍哪裡是趙軍的對手，很快就被打得只有逃的份兒了。漢軍主力一路退到了漢軍先鋒在河邊的軍營處。因為營後邊是河水，沒有退路，所以漢軍關了寨門，進行殊死抵抗。儘管趙軍人多，但一時半會兒也拿不下漢營。

　　攻了大半天，沒有絲毫效果，趙軍決定先回營休整，補給後再來收拾被圍困的漢軍。然而，當他們回到營前時，突然都怔住了，自己的大本營裡居然飄揚的全是漢軍的紅旗。

　　面對這突如其來的變化，趙軍全都傻眼了。片刻之後，清醒過來的士兵紛紛丟盔棄甲，四散逃命。

　　這時候，儘管陳餘用最大的聲音進行了呼喊，說自己還活著，就在隊伍正中央，但他的聲音被四處嘈雜的聲音掩蓋了。眼看叫喊沒用，陳餘隻好揮起手中的劍，開始斬殺逃跑的士兵。然而，這時候趙軍已亂得像一鍋粥，豈是斬殺幾個逃跑士兵就能被拉回正軌的？

　　兵敗如山倒，沒轍了，陳餘只好護著趙王歇開始逃命。然而，很快慌不擇路的陳餘就悲哀地發現自己走上了一條不歸路，被河擋住了去路。

　　最後，張耳率領的漢軍步步為營，步步逼近。面對孤立無助的陳餘和趙王歇，張耳沒有絲毫手軟，手起刀落，一刀便砍下了陳餘的頭顱，緊接著又是一刀，砍下了趙王歇的頭顱。

　　至此，陳餘和張耳之間的恩恩怨怨終於畫上了一個句號。只是這樣血腥的結局多少有點令人唏噓。都說相逢一笑泯恩仇，張耳卻以這種「血債血還」的方式結束了兩人之間的恩怨。

　　這便是楚漢之爭支線的第三大戰役：井陘戰役。

　　事後，諸將都來向韓通道賀，異口同聲地說：「恭喜將軍，賀喜將軍，立下這麼大的戰功。只是，將軍不按兵法來打仗，居然能取得這麼大的勝利，實在是令人看不懂啊！」

　　「我哪裡沒按兵法打仗了？如果我不按兵法行軍，我們能打勝仗嗎？」韓信反駁道。

「兵法上說，布陣要右靠山陵，左臨水澤。將軍這次令我們背水壘營列陣，這叫依照兵法嗎？還有，您怎麼知道我們就一定能贏？」眾將道。

聽完大家的疑問後，韓信笑了。

「盡信書不如無書。」他向眾人解釋道，「兵法是死的，人是活的，因此我們不能死背書，傻讀書。如何把兵法靈活地運用到實戰中來，才是身為將領必備的素質，才是取勝的關鍵。

「另外，置之亡地而後存。我們的兵馬只有這麼多，只有把隊伍置於絕境，讓每個人都知道後退無路，只能勇往直前時，才能激發出每個人的潛能來，從而產生強大的力量。如果不這樣背水作戰，想必你們早就逃得無影無蹤了吧。

「凡戰者，以正合，以奇勝。戰爭中常規為正，變化為奇，防守為正，突襲為奇。我派兩千騎兵預伏於趙營四周，這便是奇兵；而主力背水布陣防守，便是正兵。這兩者配合起來就叫奇正相合。先正面進攻，再佯裝戰敗背水防守，這就是『以正合』；而預伏的兩千騎兵偷襲趙營，插上紅旗，擾亂敵心，迷惑敵軍，大破敵陣，這便是『以奇勝』。」

韓信解釋完畢，眾人只有嘆服的份兒了。

這時的韓信並沒有被勝利衝昏頭腦，他馬上發表了一條獎賞令：凡有活捉廣武君李左車者，賞千金。

事實證明，重金之下，必有勇夫。很快，李左車就被人擒住，送到了韓信跟前。

當捆得嚴嚴實實的李左車被帶上來時，韓信迅速下座替他鬆了綁，誠懇地請他上坐，熱情地獻上茶後，這才開始說一些「久仰久仰」之類的客套話。

當然，韓信這樣「卑躬屈膝」地對待一個階下囚是有目的的。他有問題要向李左車請教。

「請問先生，我下一步該如何北攻燕，東伐齊呢？」

「敗軍之將不言勇，亡國大夫不圖存。我現在就是敗軍之將，怎麼可以參與謀劃這麼大的事呢？」

對此，韓信馬上講了古代百里奚的故事。戰國時的百里奚在做大夫時，虞國滅亡了，於是他只好去了秦國做相，結果卻輔佐秦國強大了起來，稱霸諸侯。

韓信是借用這個典故，向李左車表明，趙軍之所以會吃敗仗，並不是因為自己比他強，而是因為代王陳餘不聽他的計謀。如果陳餘採用他的計謀，現在身為階下囚的人便是韓信了。

眼看韓信如此禮賢下士，李左車在感動之餘，也獻出了自己的計策。

「現在將軍接連打了安邑、井陘兩場勝仗，成功滅掉了魏國，俘虜魏王，亡了趙國，斬殺陳餘，您已四海名揚。但是，接連征戰，您手下的士兵已經超負荷運轉了，眼下肯定十分疲勞，急需休息。一支疲勞之師只怕很難攻下燕國和齊國。一旦和他們耗下去，最終得利的是以逸待勞的楚國啊！」

韓信深以為然地點點頭。

「善用兵者，不以短擊長，而以長擊短。」李左車繼續說道，「您現在需要把自己連勝帶來的衝擊優勢發揮出來，給對手施以強大的壓力，讓他們心理崩潰，主動認輸，從而達到不戰而屈人之兵的效果。因此，您需要做兩件事。一是虛張聲勢地揮兵向北，做出全力攻打燕國的樣子。

二是派人以您的名義寫一封書信交給燕王，勸他們投降。燕王一害

怕，肯定投降，再派人告訴齊國，齊王一害怕，肯定也投降。這樣一來，燕齊兩國就能被完全平定了。先禮後兵，事半功倍，何樂而不為呢？」

「聽君一席話，勝讀十年書。」韓信忍不住讚嘆道。

後來，果然不出李左車所料，漢軍大造聲勢後，在形勢和輿論的雙重壓力下，燕王臧荼最終選擇了投降漢王。

自此，天下幾大對劉邦不服的諸侯國都被劉邦搞定了。九江王英布和燕王臧荼歸降劉邦，魏王魏豹成了階下囚，趙王趙歇被處死了。除了三個反覆無常的殷王司馬卬、塞王司馬欣、翟王董翳歸項羽外，劉邦與項羽在這一系列的人才拉鋸戰中已然大獲全勝。

這是一個群雄爭霸的時代，大部分英豪都在為選邊站隊而苦惱。其中既不乏安於現狀者、驕傲自滿者，也不乏思考者、絕地反擊者。人在征途的項羽顯然屬於前者，而人在囧途的劉邦則屬於後者。

很快，項羽在彭城之戰大勝的成果就被消耗殆盡，形勢於他而言急轉直下；而劉邦失利之後的陰影很快消去，已然東山再起。

好主意，壞主意

西元前 204 年，項羽繼彭城大敗劉邦後，再一次對劉邦發動大規模的進攻。楚漢之爭的第二場大戰役 —— 成皋之戰正式拉開序幕，一場好戲即將上演。

成皋之戰歷時兩年半。整個過程，從滎陽到成皋，從成皋到函谷關，從函谷關到武關，從武關到滎陽，是一場循環戰役。過程中各種陰謀陽

謀、奇計詭計層出不窮，極為精彩。

在韓信大顯神威時，項羽也動真格了。他帶領大軍直接向漢軍的軍事重地滎陽發動猛攻。

項羽最開始採用蠻攻硬打的策略，但滎陽畢竟是劉邦定下來在前方抗戰的老巢，不僅地形易守難攻，而且城牆堅固，防守嚴密。項羽幾次攻到城下都被劉邦用巧計打退了。

眼看這樣強攻下去不是辦法，好久沒出現的范增終於露臉了。作為項羽手下第一大謀士，范增可不是吃白飯的。他獻的計策看似乎淡卻很實在，那就是切斷滎陽城外的敖倉糧道。

敖倉糧道是滎陽的唯一輸糧通道，敖倉糧道一旦被破壞，滎陽城的數萬漢軍就沒得吃了。這樣一來，滎陽不就不攻自破了嗎？

項羽聽從了亞父范增的計策，將「斷糧」的光榮任務交給了鍾離眛。

鍾離眛領命後，展開了瘋狂的破糧行動。他採用的是游擊戰，行蹤飄忽不定，打一槍換一個地方，這讓防守敖倉糧道的曹參和周勃大為頭疼。他們守了這裡守不了那裡，守了那裡又守不了這裡。試想，那條糧道從敖倉一直通到黃河邊上，只比萬里長城短那麼一點點，怎麼守呢？再說，鍾離眛乃是項羽手下最得力的悍將，即使偶爾與曹參、周勃等人碰上了，來個硬對硬的較量，鍾離眛也絲毫不落下風。

更難能可貴的是，鍾離眛的情報傳遞工作也做得很好。他一邊想辦法破糧道，一邊不斷派人告訴項羽自己破糧的進展情況。所以，當項羽接到鍾離眛的「敵人的糧道已斷，現在城中缺糧」的情報後，便不再遲疑，再次指揮楚軍向滎陽殺去，發動了最為猛烈的進攻。

這下劉邦的處境可就不妙了。城中無糧，再險峻、再堅固的城牆又有

什麼用呢？要行軍打仗，要生存下去，就必須要吃飯，難不成守軍都喝西北風？長此下去，就算不被項羽攻進城來，自己也會被活活餓死。

為了應對困境，劉邦號召大家群策群力，共謀出路。

很快，劉邦手下的第一外交官酈食其站出來獻計：分封原六國諸侯，讓他們以「國」的名義參與這次軍事行動，只要他們牽制住了項羽，滎陽之圍就能不解自破。

「當年商湯伐夏桀時，仍然把夏桀的哥哥封到杞地。周武王伐商紂時，仍然把紂王的哥哥封到了宋國。正是因為商周兩國的開國之君仁愛禮讓，分封了前任君主的後人，贏得了民心，所以商朝有五百年，而周朝有八百年。」酈食其娓娓道來此計的作用，「而秦國統一天下後，各國諸侯都得不到封賞，讓六國後人連個立錐之地都沒有，結果失去了民心，大秦帝國也因此只存在了區區十幾年便滅亡了。大王要想得天下，只有效仿商湯和周武王的做法，再立六國的後人為諸侯，這樣各國的君臣百姓都會對您感恩戴德，願做您的臣。您的德義布及天下，南向稱霸，到時候恐怕連楚國也要來朝拜您了。」

《史記‧留侯世家》記載：「昔湯伐桀，封其後於杞。武王伐紂，封其後於宋。今秦失德棄義，侵伐諸侯社稷，滅六國之後，使無立錐之地。陛下誠能復立六國後世，畢已受印，此其君臣百姓必皆戴陛下之德，莫不鄉風慕義，願為臣妾。德義已行，陛下南鄉稱霸，楚必斂衽而朝。」

「好主意。」面對這樣高深的理論，劉邦馬上給出了中肯的評價。隨後，他交給酈食其一項任務：趕製印璽。

對此，張良卻提出了不同的看法，三個字：壞主意。

就在酈食其日夜不停地趕製印璽期間，張良找劉邦彙報工作。當時劉

邦正在吃飯，舉著筷子，一邊吃一邊對張良說：「愛卿呀，有人幫我出了個非常棒的主意，你來幫我分析一下。」他隨後把酈食其獻的「好主意」說給了張良聽。

張良聽完，很平靜地說了一句：「大王的事業，只怕到此就要結束了。」

劉邦一聽這話哪裡還吃得下飯，趕緊放下筷子，詢問原因。

張良拿起筷子做道具，開始對酈食其的長篇大論展開了反駁。

張良反問一：「當初商湯滅夏桀，之所以封其後人於杞地，是因為能置夏桀於死地，眼下大王能置項羽於死地嗎？」

劉邦搖頭道：「他不置我於死地我就千恩萬謝了。」

張良反問二：「武王伐紂，之所以封其後人於宋地，是因為能取商紂的首級，眼下大王能隨時得到項王的人頭嗎？」

劉邦搖頭道：「他現在不摘我的人頭我就謝天謝地了。」

張良反問三：「昔年周武王入殷，旌表殷代賢士商容的門楣，釋放被商紂王關押起來的賢士箕子，在被商紂王殺害的賢士比干之墓前，上香致敬。眼下大王能封聖人之墓嗎？」

劉邦搖頭道：「不能。」

張良反問四：「武王能發巨橋之粟，散鹿臺之錢，以救濟貧苦之人。眼下大王能拿出錢糧救濟貧苦嗎？」

劉邦搖頭道：「不能。」

張良反問五：「伐紂成功後，武王停息武備，修治文教，用虎皮將武器掩藏起來，以昭告天下不再用兵。眼下大王能偃旗息鼓，不再用兵嗎？」

劉邦搖頭道：「不能。」

張良反問六：「武王讓馬匹在華山陽坡上休息，以昭告天下無為而治。眼下大王能休馬停戰嗎？」

劉邦搖頭道：「不能。」

張良反問七：「武王在種滿桃林的山丘上放牛，以昭告天下從此不再輸送軍需，眼下大王能放牛停運嗎？」

劉邦搖頭道：「不能。」

張良反問八：「目前這些天下的賢士、豪傑、遊士，背井離鄉跟隨大王，他們為的是什麼？還不是為了功名利祿，為了封妻廕子？如果現在就分封了各諸侯，那大家各事其主，都回家去了，還有誰來幫大王打天下呢？退一萬步來說，就算分封了各大諸侯，但人都是善變的，到時候他們見楚國實在太強，還不又紛紛轉投項羽了？那樣，大王的事業不就結束了嗎？」

劉邦無言以答，冷汗如雨。

這便是歷史上著名的「八不可」，每一條都有暗示，其中第一條、第二條暗示劉邦實力偏軟；第三條暗示劉邦威望偏弱；第四條暗示劉邦財產偏少；第五條、第六條暗示劉邦形勢偏暗；第七條暗示劉邦環境偏惡；第八條暗示劉邦需三思而行。

張良就是張良，他的八大反問把劉邦問得啞口無言。良久，劉邦回過神來，做了兩件事：一是大罵酈食其，「這個讀死書的臭腐儒，差點壞了老子的大事啊」；二是立即下達命令銷毀製好的印璽。

小施離間計

不知不覺中，劉邦和項羽的這場滎陽拉鋸戰已經維持好幾個月了，在此期間，項羽對劉邦下了黑手——派兵搗破了劉邦的運糧通道。

據《史記·高祖本紀》記載：「漢王軍滎陽南，築甬道屬之河，以取敖倉。」敖倉是秦朝為儲存糧食而設立的一個大型糧倉，敖倉設在滎陽南岸的高坡上，並在敖倉和滎陽之間修築了運糧的專用甬道。

儘管劉邦派了大量兵力守甬道，但還是沒有逃過項羽的毒手，在數月的攻防戰中，甬道被破。

自從項羽派兵搗破了劉邦的運糧通道後，劉邦的好日子便徹底結束了，接下來沒糧的日子讓他真真切切體會到了什麼是冰火兩重天。這時候的楚軍像漲潮一般越來越多，他們鬥志昂揚，士氣大漲，把滎陽團團包圍。

而漢軍這時候吃不飽穿不暖，哪裡還有心思打仗啊？劉邦無奈之下，只好把外城的兵馬調到了內城，進行了最艱苦、最頑強的保衛戰。然而，楚軍也不是吃素的，攻起城來更加得心應手。

這時候，劉邦手下的幾大謀士，蕭何鎮守漢中的老窩，負責後勤補給工作，他是指望不上了；手下第一外交官酈食其剛剛想出了個壞主意，已被「打入了冷宮」；超級謀士張良剛剛阻止了劉邦最大的一個昏招，暫時還沒有想出其他良策。粗粗一看，劉邦手下最出色的幾大謀士關鍵時刻都幫不上忙了。

然而，對善於用人的劉邦來說，他手下從來不缺人才。關鍵時刻，注定有新人要出彩了。

這不，新人說到就到。此刻，該陳平出場了。這位超級帥哥一出場就顯得與眾不同，他直接教會了劉邦三十六計中的一計：反間計。

在陳平看來，項羽現在雖然看似實力雄厚，但實際上他手下的人才並不多。謀士只有一個亞父范增，武將排得上號的只有鍾離眜、龍且、季布、周殷等屈指可數的幾個人。這時，只要利用項羽多疑的弱點，用黃金做誘餌離間他們與項羽的關係，使他們內部自相殘殺，到那時，漢軍自然可以打敗楚軍。

項羽為人雖然極為恭敬，重情重義，但他的缺點也很明顯：一是暴力，在行軍打仗時經常坑殺敵軍；二是固執，他認定的事就算九頭牛也拉不回來；三是狂躁，他自認為天下無敵，目空一切；四是多疑，他具有嚴重的個人崇拜主義思想，容不得別人比自己強，也容不得別人比自己高明，總是懷疑部下對自己的忠誠。

所以，陳平正是建議劉邦抓住項羽的弱點不放手，大力施行反間計，促使楚軍內部相互猜忌，相互懷疑，以此削弱他們的力量，為漢軍突圍創造條件。

正處於水深火熱之中的劉邦聽了陳平的話後，就像抓住了一根救命稻草，在說了句「好計謀」的同時，大手一揮，從國庫中擠出了四萬斤黃金交給陳平當活動經費，去實施反間計。

都說有錢能使鬼推磨，果然，陳平在散盡千金的同時，效果也是很明顯的。很快，楚軍大營內謠言四起：鍾離眜等人多年征戰而未得封賞，有反叛項羽、投降劉邦之心。

謠言之所以叫謠言，那是因為傳的人多了，信的人多了。這時候，項羽居然信了有人要造反，這仗是沒法打了。攘外先安內，項羽當機立斷做

出決定：「攻城的事停下來先緩一緩，馬上派人去調查一下鍾離眜將軍的政治作風問題。」

調查員風風火火地去了，折騰了一陣子，然後又風風火火地回來了，給出的結論是：根本找不到鍾離眜任何謀反的證據。對這樣的結論，項羽顯然很不滿意。但是，在沒有確切證據的情況下，總不能直接給鍾離眜治罪吧。於是，項羽想出了一個絕妙辦法，兩個字——疏遠。說白了，就是項羽不再信任鍾離眜了。

這樣一來，鍾離眜等將領的才幹無法發揮，前線作戰的能力便大打折扣了。楚軍對滎陽城的攻勢也因此緩下來了。

至此，陳平的反間計初見成效。接著，他再接再厲，馬上施行了反間計更深層次的「攻心戰」。

陳平攻心戰的目標是項羽手下唯一的謀士范增。只要把范增幹掉，項羽就變成了無頭蒼蠅，變成了無根的野草，失去了方向和動力，實力和勢力也必定大大降低。

當然，鑒於范增是條大魚，一般的法子是不可能讓他中招的，一般的招也無法讓項羽上鉤，要離間范增和項羽就不能再依葫蘆畫瓢，還得花大力氣下狠招才行。思來想去，陳平想出了「求和」這條妙計。

連傻子都知道，此時滎陽已陷入楚軍的包圍圈中了，想求和恐怕是痴人說夢。但是，試一下總行吧。於是，陳平以劉邦的名義，寫給項羽一封信，大致意思是說：你看打仗多沒意思，勞民傷財不說，而且有家不能回。我們還是不打了吧，我們以滎陽作為楚漢的分界線言和吧。

這時候，楚軍和漢軍耗了好幾個月，項羽也感覺挺累的，也急需時間來休養生息，恢復士氣和軍力。因此，面對漢軍的求和，他心有所動。但

是，正在這個節骨眼上，范增及時出面阻止了項羽，理由可用一首打油詩來概括：城下問士兵，言主欲求和，只在此城中，城破何處去？意思就是說，劉邦現在就是被困在這城中央了，我們只要攻下它，劉邦就死定了，天下就鐵定是你的了。

范增的話激起了項羽的鬥志，於是他堅定地拒絕了劉邦求和的請求，繼續圍攻。

口頭求和被拒後，陳平不放棄，馬上派使者帶著劉邦的親筆信去楚營求和。項羽雖然堅決表示不接受求和，但出於禮節，還是接待了漢軍使者，並且寫了一封回信，大致內容是：你的好意我心領了，但我們還是手底下見真章吧。

如果這封信直接交給劉邦的使者，那麼陳平這招暗藏玄機的求和陰謀就會無疾而終，他苦心經營的計畫將徹底失敗。然而，陳平是何等人物，他當初在項羽手下也不是白待的，項羽的脾氣和性格他又豈能不知道？

果然，回信寫好後，項羽說話了：「來而無往非禮也。既然你漢王親自派人送信給我，我當然要派人送回信給你了。」

所以，別看項羽平日裡做事五大三粗，但此番卻粗中有細，他這樣煞費苦心地派心腹之人去送回信是有目的的。目的簡單明瞭：送信是假，去滎陽城中探虛實是真。

楚使進城後，一齣好戲上演了。

劉邦首先在總導演陳平的指引下，喝了兩大碗高濃度白酒，因為接下來劉邦要進行醉酒表演。先期準備剛剛做好，時間也到了，楚使登場了。

楚使一登場見到的情景是這樣的：劉邦正紅著臉在酒桌上打盹，身邊東倒西歪地放著幾個空酒罈子。如果楚使不是早知道他的身分，第一反應

肯定是：這人是一個醉生夢死的酒鬼。

聽到士兵的傳報，「酒鬼」劉邦這才慢騰騰地睜開惺忪的睡眼問道：「楚使來做什麼？」

楚使掏出信箋遞上去。劉邦這時變身「影帝」，他伸出顫抖的手想來接，但身子一個趔趄，人都差點跌倒於地，自然沒有接住。

侍衛撿起信箋恭恭敬敬地遞交到漢王手上。劉邦看也沒看就隨手放在了几案上，然後又自顧自地趴在桌上睡去了。

這時候，陳平從後臺跳到場上來對楚使說：「大王喝多了，走，我先請你吃飯去。」

楚使剛入座，一擔擔宰殺好的雞鴨魚肉就被人挑著從他身邊走過，似乎生怕楚使不知道他們的食物都是上等新鮮的。當然，這時候陳平也沒閒著，走進廚房門口，大聲對裡面的廚師說：「酒菜挑最好的上，這個貴賓可得罪不起！」

安排好這些後，兩人進行了簡單的交流。

「亞父最近可好？你這次帶亞父的信來了吧？」陳平開始下套了。

「什麼信？」楚使果然上當了。

「我不是亞父身邊的人，我是項王身邊的人啊。」楚使接著補充。

「我還以為你是亞父身邊的人呢！」

對話至此結束，陳平拂袖而去。

陳平的舉動弄得楚使莫名其妙。

他雖然心裡很不是滋味，但既來之則安之，飯總得吃吧，總不能餓著肚子回去吧。接下來他左等右等，終於上菜了。

　　菜是上了，卻打了折扣，什麼雞鴨魚肉，什麼山珍海味通通都沒有，上來的只有幾盤黑不溜秋的小菜，一碗米飯再加一壺淡酒。楚使實在餓壞了，雖說這菜寒酸了點，但出門在外就將就著吃吧。

　　他吃了一口菜：這菜哪裡是菜？不是沒有鹽味就是鹹得不能入口。他吃了一口飯：這飯哪裡是飯？帶著一股濃濃的酸味。菜吃不得，飯也吃不得，最後只剩下酒了。他喝了一口酒：這酒哪裡是酒？連白開水都不如。

　　楚使不是傻子，自然知道這跟廚師的手藝沒什麼關係，他明白自己被人糊弄了。按陳平前後的態度對比，作為亞父身邊的人和作為項王身邊的人所受的待遇就是不一樣，簡直是一個在天上一個在地下。看樣子飯局是沒辦法再繼續下去了，楚使憤怒地衝出了漢營，馬不停蹄地出了城。第一時間把城裡的所見所聞都如實彙報給了項王。

　　「哎呀，我的好亞父啊，連你也吃裡爬外，手臂肘往外拐，都跟劉邦好到這種地步了，下一步便是要謀殺我了吧！」項羽聽後，馬上發揮狂躁暴怒的性格特點，對范增的態度來了個一百八十度大轉彎。

　　這時候的范增還被矇在鼓裡，他不顧年老力衰，不停地勞碌著，不斷地出謀劃策，希望早日攻下滎陽，而項羽此時的心思早就不在攻城上了。

　　「攻城攻得好好的，怎麼就停下來了呢？」范增坐不住了，跑去問項羽。一見面，范增就直話直說：「現在趁敵人糧道被破，正是進攻滎陽的良機，一旦錯過了，機會就不再來了。」

　　項羽這時正在氣頭上：「我就不聽你的，看你怎的？」這樣的語氣已經很嚴重了，類似於唱反調的賭氣行為：你要這樣，我偏生就要那樣，反正就是要和你對著幹。

　　君臣之間說這樣的話明顯是一種極不信任的態度。這一句也罷，項羽

生怕范增沒弄明白似的，末了還補充了一句：「只怕我一進滎陽城，被人賣了還得幫人家數錢呢！」

范增開始還被項羽的話弄得莫名其妙，但後面這句話就算是傻子也明白是什麼意思了。他沒料到項羽居然會對自己起疑心，心中很是失望，便藉口「天下大事已定」為由要「告老還鄉」。

據《史記·項羽本紀》記載：「范增大怒，曰：『天下大事大定矣，君王自為之。願賜骸骨歸卒伍。』」

其實，他這完全是試探項羽之意，要他迷途而返，消除對自己的誤會。但是，令人感到意外的是，項羽當時嘴巴像貼了膏藥似的，連一句挽留的話也沒有，似乎鐵了心要讓范增離開自己。

這下范老頭子下不了臺了，說出去的話如潑出去的水，怎麼也收不回來了，只能走一步算一步了。剛開始那幾天，他走得很慢很慢，目的只有一個，希望項羽能來追他。他內心是多麼希望能幫項羽打下天下，功成名就時再榮歸故里啊！

然而，他沒有等到「蕭何月夜追韓信」那動人一幕，多少次他回頭看走過的路，就是看不見他要等的人。終於，范增絕望了。

他當初參加義軍時，家鄉人都對他一大把年紀還有這種舉動表示很不理解。因此，封了歷陽侯後，他便派人到家鄉去報喜，那是他人生中最風光的時候。可是，現在自己卻這樣灰溜溜地回去了，這張老臉往哪裡擱？

精神上的打擊，加上奔波的勞累，走了不到半個月，范增日益消瘦不說，身上還長了個小紅瘡。別看一個小小的紅瘡並不起眼，但就是這樣一個小小的紅瘡要了范老先生的命。

當時路上的醫療條件有限，再加上范老先生心中始終解不開那個結，

這顆紅瘡越來越大。最終，范增就是因為這顆大紅瘡的破裂，含恨而亡了。

人生如白駒過隙，忽然而已。范增臨死前終於感悟到，原來自己苦苦追尋的功名利祿如過眼雲煙。追了一輩子，求了一輩子，那又如何？還不如快快樂樂地過好每一天。

人生如夢，夢如人生，可惜范增明白得晚了點。

至此，陳平反間計的「攻心戰」暫時告一段落。這看似簡簡單單的計謀卻取得了良好成效，楚軍第一謀士居然既無還手之力，也無招架之功，最終落得個客死他鄉的悲慘下場。

當然，關於范增的死，民間還流傳著另一種說法。據民間野史傳說，范增其實並沒有死於毒瘡，而是藉著金蟬脫殼之計，逃出了項羽對他的監視。最後，范增帶著自己的家人隱居到九遮山的山洞之中。范增還教導山中的百姓種植農產品，修築山路，使山中的百姓過上了很好的生活。

後來，項羽兵敗自刎烏江之後，消息傳到了隱居在九遮山的范增耳中，他嘆道：「豎子不聽吾言，終有今日！」直到這時，山中的百姓才知道他就是項羽身邊最著名的謀士亞父范增。然而，當旁邊的村民問他是不是范增的時候，他卻矢口否認，第二天，范增就從九遮山消失了，不知所蹤。

金蟬脫殼

范增死了，項羽醒了，痛定思痛的他明白了這一切原來都是劉邦的反間計作怪。雖然有點遲了，但好歹還算是懸崖勒馬。這時候，項羽又表現出果斷英勇的一面。他把鍾離眜等人都叫來，用很真誠的語氣向他們道

歉。這對一向心高氣傲的項羽來說是需要勇氣的。

事實證明，這是一直糊塗的項羽難得清醒的時候，他手下的部將們也都被他的真誠舉動感動得熱淚盈眶，紛紛表示誓死效忠楚國，全力攻克漢軍大本營，替范增報仇雪恨。

霸王傷我千百遍，我待霸王如初戀。選擇霸王，一生無悔。這是鍾離昧等人對項羽的心聲。

冰釋前嫌後，項羽變成了一隻發怒的獅子，楚軍此時就像是一群飢餓的野狼，立即化悲傷為力量，對滎陽進行了瘋狂的進攻。一時間，城內城外，一個猛攻猛打，一個默默捱打。

劉邦的日子更加不好過了，因為城門隨時都有被楚軍攻破的可能。

這時，所有謀士都黔驢技窮了。劉邦站在城上，見楚軍不斷向城裡發起進攻，心情異常沉重。他彷彿聞到了死亡的氣息。滎陽城此時已是山窮水盡，劉邦除非長了翅膀，否則逃生的機會幾乎為零。

正在這關鍵時刻，有一個人站了出來，他主動找到了劉邦，獻上一條妙計，四個字：李代桃僵。

獻計的人叫紀信，他和劉邦是老鄉，據說也是最早跟隨劉邦的人，當年還親眼見過劉邦斬那條白蛇。紀信的「李代桃僵」說白了就是讓人假扮劉邦，假裝投降，用來迷惑項羽，而真正的劉邦趁機逃走。

對紀信的妙計，無計可施的劉邦自然舉雙手贊成，但問題是，誰願意來當這個替死鬼呢？

劉邦的苦惱很快變成了驚喜，因為紀信拍著胸脯表示，自己願意來當這個替死鬼。

犧牲自己的生命去救別人，這叫捨己救人。從這一點來看，紀信的思

想品德的確很高尚。「城破了臣也是一死，如果我一人之死能換取千萬人的性命，那麼我這一死也就很值得了。」紀信平靜地解釋道。

劉邦是幸運的，危險時刻，紛亂關頭，總有勇於赴湯蹈火的人挺身而出，救他於水火之中。

有了紀信甘當替死鬼，陳平胸中那點原本快用完的才華，突然又迸發出來一些靈感。陳平眼珠那麼賊溜溜地一轉，居然想出了突圍的萬全之計：假意投降項羽，在李代桃僵之計中又放了一枚煙幕彈。從事後來看，陳平在這場滎陽保衛戰中立了大功，風頭蓋過了大軍事家張良。

項羽接到劉邦送來的「投降信」後，臉上頓時盛開了一朵花。他大笑起來，這笑聲震天動地，直透雲霄。

那是一個漆黑得伸手不見五指的晚上，緊閉了數月之久的滎陽城門，終於在「吱呀」聲中開啟了。清脆的聲音驚醒了鍾離眜，他睜開惺忪的睡眼後，知道激動人心的時刻終於來了。

此時，楚兵們高舉的火把照亮了漆黑的夜空。先期出來的是一群老弱病殘和婦女，稀稀落落，走了大半夜，一直持續到天亮。不要以為劉邦這邊的效率太低，這就是他們故意放的煙幕彈。

這一耽擱，天快矇矇亮的時候，劉邦的投降儀式才正式開始。幾個沒精打采的士兵，緩緩推著一輛雕有龍鳳花紋的龍車出來。龍車雖然慢得像蝸牛爬步，但在漫長的等待後，車越來越近，透過薄薄的車簾，劉邦的頭影若隱若現。

「漢王投降了！漢王投降了！項王萬歲，項王萬歲萬萬歲！」楚軍開始歡呼起來。對他們這些始終跟隨項羽征戰在第一線的戰士來說，劉邦的投降意味著解放，而解放就意味著功成名就，可以封妻廕子，可以告老還

鄉，可以安享晚年……這些正是他們拚死拚活所盼的結果啊！

到了營地，龍車戛然而止，楚軍都停止了歡呼，個個屏息斂氣，都翹首期盼這一歷史性的時刻。然而，龍車裡的漢王卻毫無下車的意思，空氣彷彿凝固了一樣，氣氛有點壓抑。這時，有人把這個情況及時向項羽彙報了。

項羽一聽火冒三丈，親自走到龍車前扯下龍車的圍帳，把那「劉邦」從車裡轟了出來。

事實證明，假劉邦的易容術並不高明，除了有幾分朦朧的相像外，真偽一看便知。正在項羽不可置信，楚兵們面面相覷時，假冒劉邦的紀信開始說話了：「項羽老匹夫，你中計了，真正的漢王早從後門走了。他們現在已走遠了，你們想追也來不及了，哈哈！」

這是他最後的笑聲，因為隨後項羽為他安排了火刑。

《史記》對此記載如下：「漢軍絕食，乃夜出女子東門二千餘人，被甲，楚因四面擊之。將軍紀信乃乘王駕，詐為漢王，誑楚，楚皆呼萬歲，之城東觀，以故漢王得與數十騎出西門遁。」

紀信死了，他生前沒有得到利祿，身後也沒有得到功名，但他的大名卻被永遠印刻在了中國歷史的歲月長河中，成了不可磨滅的印記。傳統京劇中有一齣《紀母罵殿》的戲目，大致內容就是說，劉邦奪取天下當了皇帝後，因為沒有追封紀信，遭到了紀信母親的登堂罵殿。最後鬧得劉邦下不了臺，拂袖而去。

風緊，扯呼

劉邦神不知鬼不覺地逃走了，卻苦了滎陽的三位守將，他們分別是主將周苛和副將樅公、魏豹。

周苛是沛縣人，是劉邦的老鄉，他和自己的表弟周昌曾隨劉邦入關破秦，因此深受劉邦信賴。樅公和劉邦同樣是出生入死的患難兄弟，劉邦把他任為副將也不足為奇。唯一令人不解的是魏豹。

魏豹想必大家都不陌生，他是典型的機會主義者。項羽強的時候跟項羽，劉邦強的時候跟劉邦，項羽再強的時候又回到項羽身邊。他用一系列的實際行動，證明了什麼叫見風使舵。

彭城大敗後，魏豹的出爾反爾惹怒了劉邦。大將軍韓信很快為劉邦出了這口惡氣——平定魏國，活捉了魏豹。

俗話說脫毛的鳳凰不如雞，淪為階下囚的魏豹，很快體會到了什麼叫冰火兩重天，他的身分由貴族變成了奴僕，他的愛妾薄姬淪為劉邦的女人。可以肯定的是，薄姬是個絕世美女，因為劉邦在逃命的過程中都不忘帶上這個小美人。

對此，寄人籬下的魏豹敢怒不敢言，只能打碎牙齒往肚子裡吞。在這場滎陽保衛戰中，劉邦對他委以重任，顯然不是看中他的本領，而是想透過這種方式讓他直接為自己「盡忠」。

但是，魏豹心中是有很大情緒的，他哪裡有心思守城？和周苛、樅公的滿腔熱情相比，他顯得消沉頹廢許多，大有當一天和尚撞一天鐘的意思。因此，面對項羽的猛攻，魏豹名義上總在喝酒裝醉，但實際上卻在心裡思考著下一步該怎麼辦。或者說，他一直在反與不反中苦苦掙扎。

　　原本，按魏豹一貫的風格，此時應該會再投靠項羽。但是，他的家人現在都還在城裡，貿然去投，且不論項羽能不能再接受他的「三進宮」，讓周苛他們知道了，自己和家人都沒有好果子吃。

　　「得弄個萬全之策才好。」魏豹心裡思索著。

　　然而，就在魏豹暗自密謀時，周苛和樅公也不是吃素的。他們對魏豹反常的表現給予了強烈的關注。關注之餘，周苛和樅公兩人還忙裡偷閒，進行了一次緊急政治磋商，兩人商議的結果是：與其等魏豹來造反，不如先下手為強，把他殺掉再說。

　　於是，第二天晚上，周苛派人把正在喝酒的魏豹叫到了自己帳中。魏豹來後，樅公負責接待工作，又是端茶水又是上水果，隨後就和他探討起戰局。眼看兩人越談越起勁，周苛沒有那麼多廢話，他拔出刀，手起刀落，就地解決了魏豹。

　　除掉了魏豹後，滎陽城裡暫時沒有了不和諧的音符，周苛和樅公的防守更加嚴密起來。因此，儘管楚軍奮力猛攻，但這座看似岌岌可危的城池還是屹立不倒。

　　這時候，項羽也沒心思圍攻滎陽了。他派部將攻擊滎陽，自己則帶領大部隊去追擊劉邦，並且一鼓作氣直接追到了成皋。劉邦好不容易以金蟬脫殼的方式逃出了虎口，自然不敢再與項羽爭鋒，馬上選擇了繼續逃跑，這一跑便跑到了關中。

　　這樣一來，項羽千里追蹤的戰術沒辦法再執行了，因為如果不攻克成皋，他不敢再進攻，否則被漢軍前後夾擊，要想脫身便難於上青天了。

　　到了函谷關，劉邦立即調集兵馬，打算去救仍在滎陽堅守的周苛和樅公。就在這個節骨眼上，一個姓轅的儒生及時獻計，讓劉邦在黑暗之中看

到了勝利的曙光。

轅姓儒生的計謀分兩步。

第一步：調虎離山。

「目前形勢敵強我弱，貿然去救滎陽等於自投羅網。我建議大王率大軍南出武關，做出佯攻楚國都城彭城的態勢。」

第二步：圍魏救趙。

「項羽聽說彭城被圍後，自然會率主力部隊南下。這時我們只要堅守不出，一來可以為滎陽、成皋的漢軍爭得喘息的機會，二來可以給韓信的歸來贏得時間。如此開闢多個戰場，項羽定會分身乏術，兵力分散，力量也就大大削弱了。待我軍休養生息，士兵恢復後，再與楚軍決一死戰。」

劉邦行軍打仗的本領雖然有限，但他善於用人，善於聽從計謀。他採納了轅生的建議，立刻帶領眾將士出武關，直奔河南的南陽、葉縣等地而去，做出進攻項羽老巢彭城的跡象。

此時，項羽身邊只有鍾離眜和龍且幾位猛將了，大謀士范增已被陳平的反間計殺掉，沒人再為項羽出謀劃策了。他一聽說劉邦出了武關，可能要對自己的老窩彭城再度進攻，二話不說，就帶兵火速救援去了。

滎陽城中的周苛和樅公本來已支撐到了極限，眼看就要守不住了，不料楚軍一夜之間走了個精光，兩人直呼神靈保佑。

而項羽可不是鬧著玩的，他一出手就知道有沒有，很快就把失地給收復了。

打不起還躲不起嗎？彭越充分發揮了他游擊戰術的風格，跟項羽玩起了捉迷藏。今天躲到這裡，明天躲到那裡，反正越是深山老林他就越喜歡

往裡鑽。項羽正在氣頭上，開始還不惜一切代價去追。這樣折騰來折騰去，項羽在不知不覺中已錯過了楚漢之爭的優勢期。從此以後，他由主動開始變為被動了。

等項羽醒悟過來，不陪彭越玩捉迷藏，再度馬不停蹄地趕到南陽時，劉邦已經躲到成皋去了。

項羽懶得再和劉邦耗時間，於是決定繼續圍攻滎陽。他當時的想法還是不錯的，這滎陽是劉邦的軍事重地，攻下來對本軍的士氣和實力的增長都有很大的幫助。

事實證明，項羽這招歪打正著，成了一個奇招。周苛和樅公自解圍後，便開始災後重建工作。在接到上級的救援物資後，他們終於擺脫了食不果腹的困境，掙扎到了溫飽線以上。正當他們要大力發展生產，奮發圖強有所作為時，項羽的「回馬槍」打了他們一個措手不及。

項羽大軍殺到城下時，滎陽城裡的漢軍都沒反應過來是怎麼一回事。一眨眼的工夫，周苛和樅公就成了階下囚。

據說，攻下城後，一向嗜殺的項羽突然大發善心（也許是范增的死給他的影響），還想把骨氣很硬的周苛和樅公兩人拉到自己麾下來。

面對項羽丟擲的高官厚祿的誘惑，周苛的反應卻出乎項羽的意料。

「好女不嫁二夫，忠臣不事二主。霸王，您的美意我心領了，但我生為漢王的臣，死為漢王的鬼，這一點永遠都不會變。」周苛義正詞嚴地說道。

拒絕完項羽後，周苛覺得還不夠，繼續補充說道：「您根本不是漢王的對手，與其日後成了俘虜再受辱，不如現在就投降吧！」

項羽好話說盡，承諾也給了不少，沒有感動周苛不說，反倒引來他這番不吉利的話，項羽暴怒道：「不成功便成仁，那就怪不得我無情了！敬

酒不吃吃罰酒，那就休怪我無義了！」

項羽馬上叫人上道具：一口大鐵鍋，一桶油，一大捆柴火。架好鍋，上好油，燒旺火，等到鍋裡的油燒得亮晶晶、熱騰騰地直翻滾時，項羽命人把周苛丟進油鍋裡去。

油炸活人，水煮活人，項羽的酷刑一直令人大開眼界，項羽的殘忍也一直令人髮指。

而樅公則死得痛快些。他因為沒有逞口舌之快，所以沒有受到項羽的折磨，直接被送上了斷頭臺，一刀下去，一了百了。

項羽攻下滎陽後，士氣大振。接著，他揮師向劉邦的所在地成皋進軍了。

滎陽的突然失守讓劉邦感到無比震驚。在他眼裡，滎陽一直都是固若金湯，連滎陽都破了，那麼成皋會如何呢？劉邦不敢再想後果，對幾番死裡逃生的他來說，凡是涉及「風險」兩字的事情，他都不想再親自體驗了，於是，劉邦果斷決定趕緊逃。

為了逃得更隱蔽些，劉邦這次只帶上了一個貼身保鏢 —— 夏侯嬰。

他一走倒是沒什麼，就是苦了守城的軍士了。眼看項羽的大軍就要殺到城下了，眾將都去找劉邦商議破敵之策，直到這時他們才知道劉邦早就帶上親信夏侯嬰逃了。既然劉邦這麼「仁慈心善」，不給別人添包袱，守城的其他將領也就都跟風了，並美其名曰保護漢王。

眾將撤得差不多了，後知後覺的成皋另一員守將英布這才明白是怎麼回事。他也不是省油的燈，二話不說，閃人要緊。於是，等項羽大軍來到成皋時，這裡儼然成了一座空城。

西元前 204 年，項羽進駐成皋的同時，宣告成皋戰役結束。

第十章　博弈的密碼

第十一章
愛拚才會贏

巧奪兵權

　　翻閱劉邦的一生，可以看到他幾乎一直在路上：當游俠的時候是在打打殺殺，混跡於黑白兩道上；當亭長的時候是在忙忙碌碌，奔波於上傳下達的官路上；當逃兵的時候是在躲躲藏藏，亡命於芒碭山的羊腸小道上；舉事的時候是在尋尋覓覓，走在生死未卜的人生征程上；現在到了楚漢爭霸的時候是在東奔西逃，提著腦袋逃竄在亡命的路上……劉邦當皇帝之前的生活，一個「逃」字便可以概括。然而，看似東奔西逃、極為狼狽的劉邦，很多時候似乎都到了山窮水盡的地步，但每到關鍵時刻，他都能逢凶化吉，轉危為安，沒有誰能捉住他，戰神項羽也不例外。

　　整體而言，項羽有三次絕好的機會拿下劉邦。第一次是在鴻門宴上，劉邦主動送上門來，項羽要拿下他易如反掌。但是，劉邦的花言巧語迷惑了項羽，致使范增眼睜睜地看著劉邦被放虎歸山。第二次是在彭城大戰時，項羽率三萬鐵騎出奇制勝，致使劉邦的幾十萬大軍一夜之間灰飛煙滅。無奈之下，劉邦只好什麼也不管什麼也不顧，撒腿就跑，結果在圍追的過程中，項羽手下的丁公和季布等人卻手下留情，讓劉邦從眼皮子底下成功逃脫。第三次是在滎陽保衛戰中，劉邦在苦苦防守之際，利用陳平的反間計拔掉了范增這個楚軍軍師，致使項羽化悲傷為力量，對滎陽進行了毀滅性的打擊。結果，劉邦在抵擋不住的時候，利用替身假投降而成功逃脫了項羽的魔爪，再次溜之大吉……

　　可以說，論逃亡無人能出劉邦之右。這一次，劉邦知道成皋是守不住的，所以乾脆先逃一步。劉邦帶著他的私人保鏢兼「小車隊長」逃向了修武。

　　劉邦之所以要往修武跑，是因為那裡有兩位重量級人物：大將軍韓信和名士張耳。

　　其實，自從劉邦和項羽在滎陽進入拉鋸戰後，韓信就一直帶兵在外掃除不服從劉邦的各諸侯國。滅魏平趙後，燕王臧荼也很識時務地歸降漢王，唯有齊地還在負隅頑抗。

　　韓信在聽取了李左車的建議後，一方面採取休養生息的政策，把大軍駐紮在修武和齊地遙望，做出隨時進攻的態勢；另一方面採取恐嚇威逼的方式，引導各種輿論對齊地施壓，力爭達到不戰而屈人之兵的目的。

　　劉邦這時都成「光桿司令」了，他只能去找韓信。他帶著夏侯嬰跋山涉水到達修武後，天色已晚，兩人沒有直接去找韓信，而是在當地找了一家很簡陋的旅館住了一晚。

　　俗話說獨在異鄉為異客，委身於異地的小旅館，劉邦自然是一夜無眠。好不容易熬到了天亮，劉邦便帶著夏侯嬰前往韓信的大營，然後直接收繳了韓信的兵符。整個過程出奇順利，因為韓信太配合了。

　　平白無故被收了兵符，韓信為什麼連一句疑問都沒有呢？原因很簡單，因為他當時還在睡覺，還沒起床。

　　韓信睡得正香，劉邦取他的兵符自然輕而易舉了。劉邦之所以這麼做，原因有三：

　　第一，劉邦自衛的需求。多年的逃亡經歷讓劉邦變得十分謹慎，可以說已經到了草木皆兵的地步。雖然韓信是他親手封的大將軍，但本著害人之心不可有，防人之心不可無的原則，此時他落魄如斯地逃到這裡，自己人也不可不防啊！更何況，現在修武除了韓信這個主帥外，還有張耳這個二號首長。張耳自從在內耗中成功滅掉陳餘後，聲名掃地，成了千夫所指

的對象，這樣不念舊情的人你想不防都難啊！

　　第二，劉邦自強的需要。棄成皋而逃，劉邦走得太匆忙太慌張了，只帶著貼身保鏢夏侯嬰，把自己的家底和老本全丟掉了，手下的士兵也都四散奔逃。在戰爭年代，手下沒有士兵寸步難行，只有擁有可供自己親自指揮的軍隊，才能立於不敗之地。

　　第三，劉邦自保的需要。劉邦這次棄成皋而逃，雖然是形勢所逼，但行為還是不太光明磊落。其實，劉邦對自己的人格魅力還是有自信的，他相信手下那些良臣猛將，很快就會像跟屁蟲一樣追到這裡來，不過他們心裡肯定會充滿怨氣。如果自己擁有韓信的軍事指揮權那就不一樣了，有了這麼多士兵做後盾，他就可以向眾將展示超一流的組織能力和號召能力。屬下們自然又會對他服服貼貼的。

　　總而言之，劉邦巧奪兵符，最終目的只有一個，那就是獲取權力。拿到兵符後，劉邦馬上把營中各大將領召集過來，把他們的頭銜和職位都稍稍調動了一下，然後分派到各營中去，瞬間便完成了對這支軍隊的大洗牌。

　　做完這一切後，後知後覺的韓信和張耳終於從睡夢中醒過來。明白是怎麼回事後，兩人嚇得冷汗如雨。關鍵時刻，兩位將領強壓著驚恐和憤怒，馬上跑來誠懇地向劉邦請罪。

　　「你們的防備太鬆懈了，巡邏的人數明顯不夠，」劉邦開始為這二人上政治課，「這樣敵人來偷襲就不妙了。再說太陽都照屁股了，你們兩個主帥卻還在睡覺，連兵符這樣重要的東西都亂丟亂扔，搞不好連腦袋都會搬家的。」

　　上完政治課後，劉邦做出決定：張耳率本部回趙地鎮守；任命韓信為

相國，招募一批兵馬，日夜操練後迅速攻齊；而駐守在修武的士兵全都留下來歸他自己管理。

對於劉邦此次逃亡的所作所為，《史記‧淮陰侯列傳》描述如下：「晨，自稱漢使，馳入趙壁。張耳、韓信未起，即其臥內上奪其印符，以麾召諸將，易置之。信、耳起，乃知漢王來，大驚。」

劉邦就是劉邦，他的小算盤打得就是好。張耳去趙地，可以鎮住那裡不時發生的小暴動，也可以和他形成掎角之勢，這在策略上很重要。韓信就可憐多了，他的兵都被劉邦奪去了，如今只能重新招兵買馬，重新操練，最後還要以最快的速度去平定齊地。

劉邦巧奪兵權，效果是看得見的，《史記‧高祖本紀》的記載是：「漢王得韓信軍，則復振。」

我們不得不佩服劉邦，他果然料事如神，那些隨後跟風而來的眾將，本來個個都一肚子的火，無不在心裡埋怨劉邦薄情寡義，但看到他一夜之間又兵強馬壯，支持者甚眾，無不對他刮目相看，打心眼裡對這個主子多了一分敬意。

半月之約

待眾將領集中到修武後，劉邦召集大家商議下一步的行軍路線和行動方針。於是，在怎麼對付楚軍的問題上，漢軍內部形成了兩派：防守反擊派和主攻派。

防守反擊派認為，楚軍本來就強大，他們才幾乎兵不血刃地連克滎

陽和成皋，士氣正旺，現在主動跟他們交鋒，無異於雞蛋碰石頭，自不量力。

所以，如今應當避其鋒芒，擊其惰歸。

防守反擊派的代表人物是夏侯嬰和盧綰。夏侯嬰自彭城逃難以來，就一直陪在劉邦身邊，後來又陪劉邦經過了滎陽和成皋兩次大逃亡，對逃亡的凶險深有體會，因此，他不主張再和項羽硬碰硬了。而盧綰與劉邦是同年同月同日生的玩伴。劉邦對這兩人都信任有加，對他們提出的防守反擊的戰術思想自然也很重視。

而主攻派認為，楚軍與漢軍長期交戰，一直都被漢軍牽著鼻子走，已是一支疲憊之師，到了強弩之末。滎陽和成皋是漢軍的軍事重地，現在把它們奪回來，既能鼓舞大家的士氣，又可以狠狠地打擊項羽。所以，進攻才是眼下最好的防守。

主攻派的代表人物是樊噲和陳平，他們也是重量級的。樊噲是劉邦的連襟，戰功顯赫，是一員不可多得的猛將。而陳平自從棄暗投明後，在滎陽保衛戰中立下汗馬功勞。他此時在劉邦心中的地位已可與蕭何、張良、韓信並列。

兩邊都有重量級人物撐腰，這下可苦了劉邦。他站在一個岔路口，不知道該如何選擇。

就在防守反擊派和主攻派爭得不可開交，劉邦左右為難時，中立派順勢而生了。中立派認為，既然目前攻不能放手去攻，守又不能消極去守，那就攻守結合，邊攻邊守，邊守邊攻，既可厲兵秣馬，又可以打擊敵人，一舉兩得，何樂而不為呢？

中立派的代表人物是鄭忠。鄭忠一直是個默默無聞的人，按理說他的

計謀誰也不會聽，但問題是他很巧妙地照顧了防守反擊派和主攻派兩方代表的顏面，因此，他的理論一發表，劉邦就像抓到了一根救命稻草，馬上拍板，做出了三大策略部署。

第一，漢軍大部隊高築壁壘，按兵不動，養精蓄銳，以待天時；派少數人迂迴到楚軍後背去使暗招，擾亂敵人後方。

第二，派將軍劉賈、盧綰兩人率兩萬人馬，從白馬津渡過黃河，深入楚軍後方，與在那裡玩游擊戰的彭越將軍聯手，重建敵後戰場。

第三，派英布前往淮南，聯合他岳父衡山王吳芮，一起開闢淮南戰場，進一步牽制和分散楚軍兵力。

在這三大部署中，關鍵的是劉賈、盧綰與彭越聯手，重建敵後戰場這一招。彭越本已查到楚軍的糧草輜重就在燕郭西一個超級偏僻的大山坳裡，正愁手下的兵力不夠，不敢貿然下手。盧綰和劉賈的到來無異於雪中送炭。三人聚在一起簡單商量了下，便決定馬上採取行動。

三人分工明確。彭越熟悉地形，負責放火燒輜重；盧綰和劉賈在外面等著，負責殺敵。

在一個月黑風高的夜晚，彭越帶領手下神不知鬼不覺地摸到了那個超級偏僻的大山坳裡。深更半夜，楚軍都在營帳裡呼呼大睡，幾乎沒有太多防備。等火燒屁股了，他們才驚醒過來，趕緊逃命，根本就不管糧食了。

想逃命可沒那麼容易。彭越放完火，就該盧綰和劉賈上場了。最後，除了極少數腿腳長跑得快的，絕大多數楚軍都成了刀下之鬼。

這次偷襲事件對項羽的打擊極大──糧道被毀可是要命的！

彭越這時也充分展現出了其悍將作風。他並沒有小富即安，而是馬上帶領強大的「彭家軍」再向楚地其他地方進軍。很快睢陽、陳留、外黃等

十七座城鎮就變成了漢軍的一畝三分地。

「彭家軍」這一鬧騰，把楚軍的後方鬧得雞犬不寧。更為重要的是，後方的危機直接關係到前方的戰局。項羽在成皋坐不住了，他決定親自帶兵去對敵。

然而，問題馬上就來了：他去對敵，那誰來守成皋呢？

這時候，項羽最為倚重的幾員大將，鍾離眛鎮守在軍事重地滎陽，肯定是不能考慮了；龍且作風硬朗，辦事果斷，倒是不錯的人選，但項羽已把他定為支援齊國的唯一人選了。其他一些猛將，比如季布、周殷等人也都被漢軍牽制住了，抽不開身。

思來想去，項羽最終把守成皋的大將選定為大司馬曹咎。其實項羽選曹咎擔此大任，並非因為曹咎有驚天動地之才能，而是為了感恩。

當年，項羽跟隨他叔父項梁隱身於櫟陽縣時，項梁被仇家妒恨，因為莫須有的罪名鋃鐺入獄。項梁和曹咎是老相識，正巧那時曹咎在那監獄當監獄長，他寫了一封信給當時相當於司法廳廳長的司馬欣，司馬欣礙於情面就把項梁給放出來了。

後來，項梁和項羽起義後，曹咎聞風而動，舉家支持項氏，結果很受重用。項羽在封王大會上，拜他為大司馬，並且封為海春侯。要知道，在項羽軍中，除了范增被封為侯外，連鍾離眛、龍且等名將都沒有獲得這樣的殊榮，由此可見項羽對曹咎的器重和信任。

考慮到成皋地理位置的重要性，項羽在走之前，還做了兩大安排。

一是本著一個好漢三個幫，一個籬笆三個樁的原則，任命原漢中三王中的塞王司馬欣和翟王董翳為副將，協助曹咎一起守成皋。

二是本著知己知彼，百戰不殆的原則，給曹咎進行了戰術部署。項羽

給了曹咎最為穩妥，甚至可以說是穩操勝券的辦法：「謹守成皋，則漢欲挑戰，慎勿與戰，毋令得東而已。我十五日必誅彭越，定梁地，復從將軍。」也就是說曹咎只要堅守不出半月就是勝利。

曹咎拍拍胸脯說：「請霸王放心，不就是堅守半個月嗎？我一定奉行您的命令，堅持到底！」

眼看曹咎簽下了軍令狀，項羽提著的心終於放下了，隨後帶領楚軍浩浩蕩蕩地往後方殺去。事實證明，項羽就是項羽，他的劍指到哪裡，哪裡就會抖三抖。

彭越連奪十七城，還來不及高興呢，就驚愕地發現項羽大軍已經攻到自己所在的外黃城下了。都說一物降一物，別看彭越平日裡勇猛異常，威不可擋，但在項羽面前他就像一隻病老虎，哪裡還有半點生機。彭越默默地躲在外黃城裡，打死也不敢出城跟項羽比個高低。

項羽可不吃這一套。他大手一揮，楚軍開始攻城。城破了腦袋就得搬家。彭越雖然不敢出城迎戰，但防守卻一點兒也不馬虎。在第一天的攻防戰中，雙方傷亡都很大。

項羽眼看彭越還有點斤兩，便親自來指揮攻城。

這下，彭越終於體會到項羽的強大了，因為外黃城已有好幾處快被撞破了。幸好在這個關鍵時候，老天幫了彭越一把 ── 天黑了。項羽也沒有察覺到外黃城已危如累卵，只要再強攻一陣就大功告成了。他很體恤士兵，不打算讓士兵們餓著肚子，在這黑燈瞎火中繼續工作，當即鳴金收兵。

項羽一收兵，彭越就有了逃生的機會。他帶領手下的士兵，在夜深人靜時進行了突圍。夜晚楚軍的防守力量畢竟有限，很快就被彭越的人馬衝

出了包圍圈。等睡夢中的項羽驚醒過來，帶領大部隊去追時，彭越早已跑得沒有蹤影了。

項羽追不到彭越，便把怒氣撒到了外黃城的百姓身上。坑殺的首要條件就是要把人都集中起來。於是，項羽命人在外黃城裡四處張榜，通知城中百姓，凡是男性十五歲以上者一律到城東集合，違令者斬。

外黃城百姓面臨著一場前所未有的浩劫。

看了榜單後，城中百姓人心惶惶。項羽的殘暴大家都有所耳聞，他們早料到項羽下一步要做什麼了。在這危急關頭，混亂的人群中出現了一名十二三歲的白衣少年。這個孩子的出現不經意間改變了大家的命運。

這個白衣少年並沒有像其他少年俠士一樣，手裡提劍去找項羽，而是赤手空拳直接去了。他風度翩翩地來到楚軍營前，面不改色心不跳地說，他要見項王一面。楚軍守門士兵見這少年氣派不凡，心中都暗暗稱奇，便問他為什麼想見項王，少年說他要為項王出主意。

自從范增死後，項羽身邊幾乎沒有人能再為他出主意了，什麼事都得靠他自己決定。現在，雖然只是一個乳臭未乾的小孩說要獻主意，但飢不擇食的楚軍士兵還是破例把他帶到了項羽帳前。

項羽一聽有個小孩來求見自己，亦是大感好奇，馬上接見了他。

「小朋友，你膽子不小啊，你可知道我是誰嗎？我可是西楚霸王啊！」一見面，項羽便給了少年一個下馬威。

「我連死都不怕，難道還怕大王嗎？再說，大王原本就是個好人……」白衣少年顯得很鎮定，一臉平靜地說。

「哦！」項羽聽了大感好奇。

「因為天下人都說大王您體恤民情，愛護百姓。」白衣少年微笑著說。

接下來，他使出渾身解數，好好地拍了拍項羽的馬屁，說他如何如何英勇，城中百姓如何如何仰慕他，城中百姓無時無刻不在等待他的到來等等。

項羽一聽飄飄然起來，但嘴上還是忍不住問：「既然城中百姓仰慕我，為何我來攻城時他們還要幫助漢軍防守呢？」

「彭越入城後，城中百姓懾於他的淫威不得不屈服於他。但是，百姓只是做做表面功夫，彭越知道守不住才連夜逃走的。這是百姓在暗中相助大王啊！如果連支持大王的百姓也被坑殺了，那天下的百姓會如何看待大王啊？這天下又有誰敢歸順大王呢？得民心者得天下，大王難道不想得天下了？」

少年的話徹底征服了項羽。這次，他不僅聽從了這個毛頭小子的建議，還賞給了他不少銀兩。

項羽也有從善如流的時候，真是太陽打西邊出來了啊！然而，他收復失地的喜悅並沒有維持多久，噩耗就傳來了——成皋失守了！

成皋攻防戰

劉邦終於有新動靜了。他把大軍開到成皋城下，決定先取成皋，再奪滎陽，最後對楚軍各個擊破。

劉邦的策略部署歸功於酈食其獻的計。

「得糧倉者得天下。」酈食其解釋道，「項羽當初攻下滎陽卻沒有奪取敖倉糧道，這是一個很大的失策。現在我們應該抓住項羽的失誤，狠狠的

打擊他，先想方設法重新奪回成皋和滎陽，占據敖倉糧道，憑藉成皋之險，控制太行山，占據蜚狐口，守住白馬津。這樣一來，不僅能徹底堵死項羽進軍漢中的道路，而且還會讓楚軍因為糧草出問題而軍心渙散。」

「得民心者得天下。項羽殘暴不仁，作惡多端，我們利用輿論攻勢，爭取更多的民眾站在我們這一邊，然後再多面出擊，讓項羽疲於奔命，徹底擊敗楚軍指日可待！」

應該說酈食其的這番軍事分析是很精闢的。也許是上次印璽事件刺激了他，他一直想將功補過，所以這次出馬前，他已做了萬全的準備。

劉邦對酈食其的分析深以為然。如今成皋的防守相對薄弱，而它的地理位置又十分重要，號稱「絕成皋之道，天下不通」。機不可失，時不再來，酈食其的話也是劉邦心裡所想，所以項羽前腳剛走，劉邦後腳便率大軍直抵成皋城下。

漢高祖四年（西元前203年）十月，劉邦率兵渡過黃河，攻打成皋。新上任的主帥曹咎牢記項羽的話，避而不戰，嚴防死守。結果劉邦連攻了幾天，非但沒有取得任何進展，還損失了不少人力物力。

夜裡，劉邦心情鬱悶，走出營帳散步。透過月光，他眼睛定定地望著成皋堅固的城牆，心裡意識到：「屯兵於堅城之下，乃兵家大忌；強攻於堅城之上，乃滅亡之道。如果不能盡快拿下成皋，等項羽班師回來了，只怕再無機會了。」

月光如水，灑下晶瑩一片；月光如夢，灑下溫柔一片。劉邦轉而一想，突然反應過來：「既然強攻不行，那就暗攻，既然剛猛行不通，那就玩陰柔。」

「誘敵而出，設伏而擊。」劉邦喃喃說道，緊縮的眉頭隨之舒展開來。

這個計謀成立的前提是，曹咎是個粗魯耿直的人，極容易動怒，對他進行唾罵引他出城來戰，便可大功告成。

劉邦果然不是一般人，他早就判斷曹咎正是這樣的人。接下來，戰場變成了罵場，一罵就是三天。

第一天，劉邦派出一些巧舌如簧的士兵，進行了輪番轟炸。面對這樣赤裸裸的罵聲，別說曹咎了，楚軍士兵們聽了都個個義憤填膺。他們紛紛請求出戰，給漢軍一點顏色瞧瞧。就在曹咎快要爆發時，副將司馬欣和董翳及時進行了勸阻。

總之，曹咎的這一天比一個世紀還漫長。

第二天，劉邦創新了罵人術。他把罵人隊伍分成兩派，一派專門負責罵，一派專門負責笑。這邊士兵罵幾句，那邊士兵就鬨笑幾聲，一唱一和，十分熱鬧。第一批人罵累了、笑累了，再換第二批人上。這樣進退有序，笑罵之聲一直持續了一整天。曹咎氣得咬牙切齒，恨不得把這些漢軍生吞活剝，但在司馬欣的勸說下，再想到自己立下的「軍令狀」，他最終還是嚼碎牙齒往肚子裡吞，強忍住了。

總之，曹咎的這一天比十八層地獄還昏暗。

第三天，漢軍再度創新，把罵改成詛咒了。詛咒比罵人狠毒百倍。據說一些心腸極毒辣之人，寫下仇人的名字，再加上咒語，埋在百年大樹底下，算是最狠毒的詛咒方式了。當時劉邦並沒有採用這樣的詛咒方法，他動用的武器是白色幡旗。白色幡旗是死人才用的東西啊！幡旗一面畫的是豬狗之類的牲畜，另一面寫著「曹咎」兩個血腥大字。漢軍充分發揮動嘴又動手的風格，邊罵邊詛咒，還把幡旗放在地上，用劍戟亂刺……總之，這一招比利箭穿心更讓曹咎難以忍受。曹咎本來就是一個本領小、氣量小

的人，面對漢軍這樣肆無忌憚的惡毒詛咒，他再也忍不住了。完全失去理智的曹咎，連司馬欣和董翳也懶得通報了，大手一揮，就直接帶著親信士兵殺出城去。等司馬欣和董翳想要去阻攔時，曹咎等人早已出了城。

而那些罵人的士兵見曹咎殺過來了，嚇得屁滾尿流，丟了幡旗以百公尺衝刺的速度往汜水河上跑。曹咎一口惡氣沒處出，哪裡肯這樣白白放過他們？

於是雙方你追我跑來到了汜水邊。沒路跑了那就游泳吧。漢軍紛紛跳入河中，等他們都游到河對岸時，楚軍才游到河中央。

「快，快，衝過汜水，把漢軍剁成肉泥！事成之後，重重有賞！」曹咎準備發起渡河的最後衝刺。

然而，正在這時，四處突然擂鼓喧天，殺聲四起，只見劉邦一馬當先，大聲叫道：「曹咎匹夫，快快下馬受降，劉某在此恭候你多時了。」

此時，劉邦早就安排好的「半渡而擊之」的戰術開始實施了。潮水般的漢軍鋪天蓋地衝殺而出。

曹咎的大軍在河中央，倉促之間進退無路，很快自亂了陣腳，潰不成軍。曹咎望著波光粼粼的河水，突然感到一股透澈心扉的寒氣，呼吸變得急促起來，一種壓抑感籠罩著他，那是死亡的氣息。

水能載舟，亦能覆舟。自秦末群雄四起後，多少功成名就是因為水，多少功敗垂成也是因為水；多少金鼓喧闐是因為水，多少悲歌絕唱也是因為水。

君不見，因為水，項羽在黃河邊做出了著名的破釜沉舟之舉，結果一戰成名天下知；君不見，因為水，還處於奮鬥階段的章邯在白水河邊的廢丘做出了堅守到底的決定，結果一世英名隨水漂；君不見，因為水，還在

逃命的劉邦在睢水邊做出了鋌而走險之舉，結果一生傳奇得繼續；君不見，因為水，還處於創業階段的韓信在汦水做出了背水一戰之創新，結果一戰征服天下心；君不見，因為水，手握實權的陳餘在井陘口做出了自取滅亡之愚舉，結果一代豪傑東逝水。

而此時此刻，因為水，曹咎體會到了什麼叫窮途末路，感悟到了什麼叫欲哭無淚。

正當曹咎的心快跌到谷底時，他的兩個好夥伴司馬欣和董翳率領援軍及時趕到了，費了九牛二虎之力終於把他救上了岸。

然而，經過這樣一番折騰，曹咎和司馬欣、董翳三人一回頭，通通被驚得面如土色，因為他們發現成皋城上早已換成了漢軍的大旗……「中了劉邦的奸計！」羞愧的曹咎再無顏見項王了。他深情地望了一眼眼前的汜水，此時的汜水早已被楚軍的屍體染成了紅色，那麼怵目驚心，那麼慘不忍睹。汜水悠悠，血流漂杵，他心戚戚然：「看來水是我此生注定無法踰越的一道屏障，時也，命也。」然後，曹咎漠然地拔出身上佩帶的寶劍，沒有絲毫猶豫，沒有半點遲疑，自刎謝罪。

看著曹咎的身子緩緩地倒下去，司馬欣和董翳的心也一點點涼透了。兵敗城破，他倆同樣難辭其咎，主帥陣亡，他們又該如何向霸王交差呢？

罷了，罷了，與其行屍走肉地活著，與其背上敗軍之將的惡名，不如學曹咎以死謝罪，一了百了。於是，他們也雙雙揮劍自刎了。

至此，這場成皋之戰就以這種悲壯的方式結束了。最終，劉邦成功收復成皋。那些原本屬於他的金銀財寶、美女、宮殿再次物歸原主。更為重要的是，敖倉糧道又成了劉邦的地盤。

當斷不斷，反受其亂

在古代，謀士是指為他人出謀劃策的有識之士。他們往往以軍師、幕僚的身分出現。他們有建議權，沒有決策權，更沒有更改主帥決定的權力。因此，他們的策略思想和戰術策略，都必須徵得主帥的同意才能實施和檢驗。

謀士的成功或失敗，相當程度上掌握在決策者手中。如果侍奉的是明君，那麼即使是死，也是「士為知己者死」，死得其所，死得有意義。相反，如果侍奉的是昏君，那就不得不憂鬱而死，含恨而終，死不瞑目。

謀士的命運不在己，而在於主子。這也正是謀士的悲哀！

劉邦手下第一外交官酈食其，最終也成了一個悲哀的謀士。

重新奪回成皋，酈食其功不可沒，正是在他的策略思想的指導下，劉邦才得以順利啃下這塊硬骨頭。也正是因為這樣，劉邦對這位年近七旬的老人更加器重。

然而，酈食其的生命此時也快走到了盡頭。他未得善終，因為他被大將軍韓信「殺死」了。

韓信為什麼要殺酈食其？他們同侍一君，如果不是因為個人恩怨，那就是因為爭寵了。韓信和酈食其顯然是後一種。

當然，以韓信的智商，他是不可能親自動手的。韓信使用的是「借刀殺人」之計，他借的「刀」是田廣。

隨著楚漢爭霸拉鋸戰的進行，田廣一手抓好軍隊建設，一手搞好農業建設，不知不覺中，把齊國打造成兵強馬壯、國富民強之地。

楚漢相爭不單單是項羽和劉邦兩人之間的紛爭，還涉及其他諸侯。前面已經說過，項羽在這場人才爭奪戰中只得到了秦朝兩員舊將 —— 司馬欣和董翳，而劉邦卻得到了九江王英布、燕王臧荼等。現在天下唯一不安定的就是齊地了。偏偏齊地還是塊硬骨頭，跟其他諸侯的「順風倒」不一樣，齊地軍民在自己的國土上自食其力、自力更生，對項羽和劉邦都不買帳。

齊國的態度不明確，讓劉邦大感頭疼。現在，他正與楚國爭得不可開交，要是關鍵時候被齊國從背後捅一刀子，那還了得！別看劉邦長年東躲西藏，過著逃亡生涯，但他早就頗有遠見地把平叛工作交給了韓信。按劉邦的話說，雖然自己有點狼狽，但好歹牽制住了項羽，大將軍便可安心掃平不安分的諸侯了。

韓信的兵馬被劉邦奪走後，他只得去趙地重新招兵買馬。幸好他有非凡的軍事才能，很快就把新招來的士兵訓練得有模有樣，不到一個月便組成了一支威武雄壯之師。有了兵馬，韓信磨刀霍霍準備全力攻齊。但是，偏偏在這個時候，酈食其出現了，還跑來跟韓信搶戰功。

酈食其為什麼不知好歹，早不來搶晚不來搶，非得在這個時候來搶呢？這得從劉邦重新奪回成皋後說起。

成皋失而復得，劉邦卻高興不起來。他知道項羽得知成皋失守後，馬上就會帶兵來對付自己。項羽的勇猛劉邦已領教了多次，他只要一想就覺得膽顫。

看到劉邦怕成這樣，惶惶不可終日，不久之前嶄露過頭角的鄭忠心裡很急啊。鄭忠為劉邦分憂道：「要是齊地能早一點平定就好了。只要齊地一安穩，就可以把大將軍叫來，只要大將軍在，就能抵禦項羽的報復。」

劉邦一想，覺得很對，也只有用兵如神的韓信在，自己才能打敗不可一世的項羽。但是，他剛把韓信折騰成一個光桿司令，又立即命他重組軍隊去伐齊，就算是神仙，也需要時間啊！

但眼下時間緊迫，劉邦心裡思索著，如果能把齊國招降過來就好了。酈食其跟了劉邦這麼久，劉邦的心思他一猜就中。於是酈食其主動請求去齊地做說客，說服齊王歸漢。劉邦當然很滿意地答應了。

酈食其到齊國時，田橫正忙著做防禦工事，以抵擋韓信大舉來犯。不過，面對酈食其的到來，他倒是在百忙之中抽出時間，陪田廣會晤了這位優秀的外交官。

一開始，雙方談得很融洽，但客套話一過，酈食其便開始亮劍了。

他直截了當地問齊王：「如果您只能在項羽和劉邦之間選擇一個，您會選誰呢？」

田廣雖然年少懦弱，但一點兒也不傻，他回答得很圓滑：「世事難料，福禍相依，在沒到一錘定音的時候，誰也不能預料。」田廣的意思很明確，他現在還不會輕易決定選哪一方做自己的庇護傘。

酈食其見他油鹽不進，不來硬的是不行了，於是說了一句石破天驚的話：「依我看，這天下必定是漢王的。項羽乃不忠不義不孝之徒，豈能得天下？」

接下來，酈食其又開始陳述劉邦在楚漢之爭中占據的優勢，最後反問田廣道：「大王若不順應形勢歸順漢王，將來大軍壓境還能自保嗎？」

田廣一聽就慌了神，用詢問的眼神看著田橫，意思是：「丞相啊，這事該怎麼辦？怎麼辦？」

田橫也被酈食其的高談闊論說得有點心動了，但在做決定前，他提出

了一個條件：韓信必須先撤軍。他的意思也很明確，既然你們有心來招降我大齊，為什麼還在中國邊境駐紮一隊虎視眈眈的兵馬呢？

酈食其本來考慮到這個齊王難搞定，得費不少口舌，想不到這麼快就有被搞定的跡象了，不由大喜過望，當即拍拍胸膛說：「不就是撤兵嘛，小菜一碟。既然都是一家人，還用得著兵戎相見嗎？」

承諾完齊國，酈食其馬上寫了一封信給韓信送去。韓信接到信後，心中滿是驚喜：「我正要發兵去打呢！既然酈先生只動動嘴皮子就搞定了，也就省得我兵馬勞頓之苦了。」於是，韓信馬上決定撤兵。

就在這個節骨眼上，韓信手下一個叫蒯徹的謀士出現了。他的出現直接決定了酈食其的命運，也使原本可用和平方式解決的齊國問題再掀波瀾。

「將軍要撤兵南下？」蒯徹問。

「嗯，齊王已降，現在我們可與漢王會合，共同對付項羽了。」

「臣以為不妥。」

「有何不妥？」

「現在撤兵，有三誤。第一，這些天將軍奉命招兵練兵，花了不少心血，正要一試身手，豈能半途而廢？第二，酈先生一時憑嘴皮子說服了齊王，但人心難測，得提防齊王變心啊！第三，將軍此番花了不少心血，眼看就要立下大功了，如果就這樣被酈先生三言兩語搞定，搶了戰功，得不償失啊！」

韓信聽完這話，陷入了沉思。自上次被劉邦「微服私訪」奪取兵權後，他誠惶誠恐，總想馬上立下大功，將功補過，以重新得到劉邦的寵愛。蒯徹的話說得他有點心動了。

心動不如行動，韓信自然知道此時如果自己突然發兵掃平齊地，趁其不備，定會旗開得勝，立下赫赫戰功。就在他要採取行動時，另一個難題又浮出水面了，那就是酈食其的個人安危問題。現在，酈食其正在齊國那裡等他的回信，一旦他突然發兵，齊王肯定不會放過酈食其。

韓信的顧慮，蒯徹早已料到了，他勸韓通道：「酈先生已經不義在先了。將軍奉命攻齊在先，而酈先生主動要求說和在後，他這明顯是要和你搶戰功嘛！人家都欺到你頭上來了，你還顧及人家，愚蠢啊！」

韓信本來就對漢王的「不完全信任態度」心有餘悸，在功名利祿面前，他最終還是選擇了妥協，大手一揮，下令進軍。

齊軍怎麼也不會料到主動求和的漢軍在一夜之間會突然發動進攻，被韓信打得措手不及，頓時兵敗如山倒。韓信很快就攻到了齊國的軍事重鎮臨淄城下。

站在臨淄城下，韓信再次面臨嚴峻的良心拷問，因為他此時又接到酈食其寫來的一封信。這封信直接關係到酈食其人頭的去留問題。

繼續進軍肯定可以徹底攻下齊國，立下不凡戰功，但必須要以酈食其的人頭做代價。而如果撤軍，可以保住酈食其的人頭，但他所有努力就會功虧一簣，付之東流。

面對這樣的選擇韓信不禁犯難了。他和酈食其共事多年，此時真要拿酈食其的人頭做代價，他還是有點於心不忍。而蒯徹既然插手了此事，就大有插手到底的英雄氣魄。

「當斷不斷，反受其亂。一個老頭的性命，怎麼可以跟曠世功業相比呢？」蒯徹一上來就咄咄逼人。

「逼死酈老頭事小，違抗漢王令可是要殺頭的啊！」韓信心中釋然了

許多，但還是有顧慮。

「將軍今日帶兵來攻齊，不正是奉漢王之命嗎？如果就這樣退兵了，不但被酈老頭奪去戰功，而且他還會說一些不利於將軍的壞話，那時候就吃不了兜著走了。」蒯徹的大道理一套一套的。

在蒯徹反覆的攻心之下，韓信終於下定了決心：走自己的路，讓酈食其死去吧！

既然韓信不肯罷兵，齊王就不客氣了。他把一切罪過算在了酈食其身上。也不知道齊王什麼時候學會了項羽的作風，在酈食其面前架起了一個很大的油鍋，然後對他說：「你看著辦吧。」

酈食其見自己難逃一死，心中反而坦然了，他嘴角掛著一絲冷笑，那是一種看淡生死後的釋然，也是一種對自私人性的嘲諷。就這樣，酈食其結束了自己光輝的一生。後來，劉邦對他進行了厚葬，算是告慰了他在天之靈。

危機與轉機

劉邦拿下成皋的消息很快傳到了項羽的耳朵裡。項羽當時怒目圓睜，長嘆一聲道：「悔不該意氣用事，重用曹咎這個庸才啊！」

成皋的重要性不言而喻，此時項羽的表現就和諸葛亮因馬謖失街亭而痛心疾首一樣，他心裡第一次感到了前所未有的危機。

十五天，堅守十五天居然成了一種奢侈，這不得不讓項羽重新考慮一個問題：楚軍中可委以重任的人才太少了。

　　面對成皋的失守，項羽靜不下心來把這個問題想明白。他馬上揮師，報仇雪恨。當時劉邦大軍已經乘勝開到了滎陽城下，與這裡的虎將鍾離眛展開了硬對硬的較量。項羽的到來就像一場及時雨，不但解了滎陽之圍，還殺得漢軍退至廣武山上。

　　廣武山位於滎陽東北三十餘里處，地勢險要，左邊是一望無際的滎澤，右邊是四季河水氾濫成災的汜水。更絕的是，廣武山中間有一個巨大的山澗，像一把刀子一樣把整個廣武山分為東西兩半。山澗寬一百公尺，長八百公尺，深二百公尺，是一條常人無法踰越的天然屏障。

　　此時，漢軍駐紮在澗西。他們依澗而守，占據了有利地形。這可就苦了在澗東的項羽了。雖然這只是一條澗，但澗裡的水像野獸般洶湧而下，那邊又有居高臨下的漢軍把守，楚軍想渡過去簡直比登天還難。

　　對此，項羽只好在廣武山澗東築壘，與漢軍長期對峙。就這樣，楚漢相爭進入了第一個冬眠期。

　　冬眠期就冬眠期，反正雙方都養精蓄銳，這樣耗下去誰怕誰。但是，當時的楚軍卻經不起太久的等待，很快，項羽就陷入痛苦的煩惱之中了。

　　第一，糧草危機。

　　此時的劉邦擁有敖倉之糧，吃上一年半載也不愁；而楚軍後方的糧被彭越今天燒一堆，明天搶一堆，已經糟蹋得不成樣子了。加上滎陽儲備的糧草又有限，臨時去徵集糧草的話，這大冬天到哪裡去徵集呢？民以食為天，軍中乏糧，軍心不穩，連溫飽問題都解決不了，談何行軍打仗？因此，糧草問題成了項羽的一大心病。

　　第二，戰局危機。

　　除了溫飽問題，項羽還有一個擔心的問題就是齊地的戰局。因為韓信

的橫空出世，歸附他的諸侯王趙王歇、魏王豹，包括陳餘這些名士或成了刀下鬼，或成了階下囚，而唯一「健存」的齊地是項羽對抗漢軍僅存的潛在盟友了。如果齊地再失陷，那項羽就是孤家寡人一個了。如果他一直被劉邦拖在這裡，而韓信、英布、彭越三虎一旦聯合起來，四處倒騰，那楚軍便會陷入四處捱打的境地。到那時，只怕是神仙也無能為力了。

危機，前所未有的危機；危局，一潰千里的危局。

想到這裡，項羽再也坐不住了，他知道自己不能這樣坐以待斃，必須主動出擊。對此，項羽使出了「項氏三板斧」。

項羽的第一板斧：生死逼降。

劉邦知道此時的項羽早已恨不得生食其肉，一旦自己落到項羽手裡，只怕連骨頭都不會剩下。所以，項羽想要說服劉邦投降，無異於痴人說夢。

明明知道不可能，但項羽還是決定試著招降劉邦，因為他手中握著兩張王牌──劉邦的父親劉太公和老婆呂雉。劉太公和呂雉都是在劉邦彭城兵敗逃難時被楚軍擒獲的。後來，大難不死的劉邦到了下邑後，就此事特別生氣，他知道父親和妻子落在了項羽手上，就像項羽在自己身邊安裝了一顆定時炸彈。

在這個關鍵時刻，項羽決定引爆這顆定時炸彈。

他叫人把劉太公和呂雉綁在大木案上，旁邊架起一口小耳朵，鍋下火光熊熊，鍋內熱氣騰騰，令人望而生畏，不寒而慄。

「劉邦，你還不趕緊投降，不然明年的今日便是你老爹的忌日。」項羽聲如洪鐘，鏗鏘有力，震得兩岸山澗嗡嗡作響。

　　漢軍面面相覷，個個嚇得臉無血色，因為劉邦接下來的決定，將會直接影響到他們的命運。

　　面對項羽的最後通牒，劉邦卻顯得鎮靜自若。按照常理，一邊是自己至親至愛之人，一邊是自己至追至求的事業，如何選擇的確是一件令人頭疼的事。然而，這樣一個大難題，到了劉邦手裡卻變得容易了。

　　試想，一個在逃命過程中連自己的親生兒女都可以不要的人，現在會為了父親和妻子毀掉自己的事業和江山嗎？更何況，他和父親的關係一直就很微妙，說白了他們並不融洽。劉邦的出生本來就帶有濃厚的傳奇色彩，他父親從小就一直嘮叨：「這個小子怎麼一點兒也不像我呢？」

　　不管劉邦是不是赤龍的化身，他終歸還是從他母親肚子裡出來的，因此，劉邦在父親和母親二者之間，愛母親明顯多於愛父親。也正是因為母子情深，他剛剛在沛縣參加起義時，聽說母親去世的消息後，全然不顧自己的宏圖大業，先到中陽裡安葬了自己的母親。

　　寧可耽擱自己的起義事業，也要風風光光地送母親最後一程，由此可見，母親在劉邦心裡的地位有多重要。如果此時木案上綁的是母親，說不定劉邦還會難以取捨，但此時他面對的是感情關係一般的父親，自然可以做到心靜如水，無動於衷。

　　至於妻子呂雉，雖然幫助他在最短的時間內實現了人生「逆襲」，但這一切都得益於她娘家人的支持和幫助。此一時彼一時，原來的「白富美」如今在劉邦的眼裡已是「豆腐渣」，毫無殺傷力。

　　也正是因為這樣，面對項羽赤裸裸的威脅，劉邦說出了被後人公認為最無賴的一句話來：「我倆曾同侍義帝，並且還是拜把兄弟，因此，我爹也就是你爹。如果你真要煮殺你爹，那就分一杯肉湯給我喝吧。」

　　儘管劉邦耍起了無賴，但項羽也不是好惹的，他馬上就發飆了：「既然你想喝肉湯，那我就煮好了送給你喝！」

　　項羽在怒極時最擅長做的事就是烹煮人肉。剛進咸陽城時，因為一言不合，他一怒之下烹煮了韓生。在攻克滎陽時，因為招降不成，他一怒之下烹煮了周苛。此時，因為威逼不成，項羽一怒之下便要撕票，直接把劉太公投入油鍋之中。

　　如果說劉邦的無情是舉世無雙的，那麼項羽的殘忍更是獨一無二的。故事發展到這裡，就連劉太公本人也認為自己大限將至了，但意外再度上演，在鴻門宴上大放異彩的項伯又露面了。

　　這是一個有趣的現象，行軍打仗、出謀劃策的時候，我們總找不到項伯的身影，而一旦關係到劉邦的命運和利益時，他就一定會出現。養個叔叔做內奸，這也許是項羽最終兵敗劉邦的重要原因之一。

　　一向剛愎自用、一意孤行的項羽，基本上是聽不進別人的意見的，就連對他忠心耿耿的亞父范增，他都是「時而聽之，時而不聽之」，這足以說明項羽是超級自負的，但他唯獨對吃裡爬外的叔叔項伯言聽計從。

　　看來，項伯果然是看著項羽長大的，對項羽的脾性特點瞭如指掌，拿捏得恰到好處，每次都能一針見血地擊中項羽的「七寸」，讓他服服帖帖，乖乖順順。

　　此時項羽要殺劉邦的父親，項伯馬上苦口婆心地對項羽進行了勸說：「自古忠孝不能兩全，現在天下大事尚未塵埃落定，謀大事者為了天下，從來都是不顧家小的。像劉邦這樣的野心家，不可能會為了孝而放棄自己的事業，你現在就算殺了他全家，殺了他所有的親人，也沒有什麼用啊，相反只會增加他對你的仇恨。」總之，項伯的話概括起來就是六個字：殺

無益，留有用。

項羽沒轍了，一來總得給叔叔面子啊，二來叔叔的話也有幾分道理。他擺了擺手，無奈地嘆道：「暫且留下這個該死的老頭吧。」

兵法有云，多算勝，少算不勝。劉邦在項羽面前最大的優勢，就是他善於謀，精於算。項羽只能看到眼前，而劉邦卻看到了後面的幾步、幾十步，甚至幾百步。

別的不說，單從這次人質事件我們就可以看到劉邦的計算力之深。早在兩年半之前，劉邦的家人，包括父親劉太公和妻子呂雉都成了項羽的階下囚。項羽善待俘虜，好酒好菜伺候著，在別人看來肯定會感動，但在劉邦心裡造成的卻是一種無以言表的痛楚。他知道，項羽的心沒那麼仁善，他遲早有一天會把父親和妻子這兩張王牌打出來，讓自己左右為難，進退無路，生不如死。最終，他冥思苦想出了「兄弟之父不可辱，朋友之妻不可欺」的妙招，把兩個人拴在了一根繩子上：在我身上種下什麼樣的因，留給你的便是什麼樣的果。

劉邦早已把這一套應對之策研究透澈，在心裡也能倒背如流了。正是因為這樣，面對項羽突如其來的威逼，他才會顯得從容不迫，應對自如。可惜，當時的項羽並沒明白這一點，還以為自己拿人質來做威脅是一件很令人害怕的事，最終在項伯的勸說下，做了順水人情，饒劉邦的親人不死。

總而言之，在流氓劉邦面前，項羽的第一板斧以失敗告終。

偽裝者

項羽的第二板斧：比武論箭。

握在手裡的定時炸彈竟然不靈了，這大大出乎項羽的意料。這樣一來，他抓破頭皮也想不出好辦法對付劉邦了。最後沒轍了，他獨自走到陣前，想向劉邦進行一次約談。

項羽說出的開場白極富創意：「天下動亂，我倆人人有責。要不我們單打獨鬥，一決雌雄！」

決戰廣武澗之巔，勝為王，敗為臣。應該說項羽的想法是不錯的，願把整個天下拿來當賭注，誰贏了這天下就歸誰。他想以一種和平方式解決這場長達數年的楚漢之爭，使天下老百姓早點解脫戰亂之苦，這樣對誰都好。但是，問題來了，劉邦肯跟他玩這樣一場沒有必勝把握的賭局嗎？

答案是否定的。劉邦是不可能用這種方式來跟項羽賭天下的，原因有二：

第一，此時劉邦的形勢極為有利。他壓制住了項羽，韓信平定了齊國，英布和彭越搞得項羽後方不得安寧。屋漏偏逢連夜雨，此時項羽大軍的糧草還出現了問題……只要跟項羽耗下去，項羽的日子便會越來越難過，天下的形勢就會越來越明朗。劉邦現在自然用不著和項羽拚命。

第二，此時劉邦的年齡已經五十四歲了，是一個年過半百的老頭了，而項羽剛剛到了而立之年，正是血氣方剛、精力最旺的時候。就算劉邦心有餘，他也力不足啊！他這一副老骨頭，能打得過原本就以彪悍著稱的項羽嗎？此時劉邦若答應項羽單挑的邀請，才是腦袋進水了。

　　話雖如此，面對項羽咄咄逼人的架勢，劉邦也很難為情。比吧，必輸無疑；不比吧，又怕天下人恥笑。劉邦腦袋瓜一轉，回了項羽這樣一句話：「比武就是力鬥，我是一個文明人，鬥力這樣粗魯的事我不做，如果真要比試，我們就文鬥吧。」

　　武力只是征服天下的手段，而智力才是縱橫天下的法寶。不過，這種深奧的道理，項羽顯然一時半會兒是不能明白的。也正是因為這樣，他聽了劉邦的回話後，一頭霧水，疑竇叢生：「文鬥，怎麼個文鬥法？」

　　劉邦既然決定「武戲文唱」，那自然要把這出戲唱下去。他胸有成竹地答道：「我們來比射箭，看誰的箭法更勝一籌。」

　　「比射箭？」項羽冷笑一聲，心中暗喜，「我以為是個什麼文鬥法，射箭那可是我的強項啊，當年還有人送我一個『射神』的綽號。這老頭今天怎麼了，居然提出比我的長項，他腦子沒進水吧？」

　　此時的項羽哪裡知道，劉邦已花重金請來了一個樓煩的大力神射手，據說曾在中原一帶射遍天下無敵手，人稱「射仙」。

　　「射神」對陣「射仙」，一場好戲馬上就要上演了。

　　項羽還以為是劉邦親自和自己比射箭呢，因此，他想也不想地就射出了一箭。「嗖」的一聲，澗的另一邊，一面碩大的「劉」字大旗應聲而倒。

　　項羽對自己的射術太自信了，認為射出這一箭後，劉邦肯定連箭都不敢發就伏地認輸了。

　　「好箭法！」楚兵鼓起掌來，澗那邊驚魂未定的漢兵也情不自禁地響起了稀稀拉拉的掌聲。

　　劉邦用兩道又冰又冷的目光掃視了一下鼓掌的漢軍，掌聲戛然而止。待四處安靜下來後，他才拿起一張弓，裝腔作勢地比劃著，卻半天也沒有

拉起來。

楚軍和漢軍都感到詫異時，突然聽到一道凌厲的破空之聲響起。項羽正在等劉邦伏地認輸，突覺一道寒光撲面而來，本能地低了一下頭。說時遲那時快，一支箭羽擦著他的髮鬢而過，十分驚險。項羽雖然躲過一劫，但他身後三名楚兵成了替死鬼。那支凌厲無比的箭連穿三名楚兵的胸膛才停住。一箭三雕，當真令人嘆服啊！

就連一向自詡天下射術第一的項羽也被震得迷迷糊糊的。他怎麼也想不到劉邦的射術這麼高。正要認輸時，他卻發現劉邦還傻傻地站在那裡，手中握著的弓箭並沒有發出來。原來，劉邦剛才也被樓煩勇士的那一箭三雕給驚住了。等他回過神來時，項羽已發現了他背後另有高人相助。

那樓煩勇士初試身手，便射出了水準，射出了氣勢，不由信心大增，也不管此時項羽已被氣得怒目圓睜，摸出身邊的箭，搭上弓，準備當場就把項羽給解決掉。

面對「射仙」蓄勢的一箭，項羽並沒有表現出慌亂的樣子，他甚至站在那裡連動都沒有動。身子沒動，嘴卻動了，項羽發出了一聲「獅子吼」，那當真驚天地泣鬼神，震得整個廣武山都搖了三搖。

樓煩勇士剛要拉弓，一聽這動靜便雙手一顫，雙腳不聽使喚地直打哆嗦，嘴裡叫著「媽呀媽呀」，嚇得丟了弓箭連滾帶爬地逃命去了。

劉邦也被項羽這一聲怒吼嚇得四肢癱軟，只差心臟沒從胸膛裡跳出來了。他也想逃命，但此時他的雙腿卻僵在那裡不聽使喚。臨危不亂，這是劉邦多年來南征北戰修練出來的素質，他深吸一口氣，很快就恢復了平靜。

都說人爭一口氣，佛爭一炷香。為了給自己爭回面子，為了給漢軍鼓

勁加油，為了離間分散楚軍，劉邦沒有再遲疑，張口就對項羽大罵起來，把項羽的罪行一條條如數家珍般地娓娓道來，歸納成了項羽的「罪十條」：

第一條罪：負約。楚懷王曾與諸將約定，先入定關中者王之，但你卻把我封到蜀漢，拒絕封我為秦王，此乃違背盟約也。

第二條罪：忘義。你假傳懷王之命令，殺死宋義，奪其兵權，取而代之，此乃不義也。

第三條罪：擅劫。你擅自調動軍隊，威逼諸侯兵入關，此乃濫用職權也。

第四條罪：擅燒。你焚燒秦國宮殿，掘秦始皇陵，擅自斂財，此乃燒殺搶掠也。

第五條罪：擅殺。秦王子嬰已經歸降，你卻擅自將其殺死，且屠滅嬴氏一族，手段殘忍，此乃濫殺無辜也。

第六條罪：虐俘。你坑殺二十萬歸降秦軍於新安，此乃禽獸之舉也。

第七條罪：裸封。你分封天下時，將自己的親信分到好地盤，將原來的諸侯王驅逐到窮地盤，此乃任人唯親也。

第八條罪：貪婪。你將義帝趕出彭城，自己霸占了彭城，又掠吞了韓國的地盤，霸占了魏國的梁地，此乃貪得無厭也。

第九條罪：弒君。你派人暗殺義帝於江南，此乃不忠不孝也。

第十條罪：惡霸。你作為人臣而殺主，作為將主而殺降，分封天下而不公，主持政事而不平，違背約定而不信，一意孤行而不道，擅自燒搶而不仁，慾壑難填而不義，滔天罪行為天下所不容，野蠻行徑令世人所不齒，此乃十惡不赦也。

人生最大的悲哀莫過於，最了解你的人，不是你的親人，不是你的親信，不是你的隊友，而是你的死對頭，你的大冤家，你的勁敵。

劉邦竹筒倒豆般一股腦地指出了項羽的十條罪，可以說他平日裡是下了不少功夫的，早已把這個對手研究得明明白白，對方的缺點、優點，對方的人脈、人際，對方的命門，對方的一切一切，包括脾氣性格，包括衣食住行，包括興趣愛好，通通都研究了個仔細。

孫子曰：「知己知彼，百戰不殆。」也正是因為劉邦對對手研究得如此深和精，在局勢不利時，他從來都沒有自亂陣腳，總是能冷靜地對待和處理，總是能做到力挽狂瀾，總是能等來柳暗花明。

與其說劉邦是一個極為可怕的對手，不如說項羽是一個極為可悲的對手。劉邦的可怕在於謀事早三年，下手快半拍。項羽的可悲在於行事小錯大錯不斷，事後錯上加錯，他既沒有承認錯誤的勇氣，也沒有彌補錯誤的智慧，只是矇頭在錯誤的道路上漸行漸遠，最終迷失了自我，讓自己走上了不歸路。

此刻，劉邦不僅以十大罪剝開了項羽的傷口，揭露了項羽的弱點，還趁熱打鐵，往項羽的傷口上撒了一把熱鹽。

「項羽，你不過是一個惡貫滿盈的逃犯，而我劉邦是一個為民除害的捕快。

「逃犯哪裡有資格向捕快挑戰？識時務者為俊傑。你如果識相的話，速速受降，我可以保你坦白從寬，後半生繼續享受榮華富貴。」

劉邦的言語如刀劍般刺入了項羽的骨髓和心扉，讓他痛得幾乎不能呼吸。對此，惱羞成怒的項羽恨不得把劉邦千刀萬剮、五馬分屍。

項羽不再浪費口舌跟劉邦文鬥了，而是直接動武。他屏息、上弓、拉

箭一氣呵成，只聽見「嗖」的一響，劉邦中箭而倒……這真是：「口是傷人斧，言是割舌刀，閉口深藏舌，安身處處好。」

項羽眼看劉邦中箭而倒，嘴角終於露出了得意的笑容：「罵吧，罵吧，你可以逞一時之口快，但我也不是好糊弄的，我可以射死你不償命。這下你知道我的厲害了吧！」

「項羽你這個豎子，卑鄙無恥，暗箭傷人，居然射中了我的腳趾，果然不愧為神箭手，厲害啊！」正在這時，劉邦發出了驚天動地的一聲怒吼。

「明明射中了他的胸口，為什麼他只說射中腳趾呢？」項羽聞言困惑了，驚呆了。然而，他畢竟是經過大風大浪的人，沉默片刻，立刻清醒過來。

「不管射中你哪裡了，你現在還能說話，就說明上一箭還不足以致命。既然如此，那就再吃我一箭吧！」項羽立刻搭弓，準備再補上一箭。

劉邦的話驚醒了項羽，同樣也驚醒了身邊的士兵。眼看主子到了最危險的時候，他們趕緊用身體掩護劉邦，把他抬回了軍帳。

御醫趕緊上前，拔箭、敷藥、裹傷、留觀……一系列搶救措施做完後，御醫說話了。

「大王福大命大。箭偏離心臟就那麼幾毫，否則神仙也難救了。大王您現在急需靜養，不然會留下後遺症。」御醫交代完畢便退下了。

一時間，漢王重傷的消息如瘟疫般傳播開來。漢軍士兵們聽了個個垂頭喪氣，萎靡不振；楚軍士兵們聽了個個人心振奮，鬥志昂揚。一衰一盛，一消一長，一沉一浮，強弱立現。漢王的生死會直接決定楚漢之爭的勝負啊！

劉邦中箭，謠言四起，他手下的超級謀士張良痛在心裡，急在心裡。本著盡職盡責盡忠盡孝的原則，張良馬上向病床上的劉邦提出了一個建議：「請大王起來巡營。」

「我胸口痛得都快不行了，哪裡還能去巡營啊！要不你代我去巡營得了。」劉邦強忍著傷痛說。

「這個我代不了您，也幫不了您。如果我們再放任您重傷的消息擴散開來，那麼敵人很可能會以為您被射死了。如果是這樣，已是彈盡糧絕的項羽肯定不會放過機會，定會傾巢來攻。而我們的士兵也會因您的病情而軍心渙散，無心戀戰。到那時，整個漢軍就岌岌可危了，我們的大漢帝國夢就要徹底玩完了。」

張良說得剖心析肝，劉邦聽得眉頭緊鎖。

「解鈴還須繫鈴人。現在的謠言都是因為大王您受傷而起的。有傳言您重傷不起的，有傳言您一命嗚呼的，有傳言您性命垂危的。現在要想闢謠，要想扭轉不利的輿論，唯一的辦法就是您親自巡營，讓士兵們看到您完好無缺，這樣一來，謠言就不攻自破了。」

面對張良提出的「愛身體更愛江山」的提議，劉邦很快清醒過來，馬上把他的忠言付諸行動。

劉邦第二天就下了床。他強忍傷痛，讓醫官裹好自己胸口的傷，穿上整潔的衣服，坐上車輦，然後去巡邏。

漢軍士兵們看見漢王劉邦滿面春風，笑容可掬，一切都正常不過，無不歡欣鼓舞，認定漢王果然只是受了點輕微的腳傷。而澗那邊的楚軍士兵看了無不大失所望。就這樣，劉邦很好地麻痺了項羽，使自己轉危為安。

以前巡視是一種享受，這次巡視則是一種折磨。劉邦感覺到這一圈的

巡視，比一個世紀還漫長。果然，回到營帳，他便癱倒在床上，劇痛難忍，這回是真的爬不起來了。

張良封鎖了一切有關劉邦傷勢的消息，悄無聲息地為劉邦進行了「轉院」處理——送到了成皋。

劉邦到成皋靜心養傷，安心養病。而這一切，項羽被蒙在了鼓裡，從而硬生生地錯過了絕地反擊的好機會。雙方再次陷入了僵持之中。

所謂瞞天過海，就是故意用高明的偽裝手段迷惑、欺騙對方，使對方放鬆戒備，然後突然行動，從而達到取勝的目的。

劉邦在中箭後第一時間就「闢謠」，說只射中了腳趾，這是瞞天過海之術；張良讓重傷的劉邦巡營，顯示其安然無恙的樣子，這也是瞞天過海之術；送劉邦到成皋調養治療，做到神不知鬼不覺，這同樣是瞞天過海之術。

劉邦在受重傷後，還能這樣工於心計，這是項羽所不具備的。可以說，項羽和劉邦在廣武山的這次單挑堪稱經典。這也是項羽最後一次能直接把劉邦一舉置於死地的機會，可惜他再次錯過了。

總而言之，隨著雙方重新進入大對峙階段，項羽的第二板斧也以失敗告終。

一意孤行的龍且

逼迫人質失敗，單打獨鬥失敗，項羽雖然情報工作落後，但還是真真切切地感到了時不我待的危機感。他沒有再猶豫，果斷地再度出招。

項羽的第三板斧：抗漢援齊。

考慮到正面交鋒效果不明顯，主線戰場線長面廣，項羽決定轉變思路，從支線戰場找突破口。

楚漢相爭支線第四場戰役，也是最後一場戰役，濰上戰役因此拉開了序幕。

前文講到，韓信為了立功，聽從部下蒯徹的建議，硬是不聽從酈食其和平解決齊地問題的建議。齊王田廣把「妖言惑眾」的酈食其扔進了油鍋，然後把橄欖枝拋向了項羽。

項羽自然接受了齊王田廣的好意，雙方重歸於好，很快進入了「蜜月期」。因此，面對韓信對齊地的步步緊逼，步步蠶食，項羽儘管「終日奔波，憔悴不堪」，卻沒有坐視不管，馬上決定抗漢援齊。

考慮到韓信是位傑出的軍事家，自從關中出兵以來，鮮有敗績，這一次項羽派自己最為得力的幹將龍且做主帥，外加虎將周藍、項冠為副帥，並且給了他們二十多萬楚軍。單從這一點來看，也足以證明項羽對這場戰役的重視。

龍且在項羽手下和鍾離眜並稱為「絕代雙雄」，可謂戰功纍纍。

在項梁時代，項梁率起義軍支援齊國，和秦軍主力決戰於東阿，龍且就是急先鋒。他一騎絕塵，勢不可當，如入無人之境，威武之氣震懾住了敵軍，為義軍大勝利立下了頭功。這一戰，龍且名聲大震。

在項羽時代，英布背叛項羽投奔劉邦，龍且掛帥出征，在淮南打得不可一世的英布滿地找牙，最終狼狽地逃回了劉邦的大本營。這一戰，龍且聲名遠播。

那麼，這一次龍且抗漢援齊能否大勝而歸呢？

　　話說龍且一到齊地，就得到了齊王的熱情接待。他們兩軍一聯手，頓時珠聯璧合，人聲鼎沸，士氣高昂。

　　韓信本來順風順水，正要把齊地踏平在自己的腳下，突然聽說楚軍最為得力的猛將龍且來了，心裡頓時像被潑了一盆涼水。憑他在趙地臨時徵集的那點兵，怎麼能和龍且的二十多萬大軍相比呢？韓信不禁有點畏懼了。就算他本領再高，巧婦難為無米之炊，要行軍打仗，如果手中沒有兵馬，你就算有千萬妙計也白搭。

　　正是因為這樣，韓信當時一度想撤兵避其鋒芒，但轉念一想，他又打消了這個念頭，畢竟如果此時撤軍，他的整個軍事行動將半途而廢，所有的努力將前功盡棄。如果是這樣，還不如早聽酈食其的建議議和呢！在功名利祿的誘惑面前，韓信最終決定還是硬著頭皮上。

　　在這一仗開打前，韓信還做了一件必須要做的事，那就是馬上向劉邦請求派兵支援。面對韓信的求援，劉邦犯難了。眼下他正被項羽壓得喘不過氣來，要是派兵去支援，那麼自己這邊的兵力就會嚴重不足。

　　正在這時，張良出場了。劉邦就是這一點好，他擁有的人才太多了，不像項羽，沒了范增後，就只剩下自己這個光桿司令了。

　　此時，雖然蕭何和韓信不在劉邦身邊，但漢中三傑之一的張良在啊！更何況就算張良不在，那也還有陳平呢。

　　正是這些賢臣謀士的輪番獻計，使劉邦每次在最危急的時候都能逢凶化吉。劉邦雖然自己沒什麼本事，文不能文，武不能武，但他有一個最大的優點，就是善於拉攏人才，聽從這些人才的金玉良言。

　　這是劉邦能勝過項羽的地方，光是這一點就足夠了，因為劉邦這一優點恰恰是剛愎自用的項羽的致命弱點，這也是劉邦為什麼能最終在長達四

年的楚漢相爭中取得勝利的重要原因。

看到劉邦一臉為難，張良說話了。

「大王，我軍現在有這條深澗做屏障，楚軍一時半會兒還攻不過來。大王可以放心派兵去支援。」

於是，劉邦聽從了張良的建議，派曹參、灌嬰兩員大將帶領數萬人馬祕密出發了。

韓信在得到了兩員猛將的支援後，信心大增。漢軍與楚軍也隨即在濰水邊正式對壘。

交鋒之前，龍且手下有個門客獻出了一條妙計，可助楚軍以逸待勞，大挫漢軍。

「天時不如地利，地利不如人和。」門客向龍且進言道，「漢軍人數雖少，但挾平魏滅趙之威風遠道而來，同心同德，目標一致，就像擰成的一股繩，鋒銳難擋。而我們楚軍和齊軍雖然人多，而且是本土作戰，但離心離德，各懷心事，就像貌合神離的夫妻，毫無鬥志。因此，我們雖然占據天時和地利，卻失去了人和這個重要條件，一旦打起仗來，吃虧的肯定是我們。」

龍且點點頭，皺眉問道：「那該如何是好呢？」

「避其鋒芒，擊其惰歸。深溝高壘，堅守不戰。一來，我們要讓漢軍找到不拚命的目標，二來要走群眾路線，聯合發動齊地的廣大百姓，共同保衛家園。這樣一來，韓信在齊地非但沒有立足之地，還沒有供糧之道，不出幾個月，漢軍便是甕中之鱉了。」門客回答。

都說高手在民間，此話果然不假。這樣的高論如果龍且採納了，縱使韓信有三頭六臂，齊地也注定是他人生的滑鐵盧了。而如果是這樣，龍且

或許可以憑藉一人之力，扭轉整個楚漢之爭的格局。

然而，事實上，龍且想都沒有想就直接拒絕了這個建議，原因是龍且對和韓信這場大戰充滿了信心。

龍且是項羽手下最為彪悍威武的將領之一，和他家主子一樣，幾乎攻無不克，戰無不勝。在他眼裡還沒有征服不了的對手，還沒有邁不過的大山。因此，讓龍且像縮頭烏龜一樣躲在城裡不出戰，是一件讓他很沒面子、感覺很痛苦的事，甚至比直接殺了他還難受。

在龍且看來，韓信年輕時靠漂母的嗟來之食才得以解決溫飽問題，危急時靠鑽人家褲襠才得以苟活下來。這樣一個懦夫，雖然先前在軍事上取得了一些勝利，但那都是他走運，這次必定會被自己打回原形。

引用龍且的原話就是：「吾平生知韓信為人，易與耳！寄食於漂母，無資身之策；受辱於跨下，無兼人之勇，不足畏也。且夫救齊，不戰而降之，吾何功！今戰而勝之，齊之半可得也。」

有什麼樣的主子就有什麼樣的部下。項羽那是什麼脾氣？說話直來直去，辦事我行我素，一條道非要走到底。他手下的良臣猛將也和他一樣。

因此，龍且在拒絕部下的妙計後，馬上磨刀霍霍，厲兵秣馬，等著與韓信面對面地決一死戰。

然而，就在他準備大幹一場時，濰水對岸的漢軍一夜之間消失得無影無蹤了。

對韓信的突然消失，龍且迷惑了：是渡過河「乘勝」追擊漢軍，還是繼續留在老窩觀察敵情呢？

不過，龍且的猶豫一閃而過。他本來就沒把這個曾受過「胯下之辱」的韓信放在眼裡，現在看到他突然撤軍，第一反應就是認為韓信因為害怕

逃命了，所以，他很快就做出了一個大膽的決定：追擊。

龍且立功心切，但他的部將卻很清醒。副將周藍盡職盡責地勸說道：「韓信素來詭計多端，他突然退兵肯定有詐。如今最穩妥的做法，還是堅守不出。」

以不變應萬變是個好方法。然而，事實再度證明，理論說得再好、計謀想得再妙也沒用，關鍵還得看主帥的決定。龍且當時充分展現了作為項羽最為得力大將的「項氏風格」——剛愎自用，他不顧眾將的勸說，馬上率兵渡河去追韓信。

忠言逆耳，良藥苦口。自負的龍且注定要為此付出慘痛的代價。

追到濰水中央的龍且，居然沒發現河水似乎在一夜之間變得特別淺，騎著馬就可以蹚過河去。他手下部將周藍發現了這個問題，但還沒來得及說，龍且就已經一馬當先地渡過了濰水——他要生擒韓信立戰功。

周藍沒辦法只得追隨龍且而去，然而，他的擔心很快就變成了現實，楚軍的大部隊正走到河中央時，突然聽見「嘩啦」一聲，大水像猛獸一樣猛撲過來，頓時氾濫成災。這下楚軍就是想逃也來不及了，數萬人馬頓時被河水沖走。

這真是一場百年不遇的大水啊，它不但沖走了眾多楚軍，還把楚軍一刀兩斷地隔離在濰河兩岸。岸東的大量楚軍，這時候已被突如其來的洪水阻住了去路，只能眼巴巴地望著河西的主將龍且和周藍。

此時，岸西只站著龍且和周藍以及最先渡過河來的一兩千士兵。他們望著身後氾濫成災的大水，已是瑟瑟發抖。

龍且再魯莽也知道，這沒來由的河水肯定不是自然災害了。這的確是韓信事先安排的，他連夜叫士兵用空糧袋裝好沙子，堵住了河上游的水。

韓信渡河去，只是為了引來龍且這條大魚而已。等他一過河，上游就開始放水。

這次河水氾濫成災，是人禍。我們不得不佩服韓信，他果然是「打水仗」的高手：打章邯是靠白水河水淹城而勝，打陳餘是靠背水一戰而勝，此時打龍且又是靠半渡擊之而勝。

最後，龍且被斬殺，周藍被生擒。隨後，韓信率大軍直搗城陽，將齊王田廣、齊相田光生擒在手。而劉邦派來的兩位援軍將領曹參和灌嬰也不負眾望，曹參挺進膠東，擊潰齊國大將田既；灌嬰進軍嬴下，斬殺齊國名將田橫。

明朝章嬰在《諸葛孔明異傳》中說：「誅暴救弱，謂之義兵，兵義者王；敵來加己，謂之應兵，兵應者勝；爭小故，致大寇，謂之忿兵，兵忿者亡……恃國家之大，矜人民之眾……謂之驕兵，驕兵者敗。」

驕兵必敗，誠不虛也。龍且在策略上藐視對手，在戰術上也藐視對手，盲目自信，犯下「驕兵必敗」的錯誤，失敗也就在所難免了。

不久，齊國徹底被漢軍征服。至此，項羽使出的第三板斧非但沒有達到預期的效果，反而損兵折將，生生砍下了自己的左膀右臂。

如果說睢水是劉邦心中永遠的噩夢，那麼濰水便是項羽心中永遠的痛。

至此，項羽的三板斧使完了，結果都是失敗，大失敗，完完全全的失敗，徹徹底底的失敗。

第十二章
潛龍於淵

權力賭徒

龍且就是項羽的「龍骨」。龍骨在，項羽便活動自如，現在龍骨突然斷了，項羽這龍頭便再搖擺不得了。

這時，儘管楚漢雙方還在廣武山對峙，但項羽已經很清楚自己的處境了，只是在盡人事地堅守，反擊的機會基本上為零。

再僵持下去，便是坐以待斃；再對峙下去，便是自取滅亡；再消耗下去，便是萬劫不復。這一刻，項羽傷感地想起一個人來，想起他白髮蒼蒼的模樣，想起他的身影，想起他慈眉善目的臉，想起他殷殷期待的眼神，想起他的諄諄教誨。

千古奇謀成絕響，世間再無范增人。項羽的心在流血，那是怎樣的一種後悔，那是怎樣的一種懺悔。可惜這個世上永遠沒有後悔藥，沒有孟婆湯，沒有忘情水，有的只是血與淚。

人死如燈滅。項羽知道范增不可能回來了。逝者只能緬懷，活人才值得去爭取和珍惜。為此，他馬上想到了韓信。

韓信殺死龍且，按理說，項羽與韓信的梁子是徹底結下了。但是，此一時彼一時，項羽雖然粗魯，雖然高傲，雖然不可一世，但在這種萬般無奈的局勢下，他思來想去，最終決定低下高昂的頭顱，去勸降韓信。

項羽這麼做，原因很簡單，他現在只能勉勉強強和劉邦打成平手，韓信拿下齊地已經對他的側翼形成了嚴重的威脅，一旦韓信率齊地的大軍伐楚，那麼就會和劉邦、英布、彭越形成四面夾擊之勢。這樣一來，他將面臨滅頂之災。

生死存亡比顏面重要，遠大夢想比恩怨重要。無奈之下的項羽出此下策，與其說是靈光一現的感悟之舉，不如說是被逼無奈的豪賭之舉。

在權力遊戲之中，豪賭本來就是不惜一切代價，不計一切後果的。劉邦如此，項羽亦如此。

項羽這次派能說會道的盱眙人武涉執行勸降任務。

武涉到了齊國，見過韓信後，馬上開始展露口才，自問自答了三大問題。

「我們為什麼要起義？因為天下百姓受暴秦的壓迫和剝削，已經活不下去了，所以天下英雄豪傑四起，共同舉事，齊心協力推翻了暴秦。

「起義為什麼？說大一點，起義是為了解救天下黎民百姓，說小一點是為了展現自己的人生價值。起義時，我們拚死拚活不言苦，起義成功後便是論功行賞，封王封侯，然後各自關起門來休養生息，安詳度日。

「個人能為起義做什麼？雖然每個人能力不同，但大家都是為了和平，有了好日子我們就應該且行且珍惜，保護好起義的勝利果實。但是，劉邦無事生非，偏生挑起戰爭，打破天下這原本平和的局面。他先是侵奪三秦之地，又出關攻楚，他的醉翁之意誰都看得出來，那就是獨吞天下。我們項王多次把他擊敗，捏死他如捏死一隻螞蟻般容易，但項王憐惜他同為起義人，不忍心殘害於他，一次次將他放生。然而，他從來不知道悔改，今天放了他，明天又帶兵來攻，這樣貪婪、卑鄙、無恥的人真是少見啊！義軍隊伍中怎麼會有這樣的敗類呢？」

韓信靜靜地聽著，一言不發，顯然他知道這只是武涉用作鋪陳的開場白，接下來才是「亮劍」的時候。

「鳥盡弓藏，兔死狗烹。」武涉終於切入了正題，「現在劉邦之所以這

麼重用你，是因為項王這個強勁對手的存在，而你能打仗、善打仗，還有存在和利用的價值。現在的形勢，是你決定天下的走向，你支持劉邦，項王就沒戲了；你支持項王，劉邦就玩完了。一旦你幫劉邦打敗了項王，劉邦第一個開刀的對象肯定是你，因為那時的你不但已無利用的價值，而且還會因為功高震主而觸怒他，引起他的猜忌。所以，他不對你下手的話，對誰下手？」

「你曾經當過項王的手下，也算是故交了，一旦你幫了項王，他定然會把舊情新恩一起算。這樣一來，你們二人共取天下，共同封王，共享富貴，豈不兩全其美？」

應該說武涉的第一段話說得很到位，不僅從客觀上分析了楚漢爭霸的形勢，也從深層次上指出了韓信潛在的危機。但是，他的第二段話卻脫離了實際。武涉本意是想牽上「舊情」這根弦，但卻在無形中觸到了韓信心中的底線。

原本一直沉默不語的韓信，聽到這裡冷笑一聲：「當年我在項王手下打工時，項王把我當草一樣看，官不過郎中，位不過執戟，言不聽，謀不用，所以我才會遠投漢王。而漢王把我當作寶來用，拜我大將軍之職，予我數萬軍隊，我才會有今天的成就和地位。我可不會好了傷疤忘了疼。項王的好意我心領了，這樣大逆不道的事，我實在做不出來。」

其實，韓信之所以在關鍵時刻如此「感情用事」，除了武涉在說服過程中畫蛇添足提起舊事外，還有一個更重要的原因，就是武涉來遊說他的時機不好，來晚了。劉邦棋高一著，早已比項羽先一步派使者到了這裡，直接將韓信封為新一任的齊王。

劉邦之所以這麼做，不是他有多麼慷慨，主動對韓信論功行賞，而是

被逼出來的。而逼劉邦的不是別人，正是韓信自己。

之前在修武縣，劉邦平白無故地奪了韓信的兵權。韓信雖然表面上服服貼貼，沒有任何怨言，但心裡還是有疙瘩的。

此次他在齊國立下了赫赫戰功後，心裡就更加不平衡了：「如果沒有我，誰能這麼快就將齊地如秋風掃落葉般蕩平？如果沒有我，誰能這麼快斬斷項羽的『龍骨』？如果沒有我，漢王您能這麼高枕無憂嗎？」

於是，心有不甘的韓信就給劉邦寫了一封信，信寫得很委婉，大概意思是說齊地是一個很複雜的國家，而且齊人個個都很善變，如不立一個齊王，恐怕很難鎮住他們，為了齊地的穩定，我願先代為管理齊地。

信雖然寫得很委婉，但實際上誰都看得出來，韓信這是在逼劉邦封他為齊王。韓信這麼做也是為了投石問路，試探劉邦對自己的態度。

當韓信派的人把信送到劉邦手裡時，剛剛傷癒的他因為元氣還沒有完全恢復，心中正憋著一股氣。他一聽說韓信想做齊國的「代王」，臉上頓時就烏雲密布起來：「我現在困守在這人不見人、鬼不見鬼的地方，他不但不派兵來支援我，還想自封為齊王，真是狗嘴巴上貼對聯──沒門！」

劉邦的反應把信使嚇得臉色發白、心頭發顫、腿腳發抖，心裡道：「我怎麼這麼倒楣來送這封信啊，這次只怕要吃不了兜著走了。」

關鍵時刻，又是張良和陳平發揮作用了。不過，礙於信使在場，張良和陳平沒有說話，而是用肢體語言進行暗示，兩人一左一右使勁地踩了劉邦一腳。

劉邦就是劉邦，他是何等機敏之人，回頭見張良和陳平的眼神馬上會意過來，話說到一半立即改口道：「大丈夫做事光明磊落，頂天立地，韓

將軍立下這麼大的功勞，本來就該做真正的齊王，怎麼能做代理的呢？」

「原來如此，虛驚一場啊！」這下信使一顆懸著的心才落下來，放心地回去交差了。

隨後，劉邦為韓信舉行了隆重的分封儀式，並特派張良親自帶著黃金將印去齊地主持授封儀式。

張良把韓信扶上齊王寶座後，趁他歡喜之時，趕緊勸他盡快發兵攻楚。正在興頭上的韓信自然滿口答應了，馬上發兵去前線策應劉邦。

封為齊王，韓信對權力的欲望得到了滿足，膨脹的野心得到了滿足，因此，他對劉邦的忠誠度也進一步提高。所以，項羽派出的說客武涉這時才來，顯然在時機上慢了半拍。

這時韓信心裡只有當齊王的風光，哪裡管武涉說什麼。他直接把武涉拉到飯桌旁一起大快朵頤，酒足飯飽後便客客氣氣地把他送走了。至此，項羽算是失去了最後一根救命稻草。

在這場長達四年的楚漢之爭中，項羽再無反擊的能力和手段了。好在命運還是垂青項羽的，這時依然還有「貴人」想幫項羽一把。此人便是韓信手下的「超級謀士」——蒯徹。

忠誠與背叛

三國時期的魏、蜀、吳鼎立引無數英雄豪傑競折腰。三國鼎立的前提就是要出現三個能一呼百應的人物。三國時雖然人才輩出，但曹操、劉備、孫權三人憑藉出色的才華脫穎而出，最終成就了各自的宏偉霸業。

　　而就在三國之前，項羽和劉邦進行楚漢相爭時，其實也可以形成三國鼎立。那時唯一能和項羽、劉邦相提並論的人便是韓信。他平魏滅趙，降燕伐齊，戰功赫赫，更重要的是，連項羽手下最為得力的悍將龍且在他面前都不堪一擊。

　　這時候，韓信因為平定了齊地，勢力強大到足以左右楚漢相爭的格局了。劉邦在不得已的情況下，趕緊分封他為齊王，而項羽也放下架子對他進行勸降。

　　但是，韓信小時候受盡了苦難，受過胯下之辱。當初在項羽麾下時得不到重用，是劉邦封他為大將軍，從此才有了一展才華的機會。滴水之恩當以湧泉相報，所以韓信婉言謝絕了項羽的招降。

　　這麼看來項羽肯定沒戲了，但蒯徹的出現使事情似乎又有了轉機。

　　在蒯徹的暗示下，韓信馬上跟他約談了一番。兩人的對話從話家常開始。

　　「臣最近在學習相術。」蒯徹話中有話。

　　「哦，都學到些什麼呢？」韓信一聽，好奇地問。

　　「相人其實只有三招，從骨相上看貴賤，從氣色上看喜憂，從決斷上看成敗。」蒯徹回答道。

　　「哦，那你幫我看看相吧。」韓信不知不覺已中套。

　　「大王要我說真話還是說假話？」蒯徹欲擒故縱。

　　「說實話，把假話留給別人去說吧。」韓信眉頭微蹙。

　　「我觀大王的相。如果單看面相，大王最多只能封個侯而已，而且還會有危險。而如果相大王的背，卻是高貴得無法形容。臣看了一輩子的

相，還沒有看到過這樣的富貴相。」蒯徹不緊不慢地答。

「先生請詳說。」韓信喜憂參半。喜的是自己的背相居然這麼好，憂的是為什麼面相只能封侯，而且還會有危險。

這是蒯徹下的一個套，目的就是引韓信上鉤。果然，面對韓信的詢問，蒯徹可以順理成章地「亮劍」了：「您面相的命運就是您追隨劉邦的命運，而您背相的命運，才是本該選擇的命運。」

「那我該如何選擇自己的命運呢？」韓信此時就像小學生對老師一樣，用崇拜和渴望的眼神望著蒯徹。

蒯徹沒有再賣關子，開始發表長篇大論。《資治通鑑·卷十·漢紀二》記載：「蒯徹曰：『天下初發難也，憂在亡秦而已……楚人走彭城，轉鬥逐北，乘利席捲，威震天下；然兵困於京、索之間，迫西山也不能進者，三年於此矣。漢王將數十萬之眾，距鞏、雒，阻山河之險，一日數戰，無尺寸之功，折北不救。此所謂智勇俱困者也。百姓罷極怨望，無所歸倚；以臣料之，其勢非天下之賢聖固不能息天下之禍。當今兩主之命，懸於足下，足下為漢則漢勝，與楚則楚勝。誠能聽臣之計，莫若兩利而俱存之，參分天下，鼎足而居……願足下熟慮之。』」這段話歸納起來有四層意思。

第一，形勢判斷。現在楚漢之爭已有三年，劉邦和項羽互有勝負，如今對峙於廣武山之中，雙方都是強弩之末。天下百姓如今已怨聲載道，都想早點平息這場勞民傷財的爭鬥。

第二，戰術分析。項羽和劉邦現在處於平衡狀態，大王您加入任何一方，天平都會發生致命的傾斜。這說明您現在的作用是舉足輕重的。然而，現在您不是熊掌和魚翅不可兼得的問題，而是明哲保身的問題，其實您的支持對別人重要，對自己卻一文不值，因為不管您支持誰，最終勝利

的一方都不會放過您，到那時，您是勝利方最大的威脅，這樣一來，您想不死都難。

第三，最佳選擇。既然誰也不能支持，那就只能順應形勢，選擇自立門戶這條路了。

第四，策略部署。大王現在應以齊地為中心，和項羽、劉邦來個三足鼎立，這樣便可立於不敗之地。如此一來，一是三分天下，鼎足而居後，誰也不敢輕舉妄動，如果劉邦、項羽其中一個輕易冒犯，您可聯合另一個對其進行軍事打擊。二是您擁有齊國這塊肥地，恩威並施，使燕、趙兩國都臣服於您，再勵精圖治，待時機成熟，這天下便是大王您一個人的天下了。

這便是蒯徹「三國論」的四大論點。應該說他的理論的確很高明，正如他名字一樣精練而透澈。

韓信聽後，沉默良久，才道：「漢王對我恩重如山，情深似海，叫我現在背叛他，我於心不忍啊！」

對此，蒯徹不再講理論，而是直接用現實生活中的例子來攻韓信的心。他舉的正是張耳和陳餘反目成仇的事。兩人原本有飯同吃，有衣同穿，勝似親生兄弟，最終卻反目成仇，甚至到了都想置對方於死地的地步，這就是人的慾壑難填，這就是人的私心難測。

「您和漢王的情義比得上當年的張耳和陳餘嗎？」蒯徹最後反問道。

韓信知道不如，但他還是不為所動，並重複了跟武涉說的話，告訴蒯徹在危急時刻，劉邦寧可把自己的衣服給他穿，寧可自己沒得吃也要先給他吃，這種大恩大德無以回報啊！

蒯徹直切命脈地說：「此一時彼一時啊！您現在的功勞已經震主了啊！

歸附楚國，楚國人不會完全信任您；歸附漢國，漢王會因為您的存在而驚恐。在這種情況下您已無安身之處了。」

蒯徹再次重申自己的主張：只有自立門戶才能成就一方霸業，亦可免去將來的血光之災。

這下韓信無言以對了，這是權的誘惑，赤裸裸的權的誘惑。韓信惶惑了，苦惱了，猶豫了，最後只好說：「先生先去休息吧，讓我再考慮考慮。」

其實，無論人的一生是貧賤還是富貴，都逃脫不了一定的生命定律。韓信是用兵如神的神人，但同時也是有血有肉的凡人，因此人生的定律，他同樣難以超越。

韓信考慮了幾天，最終道義戰勝欲望。他認為自己當個侯就已經足夠了，因此選擇了沉默是金。

對此，蒯徹對韓信進行了最後的勸說：「拘小節者難成大事，成大事者不拘小節。天予不取，反受其咎；時至不行，反受其殃。機不可失，時不再來！」

而韓信只回了一句：「我心已屬，唯漢獨尊；我意已決，請勿復言。」

對蒯徹來說，他這次獻計既是為韓信好，也是為自己好。如果韓信聽從了他的計謀，進行一次超級豪賭，那麼不管成功失敗，他都能一夜之間千古留名。人生能有幾回搏，人生能有幾回賭？而從事後諸葛亮的角度來看，韓信正是因為不採納他的建議，最終落得個「狡兔死，良狗烹」的下場。悲也，嘆也！

而權力賭徒蒯徹眼看勸不動韓信，知道韓營之大，已無自己的容身之處，於是選擇了捲起鋪蓋走人。為了讓自己走得「風雨無阻」，他還使

用了「假癲不痴」之計，把自己弄成瘋癲之人，從此歸隱山林，雲深不知處。

不成功便成仁，不成仁便成仙，蒯徹果然是一代世外高人。

議和陰謀

劉邦從來都是一個勇於爭先的人，在項羽使用三板斧後，他自然也不甘落後，馬上來了個三步走。

劉邦的第一步就是封韓信為齊王，在安撫韓信的同時，催促他趕緊出兵伐楚。這一招有點類似於權錢交易，對雙方來說互利互惠。

果然，韓信在虛榮心得到了極大的滿足後，謝絕了武涉和蒯徹的勸說，拒絕背叛劉邦。同時，為了更好地證明自己的忠誠，他馬上令灌嬰為先鋒，揮師南進。結果灌嬰不負眾望，在薛郡成功擊敗了楚將公杲，隨即占領了淮水一帶的縣邑，包括項羽的家鄉，直逼項羽的都城彭城。因此，劉邦的第一步可以說走得非常成功。

劉邦的第二步便是封英布為淮南王，令他赴九江截斷楚軍的後路。英布和韓信一樣，在虛榮心得到了極大的滿足後開心地上路了。

英布率軍在九江一帶和楚軍的大司馬周殷展開了激戰。周殷是項羽手下的一員猛將，深得項羽器重，但這一次面對更為強悍的英布卻無能為力，連連敗退，一潰千里。因此，劉邦的第二步同樣走得很漂亮。

劉邦的第三步便是厚葬陣亡士兵、安撫死者家屬。

這樣一來，四海臣服，萬眾歸心。別的不說，單拿「搗蛋鬼」彭越來

說，自從劉邦出了這條「玉律」後，他對項羽的後方大本營打得更起勁了，他手下的士兵們也更賣力了。他們飄忽不定的游擊戰術令楚軍防不勝防，擋不勝擋，糧草也頻頻告急。後方的危機也令身在前線的項羽感到了深深的恐懼。

值得一提的是，此時的劉邦喜事連連，因為天上掉了塊餡餅正好砸在他頭上 —— 平白無故撿到一支三千多人的貉族騎兵。

這支騎兵的到來完全歸功於陳平，因為這群貉族騎兵的頭頭是一個叫郭逸的漢人。這郭逸和陳平是同一村的，從小就是好朋友。長大後，郭逸跟隨父親到洛陽做起了絲綢生意。那時北方的貉族人拿寶馬和銀器去換絲綢，而郭逸強就強在一張臉上，他長得那可不是一般的帥，用現在的話來說就是帥呆了。因為帥，他被貉族一個郡王看上，於是強行把他招為上門女婿。

後來，郡王死了，他便代替了郡王的位置。恰巧這一年郭逸回家探望老母時，聽說陳平在劉邦軍中很是風光，就來看看。這一看竟看出了「情緣」來。在陳平曉之以理動之以情的勸說下，郭逸最終決定帶領手下幾千騎兵來支援。他的數千名英武高大的騎兵一出現，頓時就造成了穩定軍心的作用。

總而言之，劉邦的第三步也展現出了良好的成效。

然而，劉邦並不是一個小富即安的人。他清醒地意識到，雖然與自己的日新月異相比，對手項羽是日暮西山，但瘦死的駱駝比馬大，儘管項羽已今非昔比，但他畢竟有雄厚的底子，還能做困獸之鬥。更為重要的是，他此時還握有一張王牌 —— 人質情感牌。

前面已經說了，為了逼他就範，項羽以撕票做威脅。雖然劉邦採取了

獨具特色的戰術，讓項羽的威逼成了一張空頭支票，但他意識到人質在項羽手裡終究是禍害，正如欠下的帳終究有歸還的一天，如果讓這筆帳永遠存在，那自己就永世不得翻身。

為此，三步走之後，劉邦還使出了一個盤外招：議和。

這時，劉邦手下的「第一外交官」兼「第一說客」酈食其已經在齊地光榮獻身了，而在九江說服英布歸降的隨何此時也找不到人了。

好在關鍵時刻，劉邦手下從來不缺人才，這一次依然不例外。劉邦軍中還有一位知名的「鐵齒銅牙」——陸賈。

陸賈是一個大學者，著有《新語》一書，能說會道，三寸不爛之舌說遍天下無敵手。劉邦對他寄予厚望，馬上派他去項羽的大本營進行談判。

這時候項羽最頭痛的就是糧草。他和劉邦對峙這麼久，後方糧草早就供應不上了。吃飯成了擺在楚軍面前的第一難題，溫飽問題沒有解決談何打仗。

就在這個絕望的時候，劉邦的使者陸賈來了，帶來了個出人意料的提議——議和。

劉邦不是昏頭了，就是心裡有詐，項羽想到這裡，還沒待陸賈張嘴，便馬上來了個先發制人：「請你把帶來的黃金珠寶帶回去，轉告劉邦一句話，士可殺不可辱，戰可打不可和。一切廢話都免談，咱戰場上見真章。」

可憐的陸賈空有滿腹經綸，空有雄辯之才，但卻沒有展示的機會，因為項羽根本就沒讓他張口。最終，陸賈只能長吁短嘆地無功而返。

劉邦一看自己的「陰謀」沒有實現，不由大為失望，於是準備對楚軍發動大規模進攻。

正在這時，有一個人主動站出來，對劉邦說：「失敗乃成功之母，大王對議和之事只提了一次就打算放棄，這不是大王做事的風格啊！臣願再去項營試試。」

這個毛遂自薦的人叫侯公，論年齡，他也是一個風燭殘年的老頭了，但他和范增一樣，擁有一顆不老的心。劉邦對此很高興，馬上派他再上虎山行——到了項羽的大本營。

項羽第一次拒絕陸賈是因為心裡最本能的反應——面子、疑心。此時面對侯公的到來，他就像溺水的人突然抓住了一根救命稻草。此一時彼一時，再耗下去，沒有糧草的士兵軍心渙散，只怕到時想和都和不了啊！

項羽內心雖然有點激動，但表面上裝得很鎮定。他不冷不熱地對侯公說：「漢王派你來做什麼？」

「議和。」侯公回答得很乾脆直接。他說：「楚漢相爭這幾年，生靈塗炭，民不聊生，而且交戰雙方都筋疲力盡，到了缺衣少糧的地步，不如議和算了。」

「漢王有什麼條件嗎？」項羽問。

「我家大王只想與你劃下界線，從此各守一方，永不相犯。」侯公答。「就這一個條件？」項羽再問。

「嗯，還有一個附加條件。請求大王放了太公和呂后等人質……」

這個附加條件一提出，項羽很生氣，後果很嚴重。

好在侯公馬上對項羽進行了說服工作：「大王放了太公和呂后等人質，不但漢王對你感恩戴德，天下人都會認為你是仁義之王。得民心者得天下，將來這天下還有誰是你的對手？」

這話說得項羽心裡很受用，他向來吃軟不吃硬，有點飄飄然的感覺

了，再加上當時形勢也不容樂觀了。於是，接下來，手臂肘往外拐的項伯又派上用場了。他被項羽派出來和侯公進行議和條款細節的談判。

項伯那是什麼人才，打仗不行，談判老在行了。兩人三下五除二就達成了共識。雙方協定以鴻溝為界，平分天下。鴻溝以西歸漢，鴻溝以東歸楚。作為附加條件，項羽必須先放人質：劉邦的父親劉太公和夫人呂雉等親人。

對此，《史記‧項羽本紀》記述如下：「漢王復使侯公往說項王，項王乃與漢約，中分天下，割鴻溝以西者為漢，鴻溝而東者為楚。項王許之，即歸漢王父母妻子。軍皆呼萬歲。漢王乃封侯公為平國君。匿弗肯復見。曰：『此天下辯士，所居傾國，故號為平國君。』」

雙方達成初步協定後，項羽派使者隨侯公到漢軍處。劉邦自然沒有意見，雙方正式簽字畫押。這就是歷史上楚河漢界的由來。

協定簽訂後，項羽馬上做了兩件事。

首先，他履行承諾，立刻按約定放人質，包括劉邦的父親劉太公、妻子呂雉、二哥劉仲、兒子劉肥等親人。

其次，奉行盟約，立刻按約定開始撤軍。

一切看似都出奇順利，一切彷彿都重歸平靜。

然而，項羽不會料到，這平靜的背後，是巨大的陰謀，因為此時的劉邦非但沒有撤軍，反而選擇了進軍。

劉邦之所以這麼快公然違背盟約，全拜張良和陳平所賜。

張良和陳平在劉邦準備後撤之時，以雙劍合璧的方式替他上了一堂生動的政治課，歸納起來，就是兩點意思。

第一，兵不厭詐。什麼盟約，什麼條款，只不過是一張紙。在利益面前，可以把盟約和條款通通變成廢紙，關鍵看你如何選擇，如何去做了。

第二，時不我待。現在漢軍已經坐擁了半壁江山，諸侯都已經歸順，形勢好得不能再好；而楚軍現在缺兵少糧，疲憊不堪，已經是強弩之末了。

這時候正是消滅楚國的絕好時機。如果現在放過項羽，那便是放虎歸山，養虎為患啊！

劉邦聽了，點了點頭道：「原來我這個政治家根本就不懂政治啊！」說完這句話，他馬上做出了大膽之舉：撕毀條約，追擊項羽。

當然，以上是史書的記載。難道劉邦的議和真的只是為了親情嗎？

答案是否定的。親情固然是一個原因，但更重要的原因是天下。

前文提到，當初劉邦在攻入關中時，在武關用「糖衣砲彈」對秦將進行誘惑 —— 招降。結果就在秦將心有所動，正要行動，準備和劉邦聯合進攻咸陽時，劉邦卻突然反悔，殺了個回馬槍，因此牢不可破的武關被他輕鬆拿下，從而得以直搗咸陽。

前事不忘，後事之師。上一次透過招降，劉邦達到了自己的目標。同樣的道理，這一次透過議和，他也達到了自己不可告人的政治目的。

劉邦做出要撤兵的態勢，一來是為了迷惑楚軍，二來是為了偽裝自己。迷惑楚軍很容易理解，假戲只有做得越細，才會越逼真；偽裝自己就是高境界了，以退為進，透過別人的勸誘來順水推舟，走自己既定的方針路線，透過裝糊塗裝寶，成了披上羊皮的狼，讓人看不到他的真實面目，以達到偽裝成「老好人」的目的。

果然，劉邦有了部下的支持，馬上對項羽迅速展開了「千里追蹤」，

一口氣追到了陽夏。這時候，他突然發現形勢有點不對勁，因為他約定的另一路人馬──韓信和彭越的大軍並沒有出現。於是劉邦趕緊放慢腳步，準備等韓彭大軍到了，再聯合出擊。

然而，這天底下沒有不透風的牆，這時真正的「老好人」項羽終於發現了劉邦的陰謀詭計，他馬上命令正在撤退的楚軍做了四個動作：立定，稍息，向後轉，跑步走。

結果，項羽和劉邦再次進行了面對面的接觸戰。

這一戰的交鋒地點在固陵。交戰雙方的兵力對比是漢軍二十萬對楚軍十萬。雖然楚軍兵力不濟，但卻取得了最終的勝利。

都說哀兵必勝，是因為人處在絕境時，往往會爆發出驚人的力量。此時的楚軍便是這樣一支哀軍，他們個個對劉邦的言而無信、反覆無常、出爾反爾義憤填膺。漢軍人數雖多，但也擋不住楚軍的攻勢。這又是一場以弱勝強的典型戰例，項羽在這場「回首戰」中，成功斬殺了兩萬多漢軍，當真是收穫頗豐。

劉邦眼看打不贏，再度發揮能跑善逃的特長，帶領殘兵敗將退到陳下，挖掘深塹，築壁自守。雙方再一次進入了僵持狀態。

打了勝仗的項羽此時卻心如刀絞──舉國形勢一片黑天，心神恍惚──長期征戰累啊，心猿意馬──想攻又想守，想進又想退，心如死灰──關鍵時刻已經沒有誰來幫自己了。

而劉邦卻是心急火燎──長期堅守在這裡不是辦法啊，心煩意亂──韓信和彭越大軍怎麼遲遲不來呢？心亂如麻──人心難測，思前想後，能不亂嗎？因此，心有所思的他馬上向自己的智囊團團長張良問計：「兵困於此，權宜之計，援軍未到，如之奈何？」

張良心領神會地說了兩句話：「久拖楚必亡。我們只要和項羽這樣僵持下去，楚軍便再無迴天之術，早晚都會死翹翹。久旱逢甘霖。只要給韓信和彭越足夠的動力，圓了他們心中的夢想，援軍自然馬上就到。」

隨即，張良說出了具體做法，八個字：分地封王，共享天下。

之前韓信雖然被封了齊王，但卻沒有被封地。彭越雖然有自己的一畝三分地，但卻沒有封王，還只是個魏國相。

張良建議劉邦趕緊封一塊地給韓信，讓他這個齊王實至名歸，再封一個王給彭越，讓他體驗體驗王者至尊的感覺。這樣滿足了他們的要求和虛榮心後，再邀他們來會戰，便會招之即來，來之必勝了。

對此，劉邦只有遵照執行的份兒了。他一是下達封地令，把陳地到東海的地盤都封給韓信，二是下達封王令，封彭越為魏王，管轄睢陽北部直至諸城一帶的地盤。

這雙管齊下後，效果是看得見的，很快韓信便揮師南下，火急火燎地來支持劉邦。

項羽聽說這個情況後，馬上派上柱國項他出馬，結果兩軍在九里山上演了生死鬥。龍且都不是韓信的對手，項他更不是韓信的對手了，結果可想而知，楚軍大敗，項他被擒。

與此同時，彭越大軍很快也向楚軍境內開進。人都有見風使舵的思想，此時見韓信和彭越有了動靜，淮南王英布也坐不住了，馬上發兵來支援劉邦。

其實，他心中那點小想法，明眼人一看便清楚，數路大軍圍攻，楚軍必敗無疑，這樣順手牽羊的功勞不拿白不拿，這樣唾手可得的勝利果實不取白不取啊！

英布不但自己來了，而且還帶來了兩個人：劉賈和周殷。

劉賈是劉邦的親戚，當時在淮南協助英布「攘外」，結果眼看楚軍一落千丈，本著「不戰而屈人」的策略，渡過淮水，對項羽鎮守後方的楚大司馬周殷進行了勸說，透過威逼利誘和攻心策略，成功策反了周殷。

俗話說，人為財死，鳥為食亡。儘管周殷是項羽手下的強力悍將，儘管他深得項羽器重和喜愛，儘管項羽待他不薄，但劉賈的威逼利誘徹底征服了他，他認為與其再苦苦支撐著這無法扭轉的敗局，落得個無法善終的結果，不如順應形勢，及時懸崖勒馬，回頭是岸。

歸順漢軍後，周殷和劉賈反戈一擊，拿下了九江郡等地，然後又協助英布收復了六安，最後英布、劉賈、周殷三人帶領聯合部隊與劉邦會戰項羽。

在項羽的戰術思想裡，只有進沒有退，只有勝沒有敗。然而，這一次，面對四面圍攻而來的漢軍，不退不行。而這一退，便是一潰千里，再無回頭之路。

第十二章　潛龍於淵

第十三章
遠去英雄不自由

垓下大決戰

西元前 202 年冬，北風呼呼地吹，像是悲歌，也像是輓歌。項羽率楚軍退到了垓下。楚漢之爭的決戰時刻終於到來了。

在決戰之前，我們先來看看雙方的軍事情況。

劉邦這邊已聚集了四路大軍。

第一路：劉邦自己率領的嫡系漢軍，手下主要謀士有張良、陳平（此時蕭何還坐鎮漢中），主要將領有周勃、樊噲、曹參、灌嬰、夏侯嬰等人。兵力有十萬左右。

第二路：齊王韓信率領的齊軍，手下主要謀士是李左車，主要將領有孔熙、陳賀等人。透過不斷擴張，此時的兵力已達三十萬之眾。

第三路：梁王彭越率領的梁軍，手下的主要將領有欒布等人，透過「游擊戰」不斷擴軍，此時兵力有五萬人左右。

第四路：淮南王英布率領的九江軍，手下的主要將領有劉賈、周殷等人，經過多年累積，此時的兵力有五萬人左右。

總而言之，劉邦這邊主要謀士不下十人，主要悍將不下二十人，其餘大小將領不下百人，兵力總數超過了五十萬人。

項羽這邊的楚軍已是孤軍一支，情況不容樂觀。他手下的謀士如今只有項伯一人，主要將領有鍾離眛、季布兩人，其次還有他項氏家族的「四大劍客」：項聲、項冠、項他、項悍。總之，項羽這邊主要謀士幾乎為零，主要悍將在十個以內，兵力總數約十萬人。

透過分析，我們可以看出，雙方實力相差懸殊，漢軍優勢明顯，楚軍

劣勢明顯。

但不管強也好，弱也罷，不到最後時刻誰也不會輕易服輸，更何況是從來不服輸、從來不認輸、從來不低頭的項羽。

果然，大決戰開始前，處於絕對劣勢的項羽開始發動思想攻勢，他豪氣干雲地對楚軍說了這樣兩句話：

「我們楚軍向來只有前進沒有後退，只有勝利沒有失敗，哪怕只剩下最後一個人了，也決不認輸。

「我們楚軍經歷的風雨何其多，因此，不到最後一刻，誰勝誰敗都不好說。只要我們奮力一搏，拚死一鬥，就能創造出奇蹟來！」

鼓舞好士氣後，項羽便進行軍事部署。他將十萬楚軍一分為三，呈「品」字形布局。他派鍾離眜為右軍主帥，帶領二萬楚軍屯於垓下東北方向；派季布為左軍主帥，帶領二萬楚軍屯於垓下西南方向；自己居中，帶領楚軍主力迎戰，併作好策略轉移的準備。

在楚漢之爭的多次交鋒中，多半都是劉邦先出招，而項羽以不變應萬變，後發制人。此時，項羽率先出擊，主動部署，只能說明此一時彼一時，形勢已經到了非常危險的局面。可以說，他是在進行一場豪賭，是生還是死，成敗在此一舉。

主動出擊可以造成先發制人的效果，但劣勢也很明顯。正如人無完人一樣，戰鬥部署不可能毫無破綻，因此，主動出擊往往容易過早地暴露一些不足和缺點。隨後出招的劉邦仔細觀察了項羽的軍事行動，透過主動查、仔細找、大家提等方式，他很快摸到了項羽的命門所在。

劉邦思來想去，只做了一件事，那就是將整個大會戰的軍事指揮權交給韓信。

　　對一向謹慎、一向視權力為生命的劉邦，能這樣做真是難能可貴。可以說，他也在進行一場豪賭，贏還是輸，在此一擊。

　　而劉邦之所以這樣做，一是形勢所逼，項羽的決戰態勢讓他感到了沉重的壓力，為了能戰勝項羽，他大膽下注，冒死一搏；二是能力所限，他本人直接跟項羽硬碰硬，從來都占不到半點便宜，而韓信先前的指揮作戰能力征服了他的心，為了能戰勝項羽，他創新思路，孤注一擲。

　　事實證明，「賭徒」劉邦這一次的做法完全是正確的，把軍隊的總指揮權交給韓信，是知人善用之舉。

　　在接到調兵的符節後，韓信本著一顆感恩之心，馬上進行了策略大部署。令人意想不到的是，一向用兵如神的韓信，這次借鑑了對手項羽的布陣之法，也排出了「品」字形陣勢。

　　他派陳賀為右軍主帥，帶領五萬漢軍屯於垓下東北方向；派孔熙為左軍主帥，帶領五萬漢軍屯於垓下西南方向；自己居中，帶領漢軍主力三十萬大軍和楚軍正面作戰。

　　當然，在走「別人的路」的同時，韓信還做了兩個創新之舉：

　　第一，他精心挑選了漢軍當中最為出色的十個將領，包括樊噲、英布、彭越、周勃、曹參、灌嬰等勇冠三軍的人物，然後把自己的主力中路軍分成十隊，每個將領負責一隊。以十面埋伏布陣，陣與陣之間層層相圍，層層接應，緊密而有序。這就是歷史上著名的「十面埋伏」。

　　第二，他把劉邦和周勃兩路大軍安排在自己中路主力軍的身邊。

　　安排十面埋伏，韓信美其名曰「布陣」；安排劉邦，他美其名曰「督戰」；安排周勃，他美其名曰「斷後」。但是，只有韓信一人知道，他之所以這麼做，其實是為了給自己上一道「三保險」。

　　韓信懂得項羽的強大。彭城一戰，三萬精兵單挑劉邦五十餘萬聯軍，結果大獲全勝。此時項羽儘管已是日暮西山，但他畢竟還有十萬軍隊，又處在生死決戰的關口，他的三十萬主力軍在正面交鋒中，能否抵擋得住這十萬楚軍的強攻，還是個未知數。要知道項羽在當時有「天下第一攻擊手」之稱，他採取的高舉高打，直線攻擊的戰術簡潔明瞭，也最富成效，往往在正面交鋒中無人能掠其纓，無人能擋其鋒芒。

　　更讓人畏懼的是，沒有和項羽面對面交鋒過的人，永遠都無法體會他的強大。

　　就如古龍筆下的小李飛刀一樣，雖然只有一刀，但只要一出手，例無虛發，一刀封喉，一刀致命。即使你知道他的威力，百倍千倍防範也是徒勞，因為你永遠不知道這小李飛刀什麼時候出手，也許在你舉手投足的一瞬間，寒光一閃，人就已經倒下了。

　　項羽就如小李飛刀，就是這樣高深莫測。有時你明明已經把他團團圍住了，但他或是怒吼一聲，或是寶劍一揮，轉眼間便可以衝出防線，揚長而去。

　　韓信以「十面埋伏」布陣，本身就能讓項羽在直線攻擊中，受到巨大的阻力。此外，他把劉邦和周勃放在後面也是以防萬一之舉。萬一項羽突破了自己的「十面埋伏」，萬一自己敗了，還有劉邦的五萬大軍在後面支援。萬一這樣還是擋不住楚軍，有周勃的五萬大軍斷後，可再戰，也可以掩護逃跑。

　　韓信就是韓信，果然高明，這是個萬無一失的布局。不管楚軍有多強大，不管到時發生多大的變故，他至少可以做到進退自如，至少可以保護主力部隊安全轉移。

明朝萬曆年間編纂發行的《全漢志傳》給出了垓下之戰的戰場位置和十面埋伏的由來：「（韓）信與（李）左車共議地面，指九里山為中央，東至定國山，西至雞鳴山，南至鳳凰山，北至大河，四下八方，留兵四野，十面埋伏。」

至此，楚漢雙方布陣完畢，正式開戰。

韓信首先使出了誘敵的計謀。

韓信親自帶領三萬精兵去挑戰項羽，大決戰的序幕正式拉開。請大家注意，韓信帶的人馬數量是三萬，不知是巧合，還是韓信有意所為，這正是項羽當年回救彭城時所帶的兵馬人數。

項羽心裡正在感嘆這被圍被困的滋味不好受，見韓信主動來挑戰，而且不多不少，只帶了三萬兵馬，當年彭城之戰的一幕幕電光石火般浮現在他眼前，三萬鐵騎，自己就把劉邦五十多萬聯軍衝得支離破碎，打得鬼哭狼嚎，那是多麼豪邁之舉，多麼英雄之舉，多麼霸氣之舉，可謂前無古人。

但眼下，韓信居然僅帶三萬兵馬來挑戰，項羽自然怒不可遏：「三萬人馬膽敢來挑戰我十萬精兵，簡直是目中無人！」他大手一揮，率楚軍傾巢而出，呼啦啦地衝殺出去，那架勢似是要把韓信剁成肉泥才解恨。

韓信這麼點兵馬怎麼抵擋得住項羽傾巢之軍，於是只能邊打邊退，邊打邊撤，邊打邊逃。

項羽恨不得馬上抓住可惡的韓信抽他的筋、剝他的皮，所以對韓信窮追不捨。

我追啊追，你逃啊逃，項羽像是剛出山的獅子，勢不可當，而韓信則像是惶惶的野兔，狼狽不堪。

正在這時，只聽一聲響，十面埋伏中的第一隊人馬出場了——周勃和灌嬰帶著漢軍殺出來了。

項羽正手癢呢，面對四面湧現出的敵人，他一身絕技得到了充分的發揮。只見他指南打北，指上打下，指東打西，直打得周勃和灌嬰兩人手忙腳亂。不多時，項羽率領楚軍就衝出了包圍圈，第一關順利闖過。

在闖第二關之前，項羽說了一句開場白：「都說韓信用兵如神，原來也不過如此啊！」

如果你是一個三國迷，一定會知道曹操在兵敗赤壁、敗走華容道時，曾在逃跑路上的險要處發出過三次感嘆，而每一次嘲笑諸葛亮不會用兵時，都會出現諸葛亮早就派在那裡的伏兵。最後如果不是知恩圖報的關羽放了他一馬，只怕他在華容道就要結束其光輝的一生了。

現在這種情況就和曹操那次如出一轍。項羽的感嘆話音未畢，只聽見殺聲又響起，兩邊又閃出兩路伏兵來，由樊噲和曹參領軍。

項羽同樣使出渾身解數。不多時，樊噲和曹參也招抵不上了，紛紛敗退。項羽繼續帶領楚兵向前殺去。

就這樣，項羽每衝出一路敵軍，還來不及喘氣，就又會出現一路敵軍。最後，他憑藉個人的勇猛，並且以犧牲了大量楚軍為代價才連衝出了七八陣。項羽不是傻子，已然明白了敵人已經進行了嚴密的布防，只是當下楚軍只有一條路可走——向前衝，自己只有一個目標可攻——斬首。先斬韓信的首級，再斬劉邦的首級。這樣一來，漢軍再多也無濟於事了，這樣一來，就可以力挽狂瀾，笑傲天下了。

明知山有虎，偏向虎山行。我們不得不佩服項羽的英勇和果斷。果然，當項羽發出「斬首行動」的指令後，士兵們再次士氣大振，排山倒海

般地向漢軍的心臟之地衝去。漢軍被楚軍的氣勢所懾，紛紛潰退，眼看就要全線失利了。

正在這時，楚軍的後面卻突然慌亂起來。項羽雖然攻得起勁，但還是察覺到了後軍的異樣，於是趕緊來了個「驀然回首」。

這時，士兵過來稟報項羽說：「漢將孔熙和陳賀擊潰了我軍左右兩翼，正迂迴到我軍背後進行包抄。」

項羽的作戰風格向來是把騎兵放在前面衝鋒陷陣，把步兵放在後面全面推進。這次大決戰也不例外，他的騎兵在前面衝，步兵則跟在後面。而韓信早就看到了楚軍的軟肋所在，命孔熙和陳賀左右兩翼大軍埋伏兩側不動，不參與和楚軍的正面作戰，等楚軍騎兵全部都過了，他們再對楚軍步兵發起進攻。這樣一來，楚軍自然抵擋不住。

「韓信以十面埋伏誘我軍深入，再以兩翼之軍襲我後方，讓我軍首尾不能相顧，戰術果然高明啊！」項羽一邊感嘆，一邊馬上做出了緊急應對措施——撤軍。楚軍前隊改後隊，後隊改前隊，依次回撤，全力突圍。

撤軍是項羽做出的明智之舉，因為他終於意識到了交戰對手韓信的強大。既然韓信的布局如此精密，再向前衝，那便是自投羅網，自尋死路；只有撤軍，從哪裡來到哪裡去，方是最佳的脫身之計。

正在這時，只聽見殺聲四起，韓信開始反攻了，但見漢兵遍地開花，騎兵、步兵層層有序，那個壯觀景象，難以形容。換作一般人只怕早就被嚇死了，但項羽可不是一般人，戰神章邯都不是他的對手。關鍵時刻，他臨危不亂，讓鍾離眜和季布兩大猛將斷後，他親自充當先鋒，指揮楚軍有條不紊地向外衝去。

人就是這樣，當你總是站在高處時，你就會想，要是有一天能有一個

真正的對手多好啊，那樣就不會這麼孤獨寂寞了。但當真正的對手站在你面前，並且就要把你推下懸崖時，你又會想，這一戰不能敗啊，這一敗不但一世英名從此沒了，而且連屍骨也無存啊！每到這個時候，不管是誰，求生的欲望都會特別強烈。越是困境越能激發人的鬥志，就是這個道理。

楚軍突圍的最後結果是：項羽還活著，和他一起活著的還有三萬殘敗楚軍。

《史記·高祖本紀》中有明確記載：「高祖與諸侯兵共擊楚軍，與項羽決勝垓下。淮陰侯將三十萬自當之，孔將軍（蓼侯孔熙）居左，費將軍（費侯陳賀）居右，皇帝（劉邦）在後，絳侯（周勃）、柴將軍（棘蒲侯陳武，史稱柴武，蓋因棘蒲為柴）在皇帝後。項羽之卒可十萬。淮陰先合，不利，卻。孔將軍、費將軍縱，楚兵不利，淮陰侯復乘之，大敗垓下。」

楚霸王項羽總共只有十萬人馬，這十萬人馬中還包括後勤補給部隊，最終十萬人征戰三萬人還，這就意味著這一戰折了七萬人。而這七萬人，戰死四萬，被擒三萬。

一戰折了三分之二以上的兵馬，這是項羽出道以來最為慘痛的一敗，也是他感到最不可思議的一敗。

其實他不會料到，韓信這一次痛並快樂著。說他快樂，是因為這次大決戰自己終於打敗了項羽，而能在正面作戰中打敗項羽的人鳳毛麟角，可以說是史無前例。能做到這點，韓信能不高興嗎？說他痛，那是因為殲敵一千，自傷五百，他們在擒殺七萬楚軍時，漢軍也陣亡了十幾萬士兵。

面對韓信的鐵桶陣，項羽能突圍成功，這本身就是一種奇蹟；面對漢軍的甕中捉鱉，楚軍還能在突圍的過程中反戈一擊，殺死十多萬漢軍，這本身就是奇蹟中的奇蹟。

這對一向用兵如神的韓信來說，當然是一種痛了。

好在，此時的情況是楚軍輸不起也傷不起，而漢軍卻是輸得起也傷得起。

漢軍死了十多萬又如何，還剩下四十萬啊！而楚軍折了七萬，只剩下三萬。兵力對比情況由戰前的五比一，演變成了現在的十比一。

項羽這時才真真切切地感受到了什麼叫窮途末路。那麼，也許有讀者會問了，為什麼一向戰無不勝攻無不克的項羽，此時沒能像彭城大戰一樣，再次創造奇蹟，打敗漢軍呢？原因很簡單：此一時彼一時。

要知道，在彭城大戰中，劉邦他們當時因輕而易舉就奪得項羽的老窩彭城而沾沾自喜，存在夜郎自大、麻痺大意之疏漏。而項羽當時做出果斷的決定，只精挑細選了三萬精兵從齊地出發，進行強而有力的反擊，他們行動迅速，作風勇猛，以迅雷不及掩耳之勢打了劉邦聯軍一個措手不及。

但是，在現在這場垓下之戰中，項羽雖然擁有十萬之眾，但這是一支疲憊之師。由於糧草短缺，楚軍現在連吃飽飯都成了問題，還談什麼打仗？而劉邦的聯軍從四面八方圍來，他們都是有備而來，而且士氣高漲，最終目標就是徹底擊敗項羽。這和他們在彭城的驕傲輕敵思想已是截然不同了。

況且，彭城之戰是劉邦直接和項羽面對面打，此時劉邦身邊多了一個用兵如神、料事如神的韓信，再加上將領和兵力都超出楚軍若干倍，這就注定了楚軍必敗的結局。

謀事在人，成事在天

垓下大決戰以楚軍大潰敗而告終，從而宣告了楚漢之爭的主線四大戰役落下帷幕。現在漢軍要做的一件事就是收拾殘局。

面對楚軍採用縮頭防守的戰術，劉邦此時的心情也是喜憂參半。

喜就不用說了，如今形勢已經發生了翻天覆地的改變，漢軍勝券在握；憂的是雖然大敗了楚軍，但楚軍畢竟還剩下三萬多人馬，考慮到項羽的英勇，考慮到楚軍的頑強，考慮到許多未知的因素，如果楚軍以後堅守不出，那豈不是要像滎陽保衛戰一樣，又要進入長久的僵持之中了？

一萬年太久，只爭朝夕。

正在這時，韓信出現了。他剛剛率大軍凱旋，滿面春風，笑容可掬。劉邦馬上問計於他：「愛卿，項羽如果一直堅守不出，我們如之奈何啊？」

哪知韓信聽了哈哈一笑，沒有直接回答劉邦的問題，而是反問道：「大王，問您一個問題，如果一隻鳥兒不肯叫，該怎麼辦？」

「等牠叫？」劉邦弱弱地答。

韓信點了點頭，又搖了搖頭，然後說道：「要想讓鳥兒叫，辦法有三種，一是等牠叫，二是求牠叫，三是逼牠叫。您覺得哪種最好？」

劉邦這回學乖了，直接搖了搖頭，表示不知道。

「這個要看時機和火候。比如在起義之初，我軍勢單力孤，要想讓鳥兒叫，我會求牠叫，因為只有牠叫了，才能幫助和保護好我們，我們才有機會脫穎而出。比如在爭霸之中，雙方勢均力敵，要想讓鳥兒叫，我會等牠叫，因為我那時沒有足夠打敗對手的能力。」韓信說到這裡，頓了頓，

才接著道，「然而，現在此一時彼一時，讓一隻鳥兒叫，最佳的辦法是逼。為什麼這麼說呢？我們現在占據天時、地利、人和的絕對優勢，擊敗對手如探囊取物，如果在這樣良好的局面下，還一直苦等，一直苦求對手叫，可能就會坐失良機啊！」

「現在，項羽被我們團團包圍，這的確是良機。只是具體該怎麼做呢？」劉邦顯然聽出了韓信已有妙計在胸，喜出望外。

韓信也沒有轉彎抹角，直接說出了四個字：四面楚歌。

楚歌是指中國古代楚國之地的歌曲民謠。大詩人屈原的代表作〈離騷〉就是楚歌中的代表之作。每個人都有故鄉情結，因此，對楚軍來說，楚歌便是他們心中的動力泉源和精神支柱。

透過唱楚歌的方式，動搖楚軍的軍心，瓦解楚軍的士氣，這的確是一個好辦法啊！

接著，韓通道出了「四面楚歌」的具體實施步驟，分兩步：

第一步，組成一支楚歌文藝演唱隊。

第二步，組成一個輿論媒體宣傳團。

第一步很容易，讓楚軍的降兵和漢軍中能歌善唱者結成「對子」，一支聲勢浩大的楚歌文藝演唱隊便組成了。

第二步稍有點難度，因為當時條件有限，如何讓楚軍都能順利聽到楚歌？這輿論媒體宣傳團至關重要。

沒有通訊設備，沒有擴音設備，沒有千里傳音的特異功能，楚歌文藝演唱隊人數再多，再賣力，聲音再洪亮，分貝再高，也只能讓楚軍營壘外圍的士兵聽到楚歌，而營裡的楚軍就算非常想聽，也聽不到啊。

「如果我們唱出的楚歌不能讓楚軍士兵都聽到，效果就會大打折扣啊！」劉邦直言不諱地說出了自己心中的疑惑。

對此，韓信顯然早就想到了，但他卻故意沉吟半晌，才喃喃地說：「兵法云，射人先射馬，擒賊先擒王。以我們現在的條件，想讓每個楚軍士兵都聽到楚歌，那是痴人說夢。我認為，楚軍中現在只要有一個人能聽到這歌聲，我們這計便大功告成了。」

「愛卿先別說，我們各自寫在手上，然後再看是不是同一個人。」劉邦說著和韓信各自寫起來。寫畢，兩人同時伸出手，然後緩緩地攤開手掌，但見兩隻大小不一、黑白分明的手掌上都寫有兩個怵目驚心的字：項羽。

「項羽聽到四面楚歌，定然以為楚國已經全部被我們占領了，認為自己已經是窮途末路了，這樣可以一舉擊垮他的信念，擊潰他的意志。到時候我們再發動總攻，楚軍便招抵不上了。」韓信揭開了此計的謎底。

劉邦讚道：「這一招攻心戰術實在是高啊！」

「謀事在人，成事在天，只不過這計謀能不能成功，還得看一個人，一個關鍵的人 —— 項伯。」韓信說著和劉邦相視大笑起來。

項伯是個什麼樣的人，前文已提過。說他是劉邦安插在項羽身邊的「特務」和「內奸」一點兒也不為過。鴻門宴劉邦能過鬼門關，拜他所賜；分封漢中給漢王劉邦，拜他所賜；廣武澗對峙，劉邦的「親友團」能得以保全，拜他所賜；楚漢議和最終能簽約成功，拜他所賜……此時，接到劉邦派人送來的金銀珠寶，如果項伯不認真「履職」，那麼項伯就不是項伯了。果然，當天夜裡，他走進了項羽的大營。

此時，對第一次成為縮頭烏龜的項羽來說並不好受。眼看叔父進來，他彷彿看到了救星一般，跳將起來，上前一步，一把握住項伯的手，問

道：「外面的形勢怎麼樣了？」

「現在軍心不穩，士兵頹廢，還請大王去巡營，給士兵們鼓鼓勁，加加油，打打氣啊！」

項羽一生中只聽兩個人的話，這兩個人便是叔父項梁和項伯。項梁對他恩同生父，項羽敬重他；而項伯善於察言觀色，從來只報喜不報憂，深得項羽之心，所以項羽對他也是言聽計從。

此時，在項伯的建議下，項羽迅速調整了一下心情，準備讓士兵們看到他良好的精神面貌，準備給士兵們許以重諾，讓他們在逆境中看到絕地反擊的勝利希望……

事實證明，項羽準備了很多，憧憬了很多，幻想了很多，但到了營壘邊都沒派上用場，因為他聽到了四面楚歌，他的心被這突如其來的歌聲打碎了。

歌聲強勁，似有萬箭穿空的力量，又似有驚濤拍岸的魄力；歌聲悲愴，似鬼哭，又似狼嗥，如怨如怒，如哭如泣，如悲如訴；歌聲婉轉，忽強忽弱，忽高忽低，百轉千迴，催人淚下。歌聲很容易引起人的共鳴，讓人想起自己的親人，想起自己的故鄉，想起自己心愛的人……對此，項羽感到震驚、震撼、震怒。

「是誰在唱歌，故意擾亂我軍心？怎麼會有這麼多人唱楚歌？難道我楚軍的土地全部被漢軍占領了嗎？」項羽憤怒地問道。

答案已經不需要項伯再回答了，他已經成功完成了自己的使命，可以回去安心睡大覺了。

唯有項羽此刻心如刀割，心冷如灰，心碎如死。

哀莫大於心死。心已死，人活著又如何？

霸王別姬

夜已深，夜風凜凜，肆無忌憚地拍打著營帳，發出刺耳的悲鳴聲。

人已歸，一燈如豆，項羽癱坐在木凳子上，雙眼緊閉，臉色如墨。他心如潮水，往事一幕幕浮現在腦海中。起義六年多來，楚漢爭霸四年多來，他就像是一臺高速運轉的機器，一刻也沒停歇過，一秒都沒懈怠過，但結果又如何？

一路高歌，一路風雨兼程，只是經過風霜雨雪的洗禮後，最終的結果卻是風雨飄搖。曾經的風流倜儻變成了如今的「風燭殘年」，曾經的風馳電掣變成了如今的風塵僕僕，曾經的風雨無阻，變成了如今的風雨如晦，曾經的風起雲湧變成了如今的風聲鶴唳，曾經的風雲變幻變成了如今的風流雲散⋯⋯

項羽心中一痛，渾身一顫，眼中一熱，一滴淚滑眶而出。男兒有淚不輕彈，只因未到傷心處。此時此刻，西楚霸王又是怎樣的傷心欲絕呢？

陪在身邊的虞姬見項羽如此悲傷，不由心痛如絞，淚如雨下。

虞姬雖然不是項羽的正妻，卻更勝項羽的妻子。項羽對她非常寵愛，征戰一生，項羽什麼都可以不帶，唯獨虞姬是個例外，是必帶的。

項羽之所以寵愛虞姬，首先是因為虞姬很美。她柳葉眉、丹鳳眼、櫻桃嘴，一顧傾城，氣質清麗，帶著不識煙火的純真，眉宇間泛著淡淡冷冷的憂愁，顯得多愁善感。其次是因為虞姬有才。她琴棋書畫樣樣精通，而且跟隨項羽六年之久，對項羽是一往情深。

「大王，喝一杯酒驅驅寒氣吧。」虞姬擦乾自己的眼淚，端了一碗酒遞

到項羽跟前。只有她最懂項羽此時此刻的心情，只有她最清楚項羽需要什麼。

果然，聞到酒香，項羽馬上清醒過來。他接過酒，頭一仰，一口飲盡杯中酒。對他來說，此刻太需要用酒精來麻痺自己的神經，太需要用酒精來消除自己心中的憂愁了。

乖順的虞姬斟來第二杯酒，第三杯酒……

借酒消愁愁更愁，抽刀斷水水更流。

此時正值隆冬時節，寒風呼啦啦地吹打著帳篷，陣陣冷意直透過來。虞姬不知不覺中也感到了一股冷意。但冷歸冷，她還是默默地守在項羽身邊，靜靜地看著這張熟悉的臉，彷彿這一夜過去了，就再也沒有機會看了。

項羽也定定地看著這位心愛的女人，眼中滿是憐惜。驀地，他心底又湧上來一股椎心的痛。現在自己已陷入了四面楚歌之中，生已是一種奢望了，死才是解脫。

可是，他甘心這麼死去嗎？如果就這麼死去，那多年來的奮鬥，多年來的努力，多年來的心血和打拚，就付之東流了。

可是，不甘心又如何？他還能從漢軍這銅牆鐵壁中衝出去，還能東山再起嗎？還有虞姬，在現在這種局面下，他連自己都無法保全，根本沒有能力再保全她了。

良久，他突然拔劍而起，慷慨悲歌：

「力拔山兮氣蓋世，

時不利兮騅不逝。

　　騅不逝兮可奈何，

　　虞兮虞兮奈若何！」

　　歌中的意思是，曾幾何時，我的力氣能拔山；曾幾何時，我的氣勢能吞天。然而，那都是過往雲煙了，現在的形勢已經發生了翻天覆地的變化，就算有烏騅寶馬也是枉然啊！烏騅寶馬，你說我該怎麼辦呢？虞姬啊虞姬，你說我又該怎麼辦呢？

　　在吟唱悲歌的同時，項羽淚流滿面。這已經是他一天之內第二次流淚了。第一次流淚是為無可奈何飄逝的局勢，這一次流淚是為了自己心愛的女人。兩行清淚下，多少悲痛流。

　　左右侍從也都被項羽這首千古悲歌和他的眼淚所感染，紛紛痛哭流涕。

　　其實，項羽身為一個頂天立地的男子漢，在歌詞中居然問虞姬怎麼辦，顯然是醉翁之意不在酒。他不是向虞姬問計，而是向虞姬問情：現在天下的形勢已大變，我已經沒有能力保護好你了，此情此景，我該如何處置你，你該何去何從呢？

　　這時，在項羽的心中，已認定虞姬自殺是最好的選擇。一來可免她落入漢軍之手，二來可免他落得個不仁不義的名聲。

　　因此，項羽這時的哭，一半是出於真心 —— 身為一個男子漢大丈夫，不能保護自己心愛的女人，悲傷而哭；另一半則是出於作秀，他哭得越厲害，給虞姬施加的壓力也越大。

　　愛之深，痛之切，誠不虛也。恨之深，護之切，誠不假也。

　　看著霸王這副模樣，虞姬豈會不懂？她起舞而歌，也表明了自己的心意：

「漢兵已略地，

四面楚歌聲；

大王意氣盡，

賤妾何聊生。」

歌中的意思是，漢兵已經完全平定了楚地，現在我們的楚軍大本營四面八方都是令人斷魂的楚歌之聲，大王您的意志和鬥志都已經消磨殆盡了，我又有什麼臉面再苟活於世呢？

唱完歌後，虞姬突然拿起項羽放在桌上的劍，結束了自己的生命。

一首歌，千古絕唱；一把劍，絕唱千古。歌有聲，劍無情，人消逝，情未了。

千古絕唱唱到今，絕唱千古今還唱。一代美人就此香消玉殞，留下的是嘆息、傷感，還是哀怨呢？

在虞姬的骨子裡，她是為項羽而活的。然而，看似弱不禁風的她，同時又是人生的強者，親手導演了自己人生中的最後一場戲。

那麼，歷史上的虞姬真的自殺了嗎？歷史上最早記載「霸王別姬」這段故事的，應該是陸賈的《楚漢春秋》，但這本書在南宋之後就失傳了。現在能看到最早的記述霸王別姬故事的史書就是《史記》了。《史記》中有關虞姬的文字很可能是司馬遷從陸賈的《楚漢春秋》中引用或轉述過來的，也就是說，司馬遷寫《史記》時，參考過《楚漢春秋》。需要注意的是，《史記》中司馬遷並沒有寫虞姬自殺身亡。司馬遷為什麼沒有寫？原因可能有兩個，一是陸賈可能在《楚漢春秋》中也沒有寫虞姬自刎一事；二是《楚漢春秋》中可能記述了虞姬自殺身亡的事，但司馬遷認為值得商議，所以沒有採用。而筆者認為虞姬自殺的可能性最大，因為從當時嚴峻

的形勢來看，深愛著項羽的虞姬怕拖累他，為了自己的愛人，為了自己的信仰，最好的選擇莫過於自刎。

從政治和軍事方面來說，項羽是敗軍之將，劉邦是勝軍之王，但從人格力量和美學角度上看，項羽在最後一搏的生死關頭，所展現出來的兒女情長、英雄氣短更有人情味，更具個性光彩，與劉邦相比，顯得更真、更善、更美。從虞姬的和歌還應該看到很重要的一點，虞姬深知劉邦的為人，項羽兵敗後，她擔心自己成為漢軍的俘虜，那樣，就有慘遭劉邦蹂躪的危險。「賤妾何聊生」一句，真實生動地反映了虞姬處於生死之際的複雜感情。因此，虞姬寧死不入漢宮，不願成為劉邦的戰利品。

當然，不管虞姬是自刎而死，還是死於他殺，她的下場都是悽慘的。

另據《情史·情貞類》記載：「（和歌之後）姬遂自刎。姬葬處，生草能舞，人呼為虞美人草。」一把劍，兩刎頸，成就了英雄項羽和愛妾虞姬千古愛情的悽婉美談。張愛玲在讀中學時所寫的〈霸王別姬〉裡卻感嘆：「啊，假如他（項羽）成功了的話，她得到些什麼呢？她將得到一個『貴人』的封號，她將得到一個終身監禁的處分……他們會送給她一個『端淑貴妃』或『賢穆貴妃』的諡號……」的確，就算西楚霸王當了皇帝，虞姬也不過是眾多妃嬪中的一個而已。而虞姬這種寧願死，也不願意成為劉邦戰利品的複雜感情，被清朝一位詩人演繹得淋漓盡致：「君王意氣盡江東，賤妾何堪入漢宮。碧血化為江邊草，花開更比杜鵑紅。」清朝另一位詩人何溥的〈虞美人〉也表達了同樣的意蘊：「遺恨江東應未消，芳魂零落任風飄。八千子弟同歸漢，不負君恩是楚腰。」

虞姬生前像項羽一樣光芒四射確有其事，但是她死後異常淒涼也是一個不爭的事實，甚至她究竟葬身何處，在今天都一直存有爭議。

　　有種觀點認為，虞姬自殺後被埋在肥東石塘鎮附近的西黃村。這種觀點主要是建立在一個肥東流傳了上千年的傳說的基礎上。根據這個傳說，楚漢相爭之時，項羽兵敗垓下，在肥東灑淚告別虞姬，後來虞姬被漢兵追至今肥東的石塘鎮附近，飢乏交加，求食於一家從事牲畜買賣和肉食加工出售的店主，店主可憐虞姬等一行人，便以鍋中滷煮之熟驢肉配料給這些飢餓的人食用。俗話說，飢不擇食，虞姬等也顧不得體面，就大口大口地吃了起來。風捲殘雲之後，也顧不得和店主告別，他們就匆匆丟下一些錢財，又向遠處逃走了。

　　可是，天不遂人願，由於吃東西耽擱了時間，所以追兵很快就趕了上來。面對一群殺紅了眼的敵軍，虞姬一個弱女子，而且又是美貌異常的弱女子，為了不落入敵軍之手，為了表示她對深愛的西楚霸王項羽義無反顧的忠誠，虞姬將寶劍一橫，向著霸王作戰的方向深情地望了一眼，然後就自刎而亡了。虞姬死志十分堅定，她選擇了在江邊自刎，死後屍體落入江中，未被敵軍得到。後來，虞姬屍首隨水淌於一石橋下被阻，當地人發現後將虞姬安葬在石塘鎮的西黃村，「石塘」因此取屍淌諧音而得之。今天在該地確實可以見到一座虞姬墓，不過這個傳說究竟是否屬實，還沒有人去考究。按照傳說中的內容來看，痴情的項羽與虞姬分路逃走的可能性不大。

　　另一種觀點認為，虞姬自殺後被埋在靈壁。因為當時項羽被困的垓下就在今靈壁縣城東南九公里處，虞姬自殺身亡後，在當時漢軍猛烈的追擊之下，如果項羽想突圍，是不可能帶著虞姬的屍體一起逃亡的，他很有可能將虞姬的屍體就地埋葬。這種觀點的可信度是比較高的。據史料記載，在項羽被困垓下之後，韓信為了引誘他突圍，便故意讓士兵們唱張良所編寫的歌謠：「人心都背楚，天下都屬劉。韓信屯垓下，要斬霸王頭。」暴躁

無比的項羽在聽到這首歌謠後果然中計,開始突圍,但是幾次突圍都沒有成功。

漢軍的士氣越來越旺盛,此時,張良又叫漢軍唱楚地的歌曲,項羽的士兵絕大部分都是楚地人,在聽到楚歌之後,思鄉之情頓時瀰漫全軍,士氣更為低落。在這種形勢萬分危急的緊要關頭,項羽與大將虞子期和桓楚商量,決定天亮前突圍。美麗而又聰明的虞姬為了不成為項羽突圍的累贅,便趁項羽不備,自殺身亡了。虞姬死後,項羽含悲忍痛,掩埋了虞姬的屍體,等天亮便率軍突圍了。由此可見,虞姬被埋的地點只可能是項羽被困之地,在當時那種形勢之下,項羽即便想帶虞姬屍體一起突圍,也是不可能的。

還有一種觀點認為,虞姬的頭與屍身分別被埋葬在兩個不同的地點。屍身被埋在靈璧縣,而頭被埋在了定遠縣。在今天的靈璧縣城東、宿泗公路南側(也就是當時項羽被困的地點)所見到的虞姬墓裡,只安葬著虞姬的屍身;而位於安徽定遠二龍鄉的虞姬墓裡,則安葬著虞姬的頭顱。這種觀點與上述第二種觀點在虞姬自殺身亡的原因上是相同的,不同之處在於,持這種觀點的學者認為,在虞姬自殺後,項羽曾經帶著虞姬的屍體向南突圍,不料漢兵追至,項羽被迫丟下虞姬的屍體。後來,人們便將項羽丟下虞姬屍體之處稱為「霸離鋪」,在項羽突圍成功後,虞姬的屍體便被來不及突圍的楚兵移葬於「霸離鋪」東兩三公里處,人們因此將虞姬葬身之處所在的村莊改名為「虞姬村」,兩處地點自得名以來,至今沿襲不變。這種觀點儘管有一定的合理性,但是持這種觀點的學者,並沒有指明為何虞姬的頭被莫名其妙地砍下來埋在了定遠縣,因此不足為信。今天在定遠縣境內的虞姬墓,很有可能只是當地的百姓根據傳說而進行的一種不切實際的推測。

當然，不管虞姬是如何死的，只有一種死不代表毀滅，那就是自落的花、成熟的果、發芽的種、脫殼的筍、落地的葉。虞姬就是如此，要不後人怎麼會把一種嬌小柔美的花命名為「虞美人」呢？生如夏花，死如秋葉，這個被淹沒在戰爭洪流中的美麗靈魂在九泉之下可以瞑目了。

喋血烏江

虞姬死了，項羽也了卻了心中事。這時的他已沒有任何值得眷念和留戀的了。他仰望著天，天再也遮不住他的眼；他俯視著地，地再也埋不住他的心。項羽決定孤注一擲——突圍！

突圍前，項羽把自己最得力的幹將鍾離昧叫到營帳裡問道：「鍾將軍，現在情況怎麼樣？」

「大王，現在形勢十分不妙，在歌聲的作用下，我們的士兵開始動搖了，已經有人開始逃跑……」鍾離昧說到後面時聲音哽咽起來，幾不可聞。

「韓信果然是人才啊，他親手導演的這一曲四面楚歌，勝過千軍萬馬啊！試想想，哪個人沒有父母，哪個人沒有妻兒，哪個人沒有親人，哪個人不思念自己的故鄉？士兵們選擇逃亡也在情理之中，不要怪他們，也不要阻攔他們。天要下雨，娘要嫁人，由他們去吧。」項羽嘆道。

「可是，大王，再這樣逃下去，只怕過不了幾天，我們這麼一點人馬就土崩瓦解了。」鍾離昧雙眼通紅，強忍著淚水不流下來。

「逃吧，逃吧，我們這點殘兵敗將，就算不逃亡，也堅守不了多久了。」

項羽嘆道，「或許只有他們不約而同地逃亡，我們才有逃亡的機會。」

「大王的意思是⋯⋯」

「現在我們已經到了山窮水盡的地步。」項羽說到這裡，頓了頓，然後一字一句道地，「我打算突圍。」

對忠心耿耿的鍾離眛來說，最希望聽到的就是「突圍」兩個字，然而，一向高傲的項羽平常是不可能選擇這種下策，做出這種有損於自己形象和面子的事。鍾離眛正在思索著如何勸說項羽突圍，甚至還搜腸刮肚地想出了「留得青山在，不怕沒柴燒」等說辭，不想項羽卻主動提出要突圍。

鍾離眛以一種視死如歸的態度對項羽說道：「微臣一定力保大王突圍成功！」

「不用了。」項羽搖了搖頭，嘆道，「現在裡外都被漢軍包圍，如果帶領大部隊突圍，必然會驚動漢軍主力，那樣一個人都突不出去。因此，要出其不意才能突圍出去，所以，我只打算帶八百騎兵。」

「大王的意思是要我⋯⋯」鍾離眛畢竟跟了項羽這麼多年，很快明白了他心裡的想法。

「對。我走了，你必須留下來，因為只有你能代表我在軍中。」項羽說著，雙手捧起自己的虎符和兵印遞到鍾離眛面前。

「我走之後，你就是楚軍的最高司令了。你只要堅守半個月，我一定會捲土重來，營救你出去，殺漢軍一個片甲不留⋯⋯」

鍾離眛身子一顫，雙膝一跪，泣道：「臣只怕有負大王重託啊！」

「誰能橫刀立刻，唯我鍾大將軍。」項羽定定地看著鍾離眛，喃喃道。

「臣定當效死，等待大王捲土重來。」鍾離眛把虎符和兵印接到手中。

「我是不死戰神，你是不敗將軍，這天下沒有誰能阻擋我們前進的腳步。」項羽走出營帳，跨上自己最心愛的烏騅馬，帶領身邊最精銳的八百鐵騎趁著夜色出發了。

此時，忽明忽暗的月光，照在大地上映出清光一片，無比溫柔。項羽像幽靈一樣，悄無聲息地穿過漢軍布下的重重關卡。這真是一支神兵啊，做到了「關卡度若飛」。

冬天的夜冷而長，八百鐵騎敏而捷，如靈蛇出洞，一路兔起鶻落。穿過漢軍的重圍後，項羽馬上恢復了雷厲風行的英雄本色，率眾開始策馬狂奔。個中過程有多驚險，恐怕只有親身經歷的人才能體會。

天亮了，從睡夢中驚醒過來的劉邦知道了項羽棄軍而逃的消息，感到非常震驚。他怎麼也想不到一向自負的項羽居然也會做出這種棄軍而逃的事情，這是非英雄非君子的行為啊！

震驚之餘，劉邦開始震怒。他怎麼也想不到項羽幾百鐵騎居然能突破自己布下的天羅地網，一旦讓他成功逃脫，這不但對自己是奇恥大辱，而且還是放虎歸山啊！

劉邦當機立斷，馬上做出了彌補之舉，派灌嬰帶五千精壯鐵騎追擊項羽。

灌嬰在來垓下進行大會戰之前，剛剛到彭城端了項羽的老巢，致使項羽大軍無處可退，只能往一馬平川的垓下撤軍，從而最終落得個無險可守，進退維谷的絕境。

此時，在這關鍵時刻，劉邦依然派灌嬰出馬，就足以說明他對灌嬰的信任和器重。因為項羽是夜裡突圍的，也就是說，他至少跑了好幾個時辰

了。如果派大軍去追，肯定是無濟於事了。因此，派五千鐵騎去追，是劉邦做出的明智之舉。

項羽只帶了八百鐵騎出逃，他派五千鐵騎去追，以六敵一，就算項羽有三頭六臂也插翅難飛了。劉邦反應之快，思維之敏，辨判之細，策劃之深，確實值得佩服。

項羽突圍之後，選擇了一路狂奔，很快跑到了淮水邊。項羽停下馬來，然後回頭一看，他高大威武的身子不由一顫，一股涼意湧上心頭，因為他發現自己所帶的八百鐵騎，此時竟然只剩下了一百多人。

烏騅馬就是烏騅馬，真的是舉世無雙，快如閃電啊，竟然硬生生地甩下了近七百人。

一百多人，如果遇到漢軍該怎麼辦？項羽再英勇，也感到了情況危急，眼下容不得片刻逗留，他馬上帶領這一百餘鐵騎繼續逃命，並且很快逃到了陰陵。在這個節骨眼上，他突然發現了一個嚴重的問題 —— 迷路了。

那是一片荒草地，向左走還是向右走，項羽左右為難了。

這時，一個正在田間勞作的老農左右了西楚霸王的命運。

「老丈，請問往哪兒走才是回江東的路？」項羽終於放下了自己一直高高在上的架子，親自去向老人問路。

那老人抬起頭，盯著這個滿臉風霜卻氣宇不凡的男子良久，對他的身分已猜到了幾分。他心想：「以前聽聞項羽為人凶殘，坑殺過很多人，今天怎麼跑到這裡來了，看來一定不會有好事。」於是他隨手一指，說道：「向左走。」而正道卻是向右。

就這樣，項羽向左走了，結果沒行多遠就陷入了大澤中，根本就是寸

步難行。直到這時，項羽才知道自己居然被一個不起眼的老農給糊弄了。以前誰都對自己畢恭畢敬，現在連一個老農都敢騎到自己頭上來，真是落毛的鳳凰不如雞啊！想到這裡，一股前所未有的絕望湧上了項羽的心頭。

這時候，漢軍已經追來了。項羽只得帶領剩下的騎兵從大澤轉向東城。此時，他的隨從只剩下了二十八騎，而漢軍窮追不捨的居然有數千人之多。

項羽勒馬轉身，看著身邊這二十八個雖然身處絕境但神色依然平靜的忠實跟隨者，心裡百感交集：「你們個個都是熱血好男兒，可我卻辜負了你們。」

這時，項羽大聲說道：「我起兵至今八年，身經七十餘戰，所向披靡，還不知道失敗是什麼滋味，才終於稱霸天下。不料現在卻被困於此，我想讓你們知道，這是天亡我，並非我不會打仗啊！」

隨後，他把二十八騎分成四隊，每隊七人，命令他們向四個方向衝殺，但無奈敵人太多，他們不可能衝出重圍。項羽對他們說：「我先斬一個漢將給你們看看。」說著就衝進敵軍中斬殺了一員漢將。

這時，漢王的郎中楊喜立功心切，也來蹚這渾水。他向項羽圍逼而來，項羽大喝一聲，這聲「獅子吼」一出口，漢軍頓時倒下了一大片。

楊喜也被嚇得人馬俱驚，搖搖晃晃地差點從馬上掉下來。他趕緊掉轉馬頭逃命去了，據說嚇得跑了好幾里路才停下來，差點沒得失心瘋。

趁此空隙，項王與騎兵又分三處會合了。但是，漢軍畢竟人數太多，而且他們個個都想擒住項羽立下戰功，因此，倒下一批又有一批上來了。

暗噁叱吒，千人皆廢。項羽的獅子吼果然非同尋常。項羽這時將所有怒氣都發在這些士兵的身上。他縱馬衝入敵陣中，見人就殺，見兵就砍，

蜂擁而上的漢軍頓時又倒下了一大片。待聚集後項羽清點騎兵人數，發現只損失了兩名騎兵。

項羽昂然道：「怎麼樣？」

騎兵們齊聲道：「大王說到做到，乃真英雄。」

在做到了斬將之後，項羽趁漢軍驚魂未定，再次選擇了突圍。他一馬當先，勢不可當，漢軍紛紛潰退。項羽成功率領二十六鐵騎再次揚長而去。

一路狂奔，項羽突然勒馬而止，一種前所未有的絕望襲上心頭，因為他被一條一望無垠的大河攔住了去路。

這條河的名字叫烏江。

何處是家鄉？舉目兩茫茫。正在項羽黯然神傷時，身邊有人驚喜地叫道：「大王，您看，河邊有船。」

項羽回過神來，定睛望去，一位童顏鶴髮的老者出現在了他的眼前。

只見這位老者屹立在江邊，寒風吹在他飽經風霜的臉上，彷彿遺世獨立，一動不動。他身後停著一隻很小的船，只能再載一人。洶湧而泛黃的河水拍打著船舷，小船隨波蕩漾，發出吱呀吱呀的聲響。

項羽不再遲疑，緩緩走向老者，他的腳步是那麼沉重，彷彿每走一步都心潮澎湃，彷彿每走一步都心如刀絞。

「老伯，這船是……」項羽終於走到了老者跟前，剛張開嘴，那老者便驚醒過來似的，搶先一步對他行禮道：「我是烏江亭長，請大王上船吧。」

一個老農給項羽誤指了一條路，以至於他陷入絕境；而此時又有一個老者出現在他面前，卻是想救他一命。看來老天真是公平，至少對項羽來

說，已經沒有任何偏袒了。

「我現在已不是大王，只是一個敗軍之將而已。」項羽黯然道。

烏江亭長搖搖頭：「勝敗乃兵家常事。留得五湖明月在，不愁無處下金鉤。我們江東地方雖然不大，但仍然有千里之地，人雖然不多，但也有數十萬之眾，建立霸業綽綽有餘了。這一帶只有我這有渡船，請大王趕緊上船。只要上了船，漢軍縱使千軍萬馬也無可奈何了。」

這的確是一個忠心耿耿的亭長，不但準備了大道理，還準備了小渡船，可謂水貨、乾糧都備齊了。按理說，此時已走投無路的項羽沒有拒絕的理由。

然而，出人意料的是，項羽卻把頭搖得像撥浪鼓，突然哈哈大笑起來。那笑聲卻是淒涼無比，令人毛骨悚然。

「天要亡我，就算渡了江又有什麼用？」項羽嘆道，「況且身為敗軍之將，我無顏回鄉！」

總而言之，項羽在這個生死關頭，想法出了問題。他沒有顧及自己的性命，卻是想著面子。

「請大王火速渡江。現在只有我有船隻，漢軍追不到我們的。」亭長眼看項羽如此糊塗，急得像熱鍋上的螞蟻。

「不能因為我的再次到來，而讓故鄉重遭戰火的洗禮；不能因為我的再次到來，而讓故鄉再次陷入水深火熱之中。」項羽堅持地搖了搖頭，把自己的烏騅寶馬交給亭長，「你是我們江東的長者，這匹寶馬已跟隨我五年了，是天下最好的寶馬，可以日行千里夜行八百，我不忍心看著牠與我同亡，就送給你吧。江東父老看見牠就如看見我一般……」

亭長默默地牽過烏騅寶馬，淚水灑了一地。烏騅寶馬很有靈性地望著

項羽，竟然同樣也是淚光瑩瑩。

前文提過，項羽在突圍前，上演了一出「霸王別姬」，算是了卻了一段情。此時，他的烏騅寶馬被亭長運走後，算是了卻了一段緣。從此，霸王心中再無牽掛了，開始了最後的血拚。

血拚前，項羽命令所有騎士都下馬，進行步戰。這是一場沒有懸念的拚殺，從馬背上下來的騎兵如同手無寸鐵的裸兵，於是二十多人很快成了漢軍的刀下鬼。

殺人者，人恆殺。此時，唯獨項羽繼續進行著自己的個人表演。只見他衝進漢軍當中，手起刀落，轉眼間便斬殺了一大片，當真是勢不可當啊。

但是，人畢竟是血肉築成的，不是鋼鐵打造的，項羽付出的代價是身受十餘處傷，鮮血已染紅了身上厚重的鎧甲。

血一點一滴從項羽身上流下來，他的生命也正一點點地走向盡頭。

項羽知道自己就要堅持不住了。這時，他看見背楚歸漢的熟人呂馬童，就對他說：「你不是我的老部下嗎？什麼時候跳槽到劉邦那兒去了？我怎麼不知道啊！」

劉邦在彭城大敗之後逃命的時候，正是運用「拉家常、攀親戚」的做法，成功糊弄住了丁公，從而使自己順利逃出。而此時身陷絕境的項羽主動找呂馬童拉家常，雖然做法相似，但目標卻截然相反，劉邦是為了逃命——純粹的逃命，而他是為了敘舊——純粹的敘舊。

俗話說：「鳥之將死，其鳴也哀。人之將死，其言也善。」此時的呂馬童看著將死的項羽，不「鳴」也不「哀」，而是很善意地告訴大家：「他就是項羽，漢王懸賞千金緝拿的項羽。」

生命誠可貴，愛情價更高，若為懸賞故，二者皆可拋。

漢將王翳一聽，趕緊勒馬跑上前準備驗貨。項羽見了他，悽然一笑，「你很勇敢，比呂馬童那縮頭烏龜強多了。我就成全你，把人頭送給你吧。」

三十一歲的項羽一邊說著，一邊眺望著遠處的夕陽，心裡嘆道：「夕陽無限好，只是近黃昏。」然後，一代霸王不再遲疑，拔劍自刎而亡。

項羽為什麼不肯過河？筆者推測可能有四個原因。

原因一：自尊心使然。

要知道項羽出生名將世家，雖然到他這一代時，富貴已經不在，但他與生俱來的性格與秉性還在，他落寞不落後，自強不自卑，對自己的尊嚴看得很重。說得再直白點，他奉行的是為尊嚴而活著。殺太守起義，推翻暴秦，楚漢爭霸，都是在為尊嚴而戰，都是為名利而戰，都是為自己而戰。衣錦還鄉，就是為了展示給家鄉人看，就是為了顯示自己的體面，就是為了自尊的需要。由此可見項羽對尊嚴看得有多重。然而，就是這樣不可一世、桀驁不馴，不管在什麼時候都是仰起頭，堅強之極的人，烏江亭長的一句話卻如同一記耳光，狠狠地抽在他的臉上。

「江東雖小，也有良田千畝，人馬雖少，也有成千上萬，只要大王渡過江東了，定然能東山再起。」應該說亭長的話其實是中肯的、善意的，他沒有刻意地貶低項羽之意，而是為他打氣、加油，希望他能東山再起、捲土重來。普通人聽到他這樣的話肯定會感動得一塌糊塗。然而，項羽不是普通人，因此，他並沒有感動，而是感喟。

感喟什麼呢？一是曾經風光無限的他，怎麼一夜之間一敗塗地，敗得這麼狼狽，這麼徹底？二是自己一個人孤零零地渡過江東，肯定會讓父老鄉親嘲笑，去的時候帶了八千子弟兵，回來時就只有一個人，怎麼向江東

父老交代？因此，烏江亭長的話在無意中傷到了項羽的自尊心。一句看似鼓勵的話成了中傷的話，對於項羽這樣視尊嚴比生命還重要的人來說顯然是無法承受的，所以臨時改變主意不肯過江東。

原因二：疑心在作怪。

項羽性子裡還有一個特點，那就是多疑。他平日裡對自己手下的士兵很是愛護，士兵沒衣服穿，拿自己的給他們穿；士兵沒吃的，寧可自己不吃也給他們吃；士兵生病或離世時，他不但親自去探望，有時候甚至痛哭流涕。對於項羽這樣一個人來說，他能對手下體恤到令其熱淚盈眶，這是相當不容易的，這說明他骨子裡還是很溫情的，還是很有人性的。

但他最大的特點就是能共苦，卻不能共同享樂。手下的士兵們一旦立了戰功，項羽不是馬上嘉獎或封賞，而只是口頭讚揚讚賞，卻無實際表示。有時候明明拿著封賞的牌令，就是捨不得交給立功的將士，這個牌令就這樣拿在手裡，揉捏搓磨，結果牌令的稜角都磨掉了，他還沒有獎賞下去。也正是他有功不賞，讓將士寒了心。有難能同當，有福不能同享，這說明什麼呢？說明項羽與生俱來的多疑和提防之心。他在封賞部下時會想，這個人現在效忠我，以後會不會背叛我呢？我給了他權力，他會不會恩將仇報呢？正是因為有這樣前後矛盾、左右搖擺的想法作祟，項羽在用人和行賞上一直做不到位，和劉邦有很大差距。他連自己的部下都提防著、警惕著，對陌生人自然會關上心門，更加封閉自己。

而這次逃亡，項羽在問路時先被一個老農騙了，因此，當他再面對一臉善意、一臉真誠的亭長時，他是猶豫的，是懷疑的，自然不會完全相信亭長是一心一意來救他的。這很好理解，這就叫一朝被蛇咬，十年怕井繩。

原因三：悲憫心作祟。

　　拋開烏江亭長這個人物不說，有一種說法認為項羽自殺是想結束戰爭，消除戰亂給百姓帶來的痛苦。據《史記》記載，楚漢戰爭中劉邦和項羽僵持不下，「丁壯苦軍旅，老弱罷轉漕」，於是項羽對劉邦說：「天下匈匈數歲者，徒以吾兩人耳，願與漢王挑戰決雌雄，毋徒苦天下之民父子為也。」意思是項羽想透過兩個人一決雌雄，不要再讓天下百姓跟著受苦，說明項羽的確有可憐天下蒼生的情懷。當項羽率殘兵敗將突出重圍來到烏江時，想到渡江以後還要捲土重來，再進行一次楚漢戰爭，那樣將會給百姓帶來更大的災難，於是選擇犧牲性命來結束連綿數年的殘殺，還天下一個太平。

　　但這種說法帶有太多的猜測成分，也與項羽的好戰、殘暴性格不符。

　　項羽曾經坑殺二十萬秦兵，火燒阿房宮三個月，是一個非常暴虐的人，他不大可能為了免除百姓疾苦而自殺身亡。

原因四：心有餘而力不足。

　　還有一種說法，認為項羽不是不想過江，而是根本沒有機會過江。中國著名學者馮其庸在其文章〈項羽不死於烏江考〉中，詳細論證了《史記》、《漢書》、《楚漢春秋》關於項羽之死的描述，指出《史記》有關項羽之死的全部文字，除《項羽本紀》中有「於是項王乃欲東渡烏江」、「烏江亭長艤船待」兩處涉及烏江外，其餘無一處寫到項羽烏江自刎。反倒是明確提到：項羽「身死東城」、「使騎將灌嬰追殺項羽東城」等。他還透過《括地誌》和《江表傳》等篇章作了關於地理位置的考察。經過實地查勘考證，項羽確死於東城，即今天的安徽定遠縣，此地離烏江有一百二十千公尺。至於《項羽本紀》中兩處涉及烏江的記述，馮先生認為是司馬遷記敘上的

錯誤，並導致了以後的以訛傳訛。

這種觀點得到了很多人的支持。計正山先生依據《史記》、《漢書》中的《灌嬰傳》，認為項羽並非在烏江自刎而死，而是在定遠東城就因搏殺而死。垓下之圍中項羽倉皇失措，帶領八百兵馬突出重圍，往江東方向逃跑。長江以南是項羽的勢力範圍，是他發跡崛起的地方，即使在楚漢戰爭後期，衡山王吳芮、臨江王共尉等依然服從項羽，聽從項羽調遣，尤其是南楚臨江王共氏，直到項羽死後仍忠於項王，抗拒劉邦。如果項羽順利渡江，完全可以重整旗鼓、捲土重來，再一次擊敗劉邦。所以項羽的目標非常明確，就是渡過烏江，但逃至東城時被漢軍包圍，混戰中即被灌嬰殺死，而烏江離東城還有一百二十千公尺，所以項羽根本沒有渡江的機會，也不是自刎而死。

但這種說法同樣充滿了推測和猜想，遭到許多學者的反對。根據《太平寰宇記》等資料記載，兩漢時期的東城縣，是江淮之間的一個轄境廣闊的大縣。從現在定遠東南的池河上中游地區，越過江淮分水嶺，包括今滁州市西南境、肥東東境、全椒西南境，直到今和縣烏江的沿江一帶。晉太康六年在東城縣界設定單獨的烏江縣。章學誠在《和州志·補沿革》中曾指出：「秦為九江郡之歷陽及東城烏江亭地……晉太康元年屬淮郡，其歷陽及東城烏江亭地如故。」也就是說，在楚漢戰爭時期，東城是一個範圍廣闊的行政區域，烏江是包括在東城縣內的，因此司馬遷所說的「身死東城」與「烏江自刎」並不矛盾，而是為避免同義反覆而使用的描寫方法。要知道司馬遷所處的年代，距離楚漢戰爭只有七十年左右，掌握了許多第一手資料，而且他治學嚴謹，在項羽之死這樣的大問題上應該不會妄自猜測。

死後原知萬事空

項羽自刎身亡後，追擊的漢軍進行了搶功比賽。可憐項羽馬上就被他們分屍了。這些人你爭我奪，你推我搡，最後刀劍都出手了。

有些人一直被欲望所牽引，在貪婪中扭曲了純潔的靈魂。活著的項羽令人望而生畏，但死去的項羽卻什麼都不是，只不過是一具價值連城的屍體而已。為了爭奪這具價值千金的屍體，漢軍自相殘殺，大打出手，也是欲望使然。

傳說，為了爭奪項羽的屍體，漢軍死了百來人，傷了無數人，最後才分出了勝負。

獲勝的不是一個人，而是五個人，他們每人都得到了項羽身體的一部分。後來，劉邦實現了自己重賞的承諾：王翳被封為杜衍侯，楊武被封為吳防侯，呂勝被封為涅陽侯，楊喜被封為赤泉侯，呂馬童被封為中水侯。

可憐一代英雄最終落得個「屍分五裂」的悲劇下場。北宋著名女詞人李清照作詩感嘆道：「生當作人傑，死亦為鬼雄。至今思項羽，不肯過江東。」

項羽死後，灌嬰並沒有停止前進的腳步。他率領自己的鐵騎橫渡長江，直搗吳郡，以迅雷不及掩耳之勢平定了吳郡諸縣。

而劉邦在垓下也沒有閒著。他率大軍對項羽的數萬殘餘勢力做出了最後一擊。失去了項羽這根「定海神針」的楚軍根本沒有還手之力，無奈之下，紛紛舉起了雙手。

然而，這一次，一向寬厚的劉邦卻沒有包容他們，而是下達了殺無赦的命令，結果可想而知，兩萬多楚軍全部被斬首，屍骨如麻，血流成河。

緊接著，劉邦乘勝揮師向楚國各城邑進軍。楚軍要再抵抗就是拿著石頭想砸天了，於是他們紛紛簽了城下之盟。

當然也有例外。江北魯國就堅持抗漢，拒絕投降。

魯國是孔大聖人的故鄉。項羽最開始發跡時，曾被楚懷王封為魯公，因此，在他們心目中，項羽永遠是他們的主子，誓死要堅守到底。

這時候的劉邦已不再是綿羊，而是雄獅了。他這一路順風順水，天下大局已定，一聽還有不服自己的，便親自帶兵來到魯國城下，準備大開殺戒。

哪知當劉邦大軍到達魯國城下時，都被震住了。

只見魯國城門緊閉，但城裡卻傳來琅琅的讀書聲。

劉邦整個人都僵住了。他把兩隻耳朵豎起來，靜靜地享受著久違的天籟之音。冥冥之中，他彷彿又回到了少年的讀書時代，又想起了和盧綰一起上學時的調皮樣兒，想起了教書老師鐵青著臉拿起戒尺打手心的樣子，想起了自己不遠千里投奔張耳求學時的樣子，想起了這麼多年東奔西跑打拚的樣子。

此時，劉邦面對魯國這些忠誠的書生，被他們的愛國熱情所感染，動了惻隱之心。極善於察言觀色的張良這時說話了：「他們之所以還猶豫不決，那是等著大王您拿一樣東西給他們看啊。」

劉邦心中一驚，問：「什麼東西？」

張良淡然道：「項羽的人頭。」

劉邦恍然大悟：「是啊，魯人對項王的感情太深了，在他們心裡肯定一直都不相信天神一般的項王會死去，現在只有拿著項王的人頭給他們看，才可以絕了他們的心，令他們乖乖出城投降。」

隨後，劉邦派兩個漢兵拿著一根長長的竹篙，竹篙上掛著一顆血肉模糊的人頭，在城下轉了一圈。魯王和楚軍見了項羽的人頭後，無限悲傷陣陣來，無盡淚水滾滾落。

剎那間，他們精神上的依靠土崩瓦解了。

這時，劉邦站在城下發話了：「只要你們投降，不但可以免除死罪，而且我還會厚葬項王。」

本來魯城的楚軍誓與城池共存亡，但「厚葬項王」四個字打動了他們的心，於是他們開啟了城門。劉邦進城之後，兌現了自己的諾言，以魯公的禮儀厚葬了項羽。

在《三國演義》中，江南才子周瑜被諸葛亮「三氣」身亡後，諸葛亮親自去吳國，對周瑜進行了祭拜。諸葛亮伏在周瑜的靈柩前哭得死去活來，感動得東吳軍士人人熱淚盈眶，心潮澎湃。表演完畢，諸葛亮揚長而去，把「身後名」留在了江東。

當然，如果細翻歷史，我們就會知道，這種貓哭耗子假慈悲並不是諸葛亮的專利，這一招的首創之人正是劉邦。

劉邦馬上上演了四重唱：虛、情、假、義。

項羽出殯這一天，天空下起濛濛細雨。劉邦在裝著項羽屍首的棺木下葬前，面呈悲色地宣讀了祭文。

「追思懷王在時，我與你結拜為兄弟，雖無血肉之親，卻也同戰秦人，共過生死。且大王拘太公不殺，虜呂后不犯，供養軍中，整整三年，此番盛情，動人心扉。如大王地下有知，也能領悟我一番祭奠之意……」

等他唸完了，眾人還來不及舒一口氣，老天似乎也被感動了，傾盆大雨隨即落了下來。劉邦若有所思，若有所嘆，終於流下了半是虛假半是真

情的淚水。

如果說祭奠項羽展現了劉邦的「假」，那麼接下來三件事，便展現了他的「虛、情、義」。

虛 —— 對項羽「除名」。怎麼個除名法？劉邦開始務虛，很快下了這樣一道命令：天下所有人提到項羽時都只能叫他的小名 —— 項籍，而不能叫他的大名 —— 項羽。劉邦是想讓項羽的名字從他的生命和視線中徹底消失。

作為自己多年的對手，項羽死後，劉邦是孤獨的，但他同時也很難原諒項羽。永遠都不准人再提你的大名！就讓寒風帶走一切吧，就讓落葉埋葬一切吧，就讓歷史淡忘一切吧。勝者為王，敗者為寇，誰叫你是敗者，而我是勝者呢！

情 —— 對項伯「揚名」。怎麼個揚名法？面對這位對自己有「四重恩」的大恩人，對這位安插在項羽身邊的「大親家」，劉邦再次顯現出自己的大氣來，報之以「情」。他下令封項伯為射陽侯，賜姓劉氏。這下劉邦總算心安了，把人祖宗都給改了。

義 —— 為項氏家族「正名」。怎麼個正名法？劉邦發表了「三凡政策」，凡項氏家族成員一律免罪，凡項氏家族一律賜姓劉，凡項氏家族中有才幹之人一律重用。

流血的帝途，不流血的義舉，項羽在九泉之下終於可以安息了，從此他項氏家族的人得以保全。流血的帝途，流淚的家途，項羽在九泉之下究竟還是寒心了，從此他的項氏家族就這樣消失殆盡了。

一切都結束了，楚漢爭霸就此畫上了句號。

第十三章　遠去英雄不自由

第十四章
劍網無痕

韜光養晦的韓信

漢高祖五年（西元前 202 年）十二月，劉邦帶領文武群臣回到了定陶。

來這裡，劉邦不是為了觀光旅遊，也不是為了休養生息，而是有一件很重要的事要做：奪取韓信的兵權。

垓下大決戰勝利後，韓信大軍隨即開赴定陶，招降了這裡的楚軍，進而把這裡變成了自己的大本營。

而這一次的劉邦依然跟上次在修武剝奪韓信的兵權一樣，採取的是突擊策略。他悄無聲息地來到了定陶，二話不說，直赴韓信軍營，然後以迅雷不及掩耳之勢，把韓信的將印和符節拿到了自己手中。

整個過程，韓信都在傻傻地充當觀眾，充當路人，等他明白過來是怎麼回事時，已為時晚矣。

而劉邦之所以會做出這種「下三濫」的舉動，原因是他意識到了項羽死後，韓信取而代之，成了自己最大的威脅。善於用兵，善於遣將，善於計謀，善於征戰，韓信是一位舉世無雙的將才啊，這樣的將才能不提防嗎！

劉邦是聰明人，當然知道剝奪權力是一項技術活，不能按兵不動，也不能操之過急，最好的辦法是溫水煮青蛙，慢慢地剝，慢慢地奪，一點一點地蠶食。

奪取兵權只是第一步，只是小試牛刀、投石問路而已，接下來劉邦的第二步，才是大刀闊斧地重拳出擊。

劉邦以治理國家為由，下令把韓信改封為楚王，調到楚地。

韓信的心裡就像打翻了五味瓶，酸甜苦辣鹹都出來了。

按理說他當個楚王或齊王都一樣，都是為百姓服務，都是治國安邦，但事實上，楚王和齊王卻是有區別的。

首先，齊國強於楚國。齊國的地理位置優於楚國，它靠近漢王的大本營，在軍事策略上是一個很不錯的地方。而當年項羽之所以選擇在楚地建都立業，是因為他想在家鄉人面前炫耀自己，如果他當時聽從那些儒生的意見在關中建都稱霸，可以想像，劉邦想打敗他簡直是痴人說夢。而且，齊國的經濟實力強於楚國。齊國穩定多時，國富民強，而楚軍剛剛戰敗，百廢待興。

其次，踢皮球的不良之兆。劉邦一下子立韓信為齊王，又一下子改立他為楚王。這就像三歲娃娃的臉，說變就變。更像當年的楚懷王，人家楚王本來當得好好的，項羽突然要改立他為義帝，表面上是「升官」了，但實際上是被架空了。因此，這對韓信來說是一個危險的訊號。

然而，面對劉邦咄咄逼人的前頭兩劍，韓信既無還手之力，也無招架之功，只有承受之實。他心裡雖然一百個一千個不願意，但還是不得不乖乖回到江南老家去當他的「西楚大王」。

回到楚地上任後，韓信馬上做了三件事。這三件事都跟國事無關，算是一些雞毛蒜皮的事，說白了就是他的私事。但是，這每一件事都感人至深。

第一件事：知恩圖報。

前面已經說過，韓信從小失去雙親，後來是靠釣魚外加乞討為生的，而這期間，他常常食不果腹，餓得昏天黑地。

一次，在夢中，韓信感到有兩個熱饅饅在自己眼前晃動著，飢餓中的

他不管三七二十一，抓過熱饅饅張嘴就咬，不僅一口吞下了饅饅，還把自己的手指頭咬出了一道血痕。當活生生的痛楚傳來時，他才知道這原來不是夢。一個在河中洗絲棉的漂母向他伸出了援助之手，把自己節省下來的兩個熱饅饅拿給他吃。

兩個熱饅饅在我們今天看來毫不起眼，但當時在韓信眼裡卻是「生命的全部」，不但確保了自己不被餓死，還讓他體會到了久違的人間溫暖。

滴水之恩當湧泉相報，韓信報恩的時候到了。他來到垓下後，屁股還沒坐穩，就趕緊派人去尋找當年給他熱饅饅的漂母。他的手下也不是飯桶，苦苦尋找了半個月，終於帶來了那位白髮蒼蒼的老婆婆。

韓信見到漂母後，立刻跪地迎接。老婆婆見堂堂楚王居然向自己下跪，雖說以前有恩於他，但心中終究是誠惶誠恐的，趕緊跟著下跪回禮。於是，一老一少爭著在地上磕頭。

後來的事情順理成章，韓信用最豐盛的山珍海味招待了自己的救命恩人，並贈給漂母一個裝滿了黃金的包袱。

第二件事：以德報怨。

少年時的韓信曾經受過胯下之辱，但他忍辱負重，最終靠自己的努力和打拚建立了曠世功績。那麼當年到底是誰逼著韓信受胯下之辱的呢？

俗話說冤有頭債有主，那個老大到底沒能逃脫因果報應。流氓老大被帶到韓信面前時，當年的老大此時變成了小弟，他在韓信面前雙腿跪地，磕頭如搗蒜，嘴裡還唸唸有詞：「大王饒命，大王饒命，小人當年有眼無珠，有眼不識泰山，有眼……」

就在他拚命求饒時，韓信哈哈大笑，笑得流氓老大怔在那裡，半天也沒有反應過來。就當他以為自己的生命將在這裡畫上一個並不圓滿的句號

時，笑夠了的韓信一張嘴，就讓他吃了一驚：「你現在在做什麼？還在當黑社會老大嗎？」

「不，我已經不做老大好多年了。」流氓老大說。

「這麼說來，你是浪子回頭，早已金盆洗手了？」韓信顯得很隨和。

「嗯，實不相瞞，我現在還在家裡待業呢！」流氓老大說著臉上微微發紅。

「那好吧，我現在給你一份工作做。」韓信看著流氓老大認真地說道：「我給你一個中尉當，你看如何？」

「我……」流氓老大以為韓信在糊弄他。

「你到底願不願意？」韓信臉色一板，嚇得流氓老大答應不迭：「小人願意，小人願意。」

就這樣，韓信把他逼上了官場。待流氓老大下去就職後，左右人不解地問韓信為什麼不治他的罪，反而賞給他官職。韓信答道：「當年正是因為有了他，使我受辱而又不能以死相拚，他激勵了我不得不向前走。我今天之所以能坐上楚王的位置，完全是拜他所賜。這樣的人我難道不應該感謝嗎？」

以德報怨，這是一種怎樣的心胸和情懷呢？

第三件事：以情盡孝。

當年父母死時，韓信還小，他沒有能力也沒有辦法厚葬父母。現在，他被封了侯，功成名就了，終於能派人把父母的墳地修繕一新了。

修繕好後，韓信前去祭奠。他跪在父母墳前聲淚俱下地彙報近年來的工作和生活情況，當韓信看見墳地四周還有許多枯木雜草時，不顧堂堂楚

王身分，跪在地上，親自用手一根一根地拔去那些雜草，大有將雜草清除到底之勢。

隨行的部下見狀，自然不能在一旁袖手旁觀了，於是，一場祭奠活動變成了「斬草行動」。

其情感人至深，其義暖意融融。

「做大事」的韓信之所以把這樣的「小事」做得風生水起，目的只有一個：韜光養晦。

終於登基了

大凡開國皇帝，都有一個共同之處，他們統一天下後，本來可以順理成章地稱帝，但他們還要故弄玄虛推託一番，顯得很謙虛的樣子。

劉邦稱帝時也一樣。當時，諸侯紛紛以上書的形式，強烈要求劉邦稱帝。

劉邦雖然早就想坐上皇帝的寶座了，但作秀這道方式還是有必要走的。他召集文武群臣，把這些呼籲自己稱帝的奏摺拿給他們看：「寡人聞帝者賢者有也，虛言亡實之名，非所取也。今諸侯王皆推高寡人，將何以處之哉？」

群臣又不是傻子，異口同聲地答道：「大王起於細微，滅亂秦，威動海內。又以闢陋之地，自漢中行威德，誅不義，立有功，平定海內，功臣皆受地食邑，非私之也。大王德施四海，諸侯王不足以道之，居帝位甚實宜，願大王以幸天下。」

幾次三番推讓後，劉邦一臉無奈地發話了：「諸侯王幸以為便於天下之民，則可矣。」

漢高祖五年（西元前 202 年）二月初三，劉邦在定陶城邊的汜水稱帝。當文武百官跪地高喊「吾皇萬歲，萬歲，萬萬歲」時，劉邦完成了由王到帝的轉變。

稱帝這天，劉邦還一連做了四件事。

第一，大赦天下罪人，以示皇恩。

第二，立呂后為皇后，立劉盈為太子。

第三，下令讓大量士兵解甲榮歸故里，免除他們的賦稅。這一條是張良提出的。他勸劉邦說，現在天下已定，如果留這麼多兵在各大將領手上反而不好，容易鬧事，劉邦欣然應允。

第四，暫時定都洛陽。

在汜水稱帝這天，劉邦按眾人意願暫時定都洛陽，但就在他準備帶領手下的文武大臣去洛陽時，一個人的出現讓定都之事再起波瀾。

這個人的名字叫婁敬。

婁敬是齊國人，此時不遠千里趕到汜水來，就是為了劉邦建都的事。這等沒身分、沒地位的人，本來要見真龍天子劉邦一面很難，但是婁敬因為有老鄉虞將軍在朝廷為官，因此，很快就見到了劉邦。

婁敬一進門就顯示出與眾不同來。首先，他的打扮太吸引人眼球了：身上穿著破棉襖，腳上穿著爛草鞋，頭上綁一個馬尾辮，手裡拿著一根破竹竿，就差沒拿一個破瓷碗了。

劉邦畢竟見多識廣，知道越是這樣有個性的人越是不可小覷。他二話

不說，先安排了一頓豐盛的美餐為婁敬接風洗塵。這個婁敬果真非同常人，也不推託，大剌剌坐下就是一陣大快朵頤。

等這個「乞丐」酒足飯飽後，劉邦才恭敬地問他有什麼事要找自己。婁敬對劉邦的待人態度很是滿意，於是也就不再拐彎抹角，直奔主題。

「陛下想建都洛陽？」婁敬問。

劉邦點了點頭。

「在下以為不妥。」婁敬直言不諱地說道。

劉邦自然是洗耳恭聽了。

婁敬接著說出了建都洛陽不如建都咸陽好的原因。他說洛陽地方狹小，地貧物稀，經濟不夠發達，交通也不是很便利，是一個彈丸之地；而秦地的咸陽東靠華山，南臨黃河，四面都有險要關隘，是個易守難攻的風水寶地。在那裡建都遠比在洛陽建都要好。

說到這裡，我們有必要提一下當年項羽選都的事。項羽當初選彭城作為自己稱王的首都，也有個書生拚死相諫，也是勸說項羽在有著咽喉之稱的秦地漢中稱王。但是，固執的項羽選擇榮歸故里，定都彭城。後來的事實證明，項羽選擇彭城為都的確是一大敗筆。

前車之鑑歷歷在目，劉邦對婁敬的意見高度重視起來。於是，他第二天就召集朝中大臣商量定都這件事。劉邦剛說出婁敬的想法，馬上就招致一片反對之聲。

「秦地晦氣啊，大秦王朝在那裡才多少年就滅亡了。」

「是啊，定都洛陽的周王一統天下好幾百年呢！」

「婁敬是個什麼人物，他完全是書生意氣，信口開河。」

「洛陽，絕對是一個風水寶地！」

劉邦想不到眾人的反對意見如此堅決，於是在定都洛陽還是咸陽的問題上開始搖擺不定。最後，劉邦決定去問自從楚漢之爭結束後就一直閉門不出的張良。

數日不見，張良雖然清瘦了許多，但精神依然矍鑠。面對劉邦的詢問，他旗幟鮮明地指出了建都關中的三大優勢。

第一，地理優勢。關中一帶的地形，退可守，進可攻，閒可耕，亂可保，是天然的軍事屏障和要地，建都關中，可以達到防患於未然。

第二，政治優勢。劉邦當年入關後，與父老鄉親約法三章，秋毫無犯，深得關中百姓的擁護和喜愛。四年的楚漢爭霸，關中百姓獻出了人力物力獻出了青春和熱血。建都關中，正好可以更好地安撫他們，從而達到天下穩定的良好局面。

第三，人文優勢。關中沃野千里，經濟條件一直在全國首屈一指。同時，關中是歷代君王的定都之地，是大秦帝國的老巢，歷史文化源遠流長，帝王制度比較完備。建都關中，正好可以更好地傳承這些人文典故，從而達到更好地治理天下的宏偉目標。

「微臣以為，眾臣之所以反對建都咸陽，是因為洛陽離眾大臣的家鄉比較近，大家有思鄉之情的緣故。」張良最後總結陳詞道。

劉邦一聽，茅塞頓開，立即簽署大漢帝王一號令：遷都咸陽。

但是，遷都咸陽還有一個棘手的問題。自從當初項羽到達咸陽後，一把大火把那裡的宮殿燒成了一片廢墟，如果遷都此地，必須重新修建宮殿。

鑒於修復宮殿的工程巨大，時間跨度也長，為了斷絕眾臣定都洛陽的

念頭，劉邦當即決定實行遷都工程，先把首都搬到了離咸陽不遠的櫟陽。眾臣雖然不願意，但也只能乖乖跟著劉邦走了。值得一提的是，那個婁敬因為進言有功被封為郎中令，賜姓劉。

宜將剩勇追窮寇

稱帝後的劉邦並沒有就此開始享受清福。身為一國之主，他自然有理不完的國事和家事。

國事方面，韓信兵權被奪，被降為楚王後，劉邦潛藏在心裡最大的危機感沒有了。但是，他並沒有就此放鬆警惕。很快，劉邦就做了這樣一件事：宜將剩勇追窮寇。

這裡的「窮寇」就是指項羽及其分封的其他諸侯剩下的殘餘勢力。這時候，該滅亡的已經滅亡了，該投降的已經投降了，劉邦之所以還進行「大掃除」，目的顯然只有一個，那就是斬草除根。

為此，他重點做了兩件事。

第一件事：招撫田橫。

前面已經說過，田橫雖然是田榮的弟弟，但田榮死後，他輔助田榮的兒子當了齊王。然而，齊王死於韓信之手後，田橫自己也被灌嬰圍攻得喘不過氣來，不得已只好投靠了彭越。

彭越倒是對他這個敗軍之將很是重用。然而不久，劉邦封彭越為淮南王，要求他帶兵去協助圍攻項羽。彭越得了王號，自然屁顛屁顛地去了。這下田橫可就左右為難了，他一想起自己當初拒絕歸降大漢，並且和楚軍

聯合抗漢，心裡就一直打鼓：「就算劉邦不計較，那韓信一旦計較起來可如何是好？」他想來想去，最終還是決定三十六計，走為上計。

他帶著自己的親信逃啊逃，不知不覺地就逃到了齊地即墨附近的東海邊。他在這個海邊發現了一座島，一座很隱祕的如世外桃源般的島嶼。

相信大家都讀過陶淵明的〈桃花源記〉——「土地平曠，屋舍儼然，有良田美池桑竹之屬。阡陌交通，雞犬相聞。其中往來種作，男女衣著，悉如外人。黃髮垂髫，並怡然自樂。」這樣美好和諧的畫卷，這種與世無爭、淡泊名利、逍遙快活的生活誰不神往？

此時，田橫也在這個與世隔絕的島上過起了世外桃源的生活。別看田橫行軍打仗的水準實在不敢讓人恭維，但他為人極為豪爽，因此一些江湖游俠都慕名而來，一時間天下英雄豪傑會集於這座小小的島嶼。

田橫雖然在這個島上活得逍遙自在，但天下沒有不透風的牆，他隱居在島上的事很快就傳到了劉邦的耳朵裡。按理說人家都躲到世外桃源去了，也對你構不成威脅了，不如就隨他去，但劉邦卻不這麼認為。他認為斬草必須除根，田橫作為一個「準齊王」，留著他終究是個禍害，說不定哪天他到齊國振臂一呼，又會生出大亂子來。

當然，直接派兵去圍剿沒必要，於是劉邦對田橫施行了招安政策。負責招安工作的使者可就有得受了，翻山越嶺歷經千辛萬苦才終於找到了田橫所在的桃花島。

這時，田橫在島上過得快活似神仙，他哪裡想到朝廷中去活受罪啊，於是以「當年烹殺了酈食其，如今他弟弟酈商在朝中為官，恐有衝突」為由婉言拒絕了。漢使哪裡料到田橫竟然敢這樣不識好歹，膽敢拒絕，但他又不好強求，只好又悻悻地回朝廷向劉邦彙報了。

劉邦很快就擺平了酈商，他要酈商深明大義些，以國家為重，不要計較個人恩怨。酈商雖然恨不得生食田橫的肉，但礙於皇命難違，只得勉強答應了。

於是這個可憐的使者又來到了桃花島，這下田橫無話可說了，他知道推託不過，最後決定只帶兩位門客一起去，讓大家繼續在這裡過與世無爭的桃源生活。

漢使一顆懸著的心總算放下了，這件苦差總算搞定。然而，事情的發展往往出人意料，眼看就要到洛陽了，田橫在城外的一家小酒店裡，做出了一件大義凜然的事，他自刎了。田橫自刎的想法從他決定離開桃花島時就有了。他深知劉邦素來陰險狡詐，到了朝廷只怕是凶多吉少，而且酈商肯定不會輕而易舉地放過烹殺其兄的仇人，勢必處處暗算他。

田橫死後，劉邦見少了一個禍害，自然是求之不得，但表面的安撫工作還是要做的，於是為田橫建了一座很大的陵墓。葬禮過後，兩名跟隨田橫從桃花島來的門客竟然以身相殉了，這讓我們不得不佩服田橫的人格魅力。

這兩名門客的死極大地刺激了劉邦。他想一個人死後，如果有人甘願為他殉葬，那麼這個人該具有何等非凡的人格魅力啊！聽說桃花島還有五百勇士，劉邦的心又不安了，於是那個漢使又得再去一趟桃花島。

漢使三顧桃花島後，知道自己再也折騰不起這來來回回了，就騙島上的人說田橫已被皇上封為大王，現在召他們前往朝中報效朝廷。

眾人聽說主人召喚，都欣然前往。唯獨田橫夫人及家小不願走，因為田橫的密言猶在耳畔：島在人在，島亡人亡，絕不能離開桃花島半步。

果然，這些門客一到洛陽，就聽說田橫已自殺身亡，滿心的歡喜立刻

變成了悲憤。於是，他們不再去面見劉邦，而是直接去祭奠田橫。祭奠完後，他們都拔出了刀劍。當然，他們並不是要去替田橫報仇，而是都砍在了自己的脖子上。伴隨著傾盆大雨，五百門客都以身相殉了。

雖然劉邦只派使臣三顧桃花島就把田橫的事搞定了，但五百多人的相殉足以證明，田橫也許並不是一個出色的君主，但他一定是個極具親和力和號召力的長者。

劉邦做的第二件事，是追捕鍾離眛和季布。

季布是繼鍾離眛、龍且之後，項羽手下將才中的「三號人物」。他屢立戰功，深得項羽喜歡和器重。項羽在烏江自刎後，鍾離眛和季布成了劉邦重點追捕的對象。畢竟劉邦知道他們兩個是項羽的左膀右臂，一天不除去他們，心裡就一天不安穩。

對此，劉邦下達了懸賞令：凡捉到鍾、季兩人者，賞千金；凡窩藏隱匿者，誅三族。

對此，他們只有逃命的份兒了。

季布是俠士出身，很講義氣，年紀輕輕便成名。相傳在楚國有這樣的諺語：得黃金百斤，不如得季布一諾。意思是說一百斤黃金還不如季布的一句話有分量。

後來，季布跟隨項梁、項羽起義後，屢立戰功。特別是在楚漢爭霸中，作為大將的他多次打得漢軍一敗塗地，連劉邦本人見了他也要退避三舍。此時，劉邦懸賞重金來抓他就在情理之中了。

季布家與濮陽縣一個姓周的人家是世交，素來友好。正是因為這層關係，在一個伸手不見五指的夜晚，逃亡中的季布敲響了周家的大門。周家幾乎連想都沒想就收留了他。然而，朝廷的「通緝令」很快就傳遍了五湖

四海，小小的濮陽縣自然也不例外。

這下周家人可就犯難了，以他家和季家的交情，自然寧可死也要收留季布，然而此時的風聲太緊了，弄不好季布沒保護好，自己還會被連累誅三族。為了季布一個人的性命而搭上周家三族的命，這可不划算。

周老爺子思來想去，最後終於想出一個辦法：讓季布改頭換面，重新做人。待季布改頭換面後，周老爺子把他「賣」到了一個魯地姓朱的大戶人家為奴。

這朱老爺子是個江湖名門之輩，廣結天下豪傑。他和周老爺子也是很要好的朋友，對周老爺子帶來的家奴，他二話不說就慷慨解囊拍板買下了。

然而，令周老爺子始料未及的是，這朱老爺子自第一天起就對季布起了疑心。這倒不是說周老爺子的易容術太差，而是因為不管季布怎麼改變，他與生俱來的英雄之氣是無法改變的。朱老爺子透過明察暗訪，很快就發現這個所謂的家奴竟是朝廷重金懸賞的季布將軍。

對自己的發現，朱老爺子又驚又喜，他馬上趕到京城去了。當然，朱老爺子並沒有直接把季布交給朝廷，而是找到了老相識夏侯嬰將軍，看能不能通融一下。

由於兩人是故交，面對朱老爺子的造訪，夏侯嬰熱情地招待，又是殺雞又是宰鴨，忙得不亦樂乎。

酒過三巡，朱老爺子趁著酒興開始提季布的事了。令朱老爺子頗感意外的是，他精心準備的演講詞並沒有派上用場，因為他剛一提到季布，夏侯嬰就說他也很敬佩季布，他願意親自面見劉邦，看看能不能赦免季布的死罪。

這夏侯嬰是什麼人物，他是劉邦身邊的紅人啊！他幾次救劉邦的性命於危難之中。他的話自然能引起劉邦的高度重視。劉邦思考良久，終於說了句：「赦免！」

於是，接下來街上換了一道赦免季布的新布告。隨後的事就很簡單了，季布自然到洛陽見到了夏侯嬰，然後在夏侯嬰的帶領下見了劉邦。

曾經是戰場上的對手，此時化敵為友，相逢一笑泯恩仇，季布低下了他高昂堅挺的頭顱，然後說了一大堆感激的話，最後，他表示自己願為國盡微薄之力。而劉邦大手一揮，說：「我現在就給你一個職位 —— 郎中。」

這是劉邦對待一級戰犯唯一一次大開恩。

天下再無鍾離眛

季布很幸運地免除一死，還當了個小小的芝麻官，雖然這個郎中和當年他在項羽手下的「右臂」相比相差太遠，但好歹算是保全了性命。要知道，他是一個敗軍之將，一個亡國之臣，一個不折不扣的甲級戰犯，能被赦免死罪就已經是老天開眼了，還能繼續當個一官半職就更是祖上積德了。

同為甲級戰犯的鍾離眛的待遇就完全不同了。

說起鍾離眛來，還有一個人物不得不提，他就是用兵如神、大名鼎鼎的楚王韓信。這是為什麼呢？因為這裡有鍾離眛和韓信不得不說的故事。

當年韓信父母早死，韓信選擇了釣魚這項職業來謀生，副業是乞討，

而就是在釣魚時，韓信認識了「老鄉」鍾離眛。鍾離眛選擇釣魚和韓信不一樣，韓信靠釣魚謀生，他釣魚卻是以待天時。他學姜太公，把魚鉤弄成直的，常常這樣一坐就是大半天。

當時韓信很不解，問道：「你這樣怎麼釣得到魚啊？」鍾離眛開始並沒有理他，韓信問多了，他才看了兩眼這個面色菜黃但雙目有神的翩翩少年，說道：「昔日姜太公釣魚，願者上鉤，他最終釣到了周文王這條大魚，我為何不能學他也來這裡釣一條大魚呢？」

原來鍾離眛一直在這裡以待天時啊！

韓信三歲就開始學習兵法，於是他說起用兵之道亦是有板有眼、頭頭是道。鍾離眛因此對他刮目相看。於是，兩個志向遠大的青少年常常在一起談行軍打仗的事，很快就成了好朋友。

不久機會來了，陳勝和吳廣平地一聲雷，吹響了起義的號角。鍾離眛和韓信兩人先後都參加到起義中去了。陳勝「壯志未酬身先死」後，兩人又相繼都投靠到了項羽部下。到了項羽部下，他們的待遇卻完全不一樣。在那種戰亂年代，鍾離眛憑著勇猛凶悍的表現脫穎而出，很快就得到了項羽的重用。

而韓信滿肚子的經綸卻因為深藏在肚子裡暫時得不到發揮，只擔了個小小的職位。時間一長，韓信就失望了。後來他主動炒了項羽的魷魚，投靠劉邦去了。於是，這兩個原本相約共進退的好兄弟就各事其主了。

當年陳平獻反間計時對劉邦說了這樣一句話：「彼項王骨鯁之臣，亞父、鍾離眛、龍且、周殷之屬，不過數人耳。」可見，項羽對鍾離眛十分器重，視其為「骨鯁之臣」。

楚漢相爭項羽戰敗身亡後，曾經顯赫一時的鍾離眛成了敗軍之將，而

曾經毫不起眼的韓信卻成了大英雄。

項羽死後，鍾離眛也和季布一樣過起了東躲西藏、四處流浪的生活。後來在走投無路的情況下，他聽說韓信當了楚王，於是決定來投靠韓信。韓信念當年兄弟之情，毫不猶豫地收留了他。然而，在通緝鍾離眛重賞的誘惑下，個別知情人士還是將這個消息偷偷地告訴了劉邦。

這下劉邦自然就要讓韓信交出鍾離眛來了。韓信雖然知道事情已經敗露，但他仍顧及兄弟之情，還是不願意獻出鍾離眛。他知道劉邦那裡並無證據，於是說自己這裡並沒有鍾離眛，如果不信可以來調查。劉邦當時確實無憑無據，但透過這件事，他對韓信更多了一分疑心。

劉邦畢竟是聰明人，他知道做事情只能一步一步來，如果把韓信逼急了，一旦拉起反動的大旗自己可就吃不了兜著走了。之前把韓信降為楚王後，他心裡才略感踏實些。然而，此時韓信窩藏鍾離眛的事又讓他寢食難安。

劉邦心裡整天就思索這麼一個問題：「韓信這小子是不是真想造反啊？」沒有調查就沒有發言權。劉邦決定對韓信展開全面調查。當然，為了不打草驚蛇，劉邦沒有明察，而是決定暗訪，派人暗中監視韓信的一舉一動。

每月十五，韓信都要出巡一次。這幾個偵探一聽就來精神了，那就調查韓信的出巡活動吧。他們分工細密，記錄的記錄，採訪的採訪。調查的結果是，韓信這次出巡的規模和氣派一點都不比秦始皇出巡的場面小。

當年秦始皇那次出巡可是把劉邦震得迷迷糊糊的，從那以後，他才有了一個偉大而崇高的理想，那就是做秦始皇那樣的一國之君。因此，這時已坐在皇帝寶座上的劉邦，得知一個小小的楚王出巡場面居然可以和秦始

皇相比，你說他心裡能好受嗎？他此時已經默默地給韓信定性了：此人確實是有造反之心。

劉邦很生氣，後果很嚴重，趕緊叫來文武群臣議論這件事。這下那些文武大臣個個主動請纓，口號一致：「朗朗乾坤，清平世道，韓信那小子居然如此放蕩不羈，臣等願帶兵去討伐。」

面對群臣一浪高過一浪的出兵請求，劉邦自然是很高興了。他正要指定一個人出任征討韓信的大將時，被陳平出面及時制止了。

「論行軍打仗連戰神項羽都不是韓信的對手，現在朝廷中又有誰是他的對手？」陳平的話似乎很有道理，「再說人家還沒反，這樣派兵去征討不是逼他造反嗎？」

劉邦一聽，還真是這麼回事，於是問計於陳平。

「陛下不如在雲夢澤舉行一次狩獵比賽，到時候召集天下諸侯來狩獵。

這雲夢澤離楚地很近，韓信自然要來拜見大王，到時候便可以出其不意地將他拿下了。」

這樣的鬼主意正合劉邦的心意，於是，他馬上寫好詔書傳到各諸侯那裡，說自己要到雲夢澤去狩獵，要他們到時候去那裡見面。

韓信接到詔書後犯難了。楚漢之爭落幕才幾天，但他已經歷了太多的喜怒哀樂，看到楚漢爭霸中一串串成績而激動不已，看到項羽等英雄的背影逐漸遠去而黯然神傷，看到自己在無奈中奮勇抗爭而感到無力，不斷變換的快樂、悲傷、矛盾、痛苦、無奈、忐忑、急切、激動填滿韓信的心，表現在他的面容上。

可是無論如何，他還得面對現實。以韓信的才能和智慧，他已經料到這是劉邦要對自己有所行動了。就在他憂心忡忡時，他的部將開始為他出

餿主意了。他們說大王要想確保雲夢澤之行的安危，必須先主動交出鍾離眛才行。

交出鍾離眛可以消除劉邦的疑心。韓信聽他們說得也不無道理，於是陷入了左右為難的境地。此次雲夢澤他不去就是違抗聖命，是要被殺頭的；而如果去了，只怕凶多吉少。但是，如果真要他獻出自己年少時的好兄弟，韓信亦是不忍！

韓信左思右想，最終在情義道德和功名利祿面前選擇了後者，他決定交出鍾離眛，以確保自己的安全。想通了後，他就直接叫來鍾離眛，然後說出皇帝召他到雲夢澤狩獵的事。

「是不是因為我躲藏在你這裡，讓你陷入了左右為難的境地？」鍾離眛覺得有愧於韓信，弱弱地問了一句。

「唉……」韓信沒有正面回答他這個問題，而是長長地嘆了一口氣。其實韓信的態度和語言已足以表明立場了。鍾離眛又不是傻子，自然明白他的真實想法。

在功名利祿面前，什麼友情什麼道義，根本就不堪一擊。鍾離眛冷笑道：「我不是一個貪生怕死之輩，我現在布衣一個，死不足惜，但我擔心的是你啊！漢帝猜忌於你並不僅僅是因為我在你這裡啊！他是一直忌恨你的豐功偉業，擔心你功高震主啊！」

韓信默默地聽著，一言不發。

鍾離眛最後說：「一旦我死了，劉邦的下一個目標就是你了。」

韓信這時鐵了心，還是一言不發。

「公非長者！」鍾離眛長嘆一聲，不再勸說，也不等韓信來動手，拔刀結束了自己的性命。至此，項羽手下的左膀右臂一死一活，活著的季布

繼續升官發財，死去的鍾離眛是含恨而去，可悲，可嘆啊！

韓信逼死鍾離眛後，以為獻上鍾離眛的人頭就可以徹底消除劉邦對自己的猜疑，然而到了雲夢澤後他才發現，那只不過是自己的一廂情願而已。

韓信向劉邦請安，劉邦二話沒說就叫人把他給拿下了。直到這時韓信才如夢方醒，他還能說什麼，說什麼也沒用了，他只能發出十八個字的感嘆：「狡兔死，良狗烹；高鳥盡，良弓藏；敵國破，謀臣亡。」

就這樣，韓信被劉邦扣押了。這時候，朝中大臣個個都沉默不言，竟然沒有人敢為清白的韓信求情。就在韓信危在旦夕之時，一個叫田肯的大學士進朝，他當著大家的面盛讚天子聖明。

乍一看，你也許會認為他是個拍馬屁的小人，無非是想得到劉邦的垂青而極盡吹噓之能事，事實卻並非如此。

「陛下拿住了韓信，又在關中這樣的險峻之地建都，當真是連環妙計啊！」田肯用欽佩的語氣說道，「可喜可賀，可讚可慶，可歡可樂，大漢江山從此可以穩如磐石了。」接下來，田肯舉了兩個例子來證明自己的觀點。

第一，秦地地勢險要，以華山為屏障，以黃河為城池，易守難攻，哪個不識相的諸侯想要起兵造反進攻秦地，那無異於雞蛋碰石頭，自不量力。

第二，齊地那是一個好地方啊！其經濟、政治、文化都明顯高出其他地方一籌，陛下一定要派自己的嫡系子孫去統治，才可以確保萬無一失。

其實這兩個例子都涉及一個人，那就是韓信。秦地是當年拜將後韓信為劉邦打的第一仗，也是非常漂亮的一仗，平定三秦使他的軍事才華得到

了充分的展示。而齊地也是韓信一手打下來的，後來韓信就被封為齊王。

擁著這樣一塊好地方，韓信如果真有異心，想造反的話早就反了，哪裡會等到如今天下已定的時候再來造反呢？

很明顯，田肯的兩個例子是在提醒劉邦：不要忘掉韓信的功勞，不要以「莫須有」的罪名直接把韓信推向斷頭臺，不要讓天下人心寒。

由此可見，田肯說話的技巧非常高明。劉邦自然聽出了他的言外之意，並且決定放了韓信，只是把他降為淮陰侯。

不按常規出牌的臧荼

就在劉邦通緝要犯，消除一切不安定因素時，此時已是燕王的臧荼卻不等劉邦找上門來，就自己先造反了。

他造反的原因很簡單，就是劉邦對項羽殘餘勢力的追殺過於凶狠。他當年畢竟是項羽一手提拔為燕王的，後來他雖然無奈之下投靠了劉邦，但還是心懷內疚。如今韓信被抓後雖然沒被處死，但一貶再貶，這讓他這個項羽的老舊部大感不妙，強烈的危機感壓得他喘不過氣來。

於是臧荼決定造反。一般人想造反都是來暗的，突然發兵去打你個措手不及。但是，臧荼造反卻與別人形成了鮮明對比，他既不去攻城，也不做其他軍事部署，只是每天大張旗鼓地說「我要造反，我要造反」，生怕全世界都不知道他要造反似的。

哪裡有這樣造反的，這不是坐以待斃嗎？燕王臧荼的兒子臧衍見了就勸他說不要這樣造反，以現在我們的力量來對抗漢帝那無異於雞蛋碰石

頭。此時燕王臧荼正高舉造反的大旗，哪裡會聽得進去兒子的勸阻呢？

臧荼的造反引起了劉邦的高度重視，他親自帶兵前往征討。到了薊城，雙方擺開陣勢，一句多餘的話也沒有說，直奔主題──開打。此時的士兵早就厭倦了戰爭，於是這仗剛一開打，臧荼手下的士兵便紛紛棄暗投明，反戈一擊。

在叛軍的幫助下，劉邦很快就活捉了還在高唱「造反歌」的臧荼。臧荼被擒下後，居然還敢執迷不悟地唱「造反歌」，劉邦哪裡容得下他這般放肆？於是命人直接把他的頭砍了，掛在城牆之上示眾。

這裡值得一提的是，在城破的同時，臧荼的兒子臧衍並沒有跟著父親傻傻地唱「造反歌」，而是利用易容術化裝成老百姓的模樣逃出了城，最後投奔了北方的匈奴。這為後來匈奴南下侵漢埋下了伏筆。

劉邦殺了燕王後，立誰為新燕王可成了一個難題。鑒於燕王公然造反的不良影響，劉邦已是心有餘悸，因此在選新燕王人選時，非他的嫡親或是心腹之人不予考慮。

思來想去，劉邦最後把目光鎖定在了和自己同年同月同日生的盧綰身上。他們兩個從小結為兄弟，如果他不是劉邦的心腹，那還能有誰敢說是？

那時候非劉氏被封侯的只有七人，劉邦考慮自己來提封盧綰為燕王不合適，容易引起群臣的不滿，於是他就在朝廷上公開討論立燕王的事。

這些文武大臣都不是省油的燈，他們早就從劉邦的嘴裡左一句「盧綰和我真是有緣啊」，右一句「盧綰這些年沒有功勞也有苦勞啊」聽出了弦外之音──想立盧綰為新燕王。於是劉邦的問題剛一提出，眾人便馬上異口同聲地說道：「太尉長安侯盧綰功勞最多，請陛下立他為燕王。」

雖然眾人的反應之快有點出乎劉邦的意料，但他等的就是這句話，於是盧綰理所當然地被封為燕王了。

然而，一波未平一波又起。燕王臧荼的造反剛剛被平定，潁川侯利幾又拉起了反叛的大旗。

這利幾原本是楚國的一個小臣，做陳縣縣令。項羽身亡後，漢兵攻到城下，他礙於情勢不得不投降。劉邦見他很乖順、很識趣，就封他做了潁川侯。

利幾滿以為自己這樣的選擇肯定是符合全城百姓心意的，但事實上卻出乎他的意料，他的投降竟然引來唾罵聲無數。陳縣人都十分擁戴忠厚仁義的項羽，而對奸詐狡猾的劉邦很是鄙夷。因此，他們對沒有骨氣的利幾很是不滿和憤怒，每個人都打心眼裡看不起做奴才走狗的利幾。

看到全城人都看不起自己，利幾心裡自然不好受，於是，當燕王臧荼造反的消息傳來後，他也豁出去了，大叫了一聲「我也要造反」。

其實他知道這樣造反只有死路一條，於是先把家小送到了偏僻的地方隱居，然後夥同他兩個兒子開始造反。

這小小的陳縣城哪裡能抵擋得住漢軍的攻勢？不到三天，城池就失陷了。這次劉邦更加惱羞成怒。他進城後，學項羽進行了屠城。最後，利幾父子和全城的男丁幾乎全部被殺光。

第十四章　劍網無痕

第十五章
鬥破蒼穹

論功行賞

　　當年項羽消滅大秦王朝後，開了一次分封大會，對天下各大諸侯進行了分封。但是，因為項羽感情用事，使得很多人都對他的分封不滿，致使分封大會後，不是今天這個諸侯造反，就是明天那個諸侯言變。總之，項羽在西楚霸王的位置上就沒有過一天安穩日子。而正是因為這些諸侯的叛亂，才使劉邦在漢中得到了喘息和屬兵秣馬的機會，為他的東歸創造了條件。

　　此時，天下形勢基本已定，這麼多功臣鞍前馬後拚死拚活還不是圖個功名利祿？還不是圖個封妻廕子？於是，劉邦版的分封大會順應形勢召開了。

　　其實在分封大會前，劉邦已經封了七個異姓王，分別是：楚王韓信、梁王彭越、淮南王英布、韓王信、衡山王吳芮、趙王張耳、燕王盧綰。

　　這七個王中，此時的衡山王吳芮和趙王張耳都已經病死了，吳芮可能是年紀大了，真的壽終正寢了，但張耳顯然還算是「正當年」，他的病死，只有一種理解，那就是解不開心中的結，放不下自己和陳餘的恩恩怨怨，他們的王位由子嗣繼承，因此，張耳的兒子張敖成了新趙王。張耳不會料到的是，自己的兒子張敖居然會成為劉邦的上門女婿，自己一輩子爭來爭去，什麼都沒有得到，終於在兒子身上得到了補償。張耳在九泉之下想必也會感到一絲慰藉吧。而燕王盧綰是和劉邦穿一條褲子長大的，因此，他暫時也是安全的。

　　也正是因為這樣，這六大王中，劉邦認為具有威脅的只有「四大天王」，即楚王韓信、梁王彭越、淮南王英布、韓王信。而這四人當中，

又屬韓信的威脅最大，也正是因為這樣，劉邦才會在定陶發出「閃電行動」，打出了奪兵權、控軍隊、調封地等組合拳，消除了外在的威脅。隨後，他又借鍾離眛事件，在雲夢澤發動了「捉鱉行動」，打出了除暴安良、為國為民的牌子，最終把韓信降為淮陰侯才善罷甘休。當然，事實上，這只是劉邦在打壓異姓王中的投石問路之舉。後面，我們會看到劉邦一波又一波的「剪翼行動」，這裡暫且按下不表。

閒話不多說，下面且來看這次分封大會。

大會開始後，劉邦先客套了幾句，然後直接進入主題，對各大功臣進行了分封：蕭何封酇侯，曹參封平陽侯，周勃封絳侯，樊噲封舞陽侯，酈商封曲周侯，夏侯嬰封汝陰侯，灌嬰封潁陰侯……但是，在劉邦的分封名單中，卻不見漢中三傑張良和陳平。其實，這是劉邦故意賣的關子，他把自己最為信任的兩大謀臣放在最後來分封，就是想把最大的懸念留到最後揭曉。

待眾人靜下來後，劉邦開始揭曉最後的懸念了：賞張良三萬戶，封為留侯。

這張良自劉邦一統天下後，他就整天待在家裡修身養性。今天的英雄分封大會他本來也不想參加，但劉邦派人請了他幾次，礙於情面也只得出席。面對劉邦的分封，張良卻不買帳，推託道：「臣自願在家閉門練功，不願再受封侯累贅。」

這時，劉邦來了個霸王硬上弓：「這個留侯你當也得當，不當也得當。」這世上居然還有逼別人當侯的，真是世界之大，無奇不有。這就好比武俠小說中，一些名師高人強行收自己喜歡的年輕後輩為徒一樣。

當然，張良之所以總是推託，除了他一貫謙遜的作風外，更重要的是他

從《太公兵法》中學到了「上興邦安國，下全功保身」之法，悟出了功成名就後就該隱退的道理。單從這一點來看，張良比韓信明顯高出了好幾個等級。

劉邦最後分封的是陳平，他被封為戶牖侯。當聽到劉邦的分封時，陳平雙膝跪地，淚流滿面地說：「臣無功無德，請陛下另封他人。」

劉邦問：「你怎麼沒有功勞了？你的很多計謀都很好啊！沒你的妙計我能打敗項羽嗎？」

陳平答：「這一切都歸功於一個叫魏無知的朋友。當初如果沒有魏無知的推薦，微臣哪能為陛下效力呢？」

聽完陳平的解釋，劉邦對他更是刮目相看，當即宣魏無知進宮，賞了他黃金千兩。

這次分封看似皆大歡喜，但實際上藏有隱患。這些文臣受封時，那些衝鋒陷陣的武將就不服了。他們說，我們是用鮮血和汗水換來這個侯的封號，像蕭何等人哪裡上過前線呢？為什麼要封他為侯，而且還排在第一的位置呢？

劉邦沒有直接與這些武將理論，而是講了一個獵人和獵狗的故事。

「追殺野兔，靠的是獵狗；而發號施令，靠的是獵人。」劉邦知道這些武將終將明白自己這句話的。如果沒有這些文弱書生運籌帷幄之中，就算他們勇冠三軍，那又如何？能決勝千里之外，能打下這江山嗎？

外族人分封完畢，接下來劉邦還對自己家族的人進行了分封：長兄劉伯早逝，無封；次兄劉仲封為代王，管轄代地；小弟劉交封為楚王，管轄淮河以西；堂兄劉賈封為荊王，管轄淮河以東；劉肥（劉邦的情婦曹氏生的兒子）被封為齊王，呂后的兒子劉盈早就定為太子了，所以不用再分封了。

分封完畢後，劉邦的老爹劉太公不服了。他提出了抗議，說是自己的

大兒子劉伯儘管英年早逝，也應該追封他一個侯爵，不應該什麼都沒有。

其實，劉邦當年不務正業時，大嫂對他很是冷淡，一年四季想到他家打打牙祭都不行，對此劉邦懷恨在心，這次分封自然沒搭理他們。但是，在劉老爹心裡畢竟手心是肉手背也是肉，因此對劉邦苦苦相求。劉邦最後被逼急了，又礙於老爹的顏面，最後決定還是封一個侯 —— 武哀侯 ——給大哥當，同時封他的兒子劉信為羹頡侯。

劉信被封侯後喜怒交加。喜的是自己終於也被封為侯了，怒的是誰當了這個侯也不會好受。這倒不是說劉信被封的侯有名無實，相反他的實權還很大，但問題是這個侯的封號太不雅觀了 —— 羹頡的意思就是吝嗇。

種瓜得瓜，種豆得豆，欠下的帳總是要還的，誠不虛也。

當然，本著飲水思源的原則，劉邦最後封自己老爹劉太公為太上皇，還為他修建宮殿。

其實，在劉邦心裡，對母親的感情明顯比對父親的要深。母親去世後，他寧可放棄事業，也要為母親風風光光地送最後一程；而父親被項羽所擒，在戰場上以烹殺相威脅時，他竟然可以厚顏無恥地說，烹殺我父亦是烹殺你父，到時候請別忘了分我一杯羹。

當然，雖然這可能是因為劉邦當時情非得已，不可能為了劉太公把唾手可得的江山拱手送給項羽，但從這裡，我們或多或少可以看出些端倪來。但是，不管怎麼說，畢竟是血濃於水的親情，所以劉邦馬上立父親為太上皇。

劉邦給劉太公名，這是理所當然，情理之中的事，但劉太公卻並不買兒子的帳，而且還提出了要「辭職回家」的想法。

當然，這不是劉太公糊塗了，而是他懷舊了。

劉太公這時候已經到了享清福、安度晚年的階段，但整天待在宮中的他臉上卻沒有半點笑容，原因很簡單，葉落歸根，深居宮中的他思念生他養他的故鄉啊！

劉邦一聽父親要走就急了：「這怎麼行啊！你可是堂堂的太上皇啊，怎麼能歸隱山林呢？」

於是，劉邦接下來做了一件大孝事。他在櫟陽附近選擇了一塊荒地，然後找來一個叫吳寬的能工巧匠，讓他仿造家鄉模樣建造一座別墅群。

這吳寬果然是人才，他親自去沛縣畫了劉邦家鄉的風貌，然後照著圖上的樣子，在櫟陽建造了另一個小中陽裡。田舍房林，包括小橋流水都建造得精巧別緻，幾乎與原地一模一樣。

劉太公看後，這裡摸摸那裡瞧瞧，彷彿真回到了故鄉。然而，他轉了一圈後，原本興奮和喜悅的臉色又黯淡了下來。有了故鄉的樣子，但沒有故鄉的人，他能開心得起來嗎？

劉邦這回好事做到底，馬上又召集村裡左鄰右舍，熟人朋友，來了個千里大遷移。於是，劉太公每天生活在「故鄉」裡，和故鄉人說著話，時不時地做點農事，又恢復了往日的快樂。

將考驗進行到底

分封大會後，劉邦的心裡並不安寧。對他來說，犒賞手下大大小小的功臣是自己應該做的，問題是，他對自己手下一些勞苦功高的大臣還是不放心。

此時，劉邦的「心中三煩」分別是韓信、蕭何和張良。

韓信前面已經說得夠多了，儘管劉邦對他一降再降，一貶再貶，但對他的提防卻一點都沒減少。

還有就是蕭何，這位對自己有「知遇之恩」（推薦他為泗水亭亭長）、「擁立之功」（力保他為沛縣縣令）、「勸諫之策」（在咸陽勸他輕財重典）、「鎮守之績」（在漢中為前線漢軍源源不斷地提供糧草和士兵）、「治國之勞」（漢朝初期一切規章制度都出自他之手）的人，按理說劉邦是不會有任何懷疑之心的。但是，深知打江山難，守江山更難的劉邦，本著防人之心不可無的原則，還是把他列到了「危險人物」之內。

再次就是張良。可以說劉邦之所以能活著，之所以能打敗項羽，之所以成就帝業，沒有張良的出謀劃策是萬萬行不通的。但同時，這樣能謀善劃的人存在，本身就是一種赤裸裸的威脅。

劉邦的「心中三煩」恰恰是「漢中三傑」，由此可見劉邦為人之謹小慎微。他舉賢都不避親，同樣的道理，提防也不避親啊！

本著有備無患的原則，劉邦決定對手下的三大重量級人物韓信、蕭何、張良來一次「摸底測評」。透過測評，再有針對性地實施下一步行動計畫。

劉邦第一個測評的對象是韓信。

劉邦召韓信來聊天。韓信剛開始還盤算著「來者不善，善者不來」這八個字的含義，但見劉邦盡和他扯一些無足輕重的陳年舊事，慢慢地也就放鬆了警惕。後來的話題就順著劉邦的思路談到了行軍打仗上來，此時的韓信哪裡知道他眼下正面臨著嚴峻的考驗。

「你看夏侯嬰將軍能帶多少兵啊？」劉邦試探性地問道。這個夏侯嬰

是劉邦最心腹的人，劉邦這樣問自然是有目的的。

「三萬吧。」韓信一字一句地回答道。

「樊噲呢？」劉邦把自己的另一個心腹，同時也是自己的連襟拿出來問。

「五萬左右吧。」韓信一臉平靜地回答。

「那朕呢？」劉邦的提問進一步更新。

「最多十萬。」韓信當時腦筋也許是短路了，依然實話實說起來。如果僅僅是這樣也罷，但當劉邦提出最後一問時，事情就再沒有挽回的餘地了。

「那你自己呢？」劉邦使出了殺手鐧。

「多多益善，多少兵我都可以帶。」韓信只想起自己垓下和項羽大決戰時的無限風光，但卻忘了此時和自己說話的人正是要考核他的頂頭上司。

「既然如此，你為什麼還被朕所擒呢？」劉邦臉上雖然還是不動聲色，但心中已有想法了。

俗話說：「滿招損，謙受益。」如果此時韓信換一種方式和語氣來說話，或許還有迴旋的餘地。但韓信此時還是死腦筋到底，好像要把所有對劉邦的不滿都發洩出來。

「陛下雖然不是統兵打仗的料，但卻很會拉攏將領和人才。況且陛下還有天相助，非人力所能為也。」

提問就此結束，不用再問什麼了，劉邦微笑的背後是忌恨。

測評就此結束，不用再測什麼了，劉邦苦笑的背後是決裂。

對此，劉邦給出了處理辦法——冷處理，決定以後不再重用韓信，

慢慢讓他泯為眾人矣。這一點，我們從後面劉邦寧可冒著生命危險親自出征打匈奴，也不願再起用「戰必勝」的韓信就可以看出來。

劉邦第二個測評的對象是張良。

相比韓信的咄咄逼人和鋒芒畢露，張良就顯得深沉和老練多了。自從劉邦當了皇帝，他深居簡出，很少拋頭露面。據說張良閉門不出是因為他練武功去了，他練的是養氣辟穀之術。按理說他都這麼一大把年紀了，還練什麼氣功啊，但問題是他當時不練不行啊！要想多活幾年，他就得練。

由於上次對韓信的測評很不滿意，劉邦這次對張良的測評顯然更加小心翼翼了。他因人而異，這次不再提出帶兵的問題，而是問了一個較為深沉的問題。

「這些天，朕微服私訪時，看到街頭巷尾一些軍吏交頭接耳，似乎在談一些不可告人的事，愛卿可以為朕指點迷津嗎？」鑒於張良對自己一向忠心，劉邦一開始問話時，語氣明顯很友善。

「依臣愚見，他們極可能是想謀反。」張良答。

「朕待他們不薄，他們為什麼要謀反？」劉邦接著問。

「這應該都是分封惹的禍。」張良邊說邊看著劉邦，頓了頓，才又接著道，「陛下如今所封之人都是親信，而誅殺的卻是和自己有過節的人。這怎麼能不讓一些人感到害怕呢？這會讓他們產生沒有被封就會被殺的錯覺。在這些精神毒瘤的影響下，他們驚慌失措，自然會想到造反了。」

「那我現在該怎麼辦呢？」劉邦剛開始只想把前天晚上散步街頭看到的一種奇怪現象隨便拿來問問張良，卻不料一石激起千層浪，居然問出了這麼嚴重的後果。

「陛下最討厭誰？」張良反問道。

「這個還要說嗎？雍齒唄！」劉邦想也不想就答道。

雍齒當年的出爾反爾，使劉邦進退兩難，要不是慷慨的項梁借了五千人馬給他，他的起義之路只怕在當時就要中斷了，因此，劉邦對他恨之入骨。

「陛下只需封雍齒為侯就可以平息眾人的反叛之心。」張良很從容地回答道。

劉邦沒有再問為什麼，因為張良的意思他馬上就明白了。對話就此結束。如果說韓信的測評沒有及格的話，那麼張良的測評無疑是滿分了。

隨後，劉邦重賞張良，並封仇人雍齒為什邡侯。這一做法很快就杜絕了一些心有不甘之人的叛逆之心，消除了潛在的隱患。

劉邦第三個測評的對象是蕭何。

鑒於蕭何是劉邦的老鄉，而且從起義時就跟隨著自己，後來在楚漢之爭中忠心耿耿地守在後方，所以劉邦對他的測評說簡單不簡單，說難也不難。

劉邦給蕭何安排了一個重要的陽光工程：去咸陽修復被項羽燒毀的宮殿。蕭何接到任務後，二話不說就走馬上任了，並用事實證明了自己的忠心。咸陽宮的修復和未央宮的建立在他的全面監督下，井然有序，扎實有效，三個月後便全面竣工了。

竣工後，劉邦來「驗工」。當他走進未央宮中看到那豪華氣派的殿宇時，一雙眼睛突然變得雪亮。不過，他心裡雖然很滿意，但對一直陪在他身邊的蕭何卻說了這樣一句話：「天下未定，連年苦戰，成敗還不可知，為什麼要把宮殿建造得這麼豪華？」

這句話說白了就是在訓斥蕭何，而聰明的蕭何並沒有慌張，回答道：

「非壯麗不足以表達天子的尊嚴與莊重！」

劉邦聽後馬上轉「怒」為喜。他之所以派蕭何做這件事，一是想看看苦盡甘來的蕭何還願不願繼續做苦力活，換句話說就是，如果蕭何直接推託不去，那就說明他心高氣傲，心懷鬼胎；二是看看蕭何是不是真的具備敬業的職業道德和職業素養，換句話說就是，如果蕭何敷衍了事，隨便應付，那就說明他心不在焉，居心叵測。

最後，劉邦認為蕭何的作風是純樸的，行動是純真的，道義是純正的，於是決定重用蕭何。隨後，劉邦下令在未央宮四周添築城垣，作為京邑，改稱長安。隨後，文武百官皆從櫟陽遷往長安。

至此，劉邦對「漢中三傑」的第一輪測評結束。劉邦對韓信測評的重點是用兵之法，對張良測評的重點是治國之術，對蕭何測評的重點是做人之道。他最終目的只有一個：測出他們的忠誠度。最後，蕭何和張良順利過關，暫時進入了「安全門」，而韓信卻因不合格而進入「待定席」，等待他的將是怎樣戲劇性的命運呢？

治國先治儀

自從當了皇帝，劉邦可謂日理萬機，整天忙得不可開交。就在他不斷考核部下對自己的忠誠度時，還有一個問題也擺在了他的面前，那就是宮中的禮儀問題。

他手下這些功臣們，倚仗打江山時的勞苦功高，每次入朝宴會，個個都放縱不羈，場面鬧哄哄的像趕集，有時候談功論戰，有時候說朋道友，

更有甚者還會當眾脫鞋摳腳……

　　一天，剛當上皇帝的劉邦特別高興，召集朝中文武大臣舉行了一次盛大的「國宴」。菜上三道，酒過三巡，他突然提出了一個很有哲理的問題：「列侯諸將無敢隱聯，皆言其情。吾所以有天下者何？項氏之所以失天下者何？」意思是說，朕為什麼能得天下，而項羽為什麼會失天下呢？

　　對此，劉邦曾在故鄉共事過的黑道老大王陵，代表眾人進行了這樣的回答：「陛下慢而侮人，項羽仁而愛人。然陛下使人攻城略地，所降下者因以予之，與天下同利也。項羽妒賢嫉能，有功者害之，賢者疑之，戰勝而不予人功，得地而不予人利，此所以失天下也。」

　　「公知其一，未知其二。」劉邦聽了點了點頭，又搖了搖，略作沉思後，才緩緩地說道：「夫運籌帷帳之中，決勝於千里之外，吾不如子房。鎮國家，撫百姓，給饋餉，不絕糧道，吾不如蕭何。連百萬之軍，戰必勝，攻必取，吾不如韓信。此三者，皆人傑也，吾能用之，此吾所以取天下也。項羽有一范增而不能用，此其所以為我擒也。」

　　翻譯成白話就是：運籌帷幄之中，決勝千里之外，我不如張良。鎮守國家，安撫百姓，提供糧餉，我不如蕭何。統率百萬之兵，所向披靡，戰無不勝，我不如韓信。而這三個曠世奇才都能被朕所用，所以朕最終取得了天下。項羽連唯一一個范增都用不好，他能不敗嗎？

　　劉邦的分析引來了眾人掌聲雷動，君臣隨之開始痛飲，場面比趕集還熱鬧。在酒精的刺激下，很多人甚至忘了君臣之禮，敲桌子的、哼小調的、猜酒令的、打飽嗝的……他們的姿勢更是豐富多彩：半躺著的，斜坐著的，摸腳丫的，加上已喝趴下的，那場面真是精彩。當真是今朝有酒今朝醉，明日愁來明日愁。

後經人提醒，劉邦覺得這樣不成體統，於是苦思起良策來。正在這個時候，儒生順應形勢派上用場了。

劉邦以前很不喜歡儒生，他讀了近十年的書，胸中還是空空如也，所以對那些滿腹經綸的儒生很牴觸。後來，雖然在西征途中他遇到酈食其，對儒生的偏執看法有所緩解，但儒生仍然得不到他的青睞和重用。當然，他不重用儒生，並不代表儒生就永遠沒有出頭之日。

這不，說儒生就來了一位儒生，他的名字叫叔孫通。

叔孫通是薛郡人，春秋時魯國權臣叔孫氏的後人。他的人生格言是人往高處走，所以他的人生之路也可以用四個字概括：棄暗投明。他一直行走在棄暗投明的路上。

叔孫通因為精通儒術被秦始皇召進宮，但仕途卻一直慘淡。陳勝、吳廣發動起義後，他靠著細密的計謀和無畏的膽識，選擇了第一次棄暗投明──投奔項梁。項梁在定陶被章邯大敗，喋血沙場後，叔孫通選擇了第二次棄暗投明──投奔楚懷王。項羽入關後，明升實降，逐離義帝，叔孫通選擇了第三次棄暗投明──投奔項羽。劉邦出漢中後，率數路諸侯聯軍直搗彭城，叔孫通選擇了第四次棄暗投明──投奔劉邦。

此後，儘管劉邦面臨風風雨雨，九死一生，但叔孫通沒有再選擇棄暗投明，而是一直堅守在劉邦身邊，這真是難能可貴，或許他是想用遲到的忠誠來換取劉邦的青睞吧。

然而，劉邦對他這樣劣跡斑斑的人並不感冒，叔孫通一直沒機會展現自己的才華。在戰爭年代，像他這種文不文、武不武的儒生基本沒有立足之地，為此，他選擇了等。終於，楚漢爭霸結束時，他知道好日子不遠了。

　　果然，此時劉邦對宮中禮儀的煩惱，叔孫通看在眼裡喜在心裡，於是他毛遂自薦，走到劉邦身前說：「如果陛下想治理好天下，當務之急就是要去找一些儒生來講禮儀。」

　　劉邦正苦惱著，本來叔孫通提起這件事讓他眼前一亮，但他一看到叔孫通那副儒生的樣子，不知怎的心裡就是不爽：「朕用三尺劍騎馬打下的江山，哪用得著儒生呢？」

　　「陛下在馬上打下江山，難道還能在馬上守天下嗎？」叔孫通反問道。

　　這一句反問讓劉邦啞口無言。隔了半晌，他才說出苦衷來：「朕一向不太重視儒生，現在需要儒生，又到哪裡去找呢？」

　　這等於是預設了接受叔孫通的建議。叔孫通知道機不可失，趕緊道：「魯地乃儒生之鄉，那裡的名儒多如牛毛，可以到那裡去找儒生。」

　　「好，就這麼辦！」劉邦同意了他的建議。

　　於是，叔孫通火速去辦這件事了。他果然不負眾望，很快就從魯地帶回了幾百名儒生。然後，叔孫通和儒生們商量著先列出了朝廷的禮儀大綱，並且制定出了一系列教程。待一切準備工作搞定後，接下來就是培訓朝中大臣了。

　　第一批學員是百來位朝中重量級大臣。經過一個多月的魔鬼訓練，在眾儒生的言傳身教下，這批學員很快就被訓練得有模有樣了。據說這批學員畢業時，劉邦還親自來考核。當他看到手下這些重臣，無論是言談還是舉止都頗顯仁者風範時，滿意地點了點頭。隨著第二批、第三批學員陸續畢業，朝中重臣差不多都參加了「宮廷禮儀培訓」。正在這時，咸陽的長樂宮已成功修復，劉邦大喜，遂率文武大臣回到咸陽，在長樂宮慶賀元旦。

歷史證明，無論何種好的政治主張，何種規章制度，做到了上下同心，彼此呼應，就會達到預期效果，否則就會失敗流產。從這個角度看，善於謀求共識是政治家的基本素質。

漢高祖七年（西元前 200 年）元月一日，朝賀典禮如期舉行，整個過程秩序井然，大臣們按官位高低有序地站著。一切布置好後，劉邦乘坐著輦車出來了，隨著一聲「皇帝駕到」，群臣依次跪下，大聲喊道：「吾皇萬歲，萬歲，萬萬歲！」。

「眾卿都免禮平身。」劉邦大手一揮，眾臣站起身來，依然有序地站著。

接下來，劉邦發表了熱情洋溢的演說。他的話匣子一開啟就像滔滔江水綿綿不絕。這下可苦了群臣了，頂著太陽晒了好幾個小時。儘管如此，他們都站得像桿槍似的，誰也不敢像以前那樣交頭接耳講半句悄悄話。直到晌午時分，群臣個個腿腳發麻時，劉邦才宣布慶賀儀式結束。

隨後便是宴會時間了。整個酒宴中，群臣不再像以前那樣，沒有次序地來敬酒，亂哄哄地猜酒令。他們此時是按職位高低，一一捧觴來恭喜劉邦。整個典禮過程隆重而有序，沒有一個人敢造次。

劉邦對此番景象很是滿意，叔孫通的「禮儀訓練營」也順利通過了他的考核。於是，劉邦下令封叔孫通為太常，賜黃金五百兩，其他儒生也都被封為郎中令。

自秦始皇「焚書坑儒」事件後，儒生終於鹹魚翻身，實現了鯉魚跳龍門。

第十六章
邊塞那些事

匈奴的發跡史

對劉邦來說，他已經成功殺掉了項羽和其他各大諸侯，並且把對自己有威脅的功臣也敲打了一番，可以做到「穩坐釣魚臺」了。但是，他並沒能享受這難得的安穩日子，因為匈奴公然蔑視他的權威，惡意挑釁。劉邦是個眼睛裡一粒沙子都容不下的人，自然不會坐以待斃。

劉邦與項羽的楚漢之爭百轉千迴，驚心動魄。同樣，他跟匈奴的戰爭也是一波三折，波瀾起伏。

在這場強強對抗之前，我們先來了解一下匈奴的前世今生。

當年的匈奴人，是生活在北方廣大草原和戈壁灘上的游牧民族，對中國歷史和世界歷史都產生過巨大影響。

匈奴人像游俠一樣漂浮不定，過著逐水草而居的游牧生活。他們主要靠放牧馬、牛、羊、駱駝等牲畜為生，平時也狩獵。匈奴人常食畜肉，常吃乳酪，喜歡住氈帳。

匈奴人身材矮而粗壯，頭大而圓，闊臉，顴骨高，鼻翼寬。男子上鬍鬚濃密，而頷下僅有一小撮硬鬚，長長的耳垂上穿著孔，佩戴著耳環，頭部除了頭頂上留著一束頭髮外，其餘部分都剃光，眉毛濃密，杏眼，目光炯炯有神。

在服飾上，匈奴人喜歡穿長齊小腿、兩邊開衩的寬鬆長袍，腰上繫有腰帶，腰帶兩端都垂在前面。由於寒冷，袖子在手腕處收緊。一條短毛皮圍在肩上，頭戴皮帽。鞋也是皮質的，寬大的褲子用一條皮帶在踝部捆紮緊。男子的弓箭袋繫在腰帶上，垂在左腿的前面，箭筒也繫在腰帶上橫吊在腰背部，箭頭朝右邊。

匈奴人沒有文字，沒有書籍，只用口頭語言來表達。他們信奉一種以崇拜天和某些山神為基礎的薩滿教。

匈奴人的婚姻風俗很自由，做兒子的可以娶後母為妻，做兄弟的可以娶嫂子為妻。另外，他們還有嗜血的風俗。在訂盟約時，匈奴人要用人頭蓋骨製成的容器喝血。在悼念死者時，會用小刀把臉劃破，讓血流出來。

匈奴人從小就善騎射，被稱為在馬背上長大的民族。憑藉這一本領，匈奴人常常到處掠奪奴隸，搶奪財物，擴大地盤。他們一直對中原這塊肥美的地方虎視眈眈。

戰國時亂世紛爭，匈奴人多次發兵侵入中原。他們每次都空手而來，滿載而歸，帶回大量的金銀財寶、綾羅綢緞、糧食牲畜，當然還包括美女佳人。嘗到了甜頭的匈奴人自然來得更勤更快了，每次都變本加厲，胃口越來越大。

「是可忍，孰不可忍？」在忍無可忍的情況下，當時的秦昭王下了一道命令，修建了一項抵禦匈奴人的宏大工程——長城。但是，由於當時處於混亂時期，即便是這樣仍然不能阻止匈奴人南下。

這下可激怒了趙國邊將李牧。李牧二話不說，直接就和匈奴人槓上了。

但是，匈奴人有一招很厲害，那就是人多勢眾時就打，勢單力孤時就逃。而且，他們內部還有這樣一個不成文的規定：逃跑不算恥辱，反而是英雄。誰逃得最快最好，誰就是英雄。

李牧雖然很想一舉殲滅他們，但無奈匈奴人吃了點虧後，就變成了縮頭烏龜，和李牧的軍隊玩起了捉迷藏。他們常常在這裡打一槍，換一個地方，然後再在那裡打一槍，又換一個地方。如此一來，李牧空有豪情壯志，拿他們沒辦法，只好採取「防守反擊」的策略。

長此以往，趙王不滿意了。他直接撤了李牧的職務，派人取代了他。代替李牧的人誠惶誠恐，認為既然趙王不喜歡消極防守，那就只有一條路可以走了——主動出擊。

因此，每次匈奴來犯時，他就會還以顏色。但是，匈奴人不是吃素的，他們一旦發起飆來那可不是鬧著玩的，因此趙軍反擊的結果往往是賠了財物又折兵。這可不是趙王願意看到的結果。趙王沒轍了，再次找到李牧，語氣誠懇地對他說，還是你小子上吧。言外之意是別人比你更差。

李牧本來是想建功立業，做出一番流芳百世的功績來，但一聽這話心裡就不是滋味了。趙軍現在一敗塗地，你才又想到找我，早知如此，何必當初。於是他就推託不肯再上任了。此時的趙王越是見他推託，就越認為他是一個人才，越是要他去做「邊防大元帥」。

最終，李牧礙於趙王的面子不好再推託了，於是，他提出了一個相當重要的條件：「王必用臣，臣如前。」意思就是說，如果大王一定要我去守邊關，我只能採取閉關防守的老辦法。

趙王此時就怕他不肯再去守邊關，別說一個條件，就算一百個條件也會答應。就這樣，李牧又重新回到了他熟悉的最前線。

李牧第二次上任後，還是和以前一樣，關起門來主動躲開匈奴，擺出一副事不關己，高高掛起的樣子。因此，匈奴人也逐漸大膽起來，有時甚至敢公然在他眼皮子底下摸幾隻雞，偷幾隻狗，然後大搖大擺地走了。

但是，這一切李牧都熟視無睹，是他真的太懦弱，還是別有用心？

答案一直等到了三年之後才解開。

這一天，匈奴人又來占便宜了。一直坐城觀天的李牧突然開啟了那扇一直緊閉的大門，和匈奴人來了一個硬碰硬。

匈奴人在李牧出其不意的出擊下吃了大虧，哪裡肯善罷甘休？於是，他們回頭叫上了數十萬人馬雄糾糾、氣昂昂地來了，大有報仇雪恨之勢。

李牧不跟氣勢洶洶的匈奴人正面接觸，他發出軍令：「撤！」

撤的後果是很快就連丟了幾座城。匈奴人得了城池後，心裡那個美啊沒法形容，還不斷感嘆：「中原人不過如此耳。」於是他們乘勝接著追擊李牧。

當他們追到一個狹窄的小山谷時，李牧終於露出了猙獰的面目，他的計謀一步一步實現了。趙軍封住谷口，毫不客氣地把匈奴大軍送上了西天。

數十萬匈奴瞬間灰飛煙滅。

這是戰國時期，中原人民抗擊匈奴一次史無前例的大勝利。從此，不可一世的匈奴人收斂了許多，邊關也暫時獲得了安穩。

秦始皇統一中國時，匈奴人再度乘機出擊，從而成就了抗匈奴名將蒙恬。蒙恬以暴制暴，打得匈奴人鬼哭狼嚎。再後來，秦始皇為了徹底擺脫匈奴人的糾纏，乾脆直接從臨洮到遼東修造了一座看不到盡頭的城堡。這便是至今被列為世界七大奇蹟之一的「萬里長城」。從此，中原和匈奴盈盈一牆間，脈脈不得語。

然而，陳勝、吳廣拉開起義的序幕後，大秦王朝最終在新生代起義領導人項羽和劉邦的帶領下被推翻了。此後，項羽和劉邦又進行了長達數年的楚漢之爭。中原戰火紛飛，局勢動盪。被一堵牆擋在門外的匈奴人雖然沒有入侵中原，卻也開始了一次翻天覆地的內部騷亂。

拉開匈奴內部騷亂的人是一個叫冒頓的年輕人。

冒頓的父親叫頭曼，他是當時匈奴的單于。冒頓因為是頭曼的長子，

很早就被立為繼承人。

　　但後來形勢突變，因為頭曼迷戀一名愛妃，所謂愛屋及烏，也就偏愛起她的兒子來。隨著這名愛妃不斷吹著溫柔的耳邊風，頭曼對待冒頓的態度就變了。種種跡象表明，他大有廢了冒頓之意。但廢總得有個理由啊，於是頭曼想到了一個借刀殺人的妙計。

　　當時，匈奴西邊還有一個國家——月氏。據說月氏擁兵十多萬，兵強馬壯，實力不可小覷。頭曼當時為了拉攏月氏，常常送人質去月氏，以安其心。

　　這一次，頭曼把冒頓直接送去當人質。冒頓剛到月氏，頭曼就立刻發兵偷襲月氏。月氏不幹了，馬上就要砍冒頓以洩其恨。但是，當時的冒頓憑著敏銳的洞察力，發現了自己處境不妙，聞得風聲，連夜偷了一匹馬就回來了。

　　頭曼見兒子死裡逃生，沒轍了，只好給他安排了一個新職務—— 一萬騎兵的首領。

　　回來後的冒頓心知肚明，開始培養起自己的心腹人馬來。他天天帶這些心腹人馬去訓練，從射鳥到射動物再到射人。冒頓為了培養他們的血性，甚至可以把自己的妻子拉到山林中去當靶子射。每次打靶歸來，他妻子都哭得跟淚人似的。但是，他手下的人馬卻得到了最好的鍛鍊。

　　訓練好後，冒頓就邀請父親頭曼去狩獵。頭曼哪裡知道這其中的玄機，於是欣然而去，結果被冒頓和他手下當靶子了。這一年正是西元前209年，也就是陳勝、吳廣點燃起義聖火這一年。

　　殺掉父王後，頭曼寵愛的閼氏和她的寶貝兒子自然也都和頭曼一起陪葬了。就這樣，冒頓輕而易舉就取得了本就屬於自己的政權。

當時，匈奴旁邊還有幾個少數民族部落，實力最強的是東胡。由於冒頓年紀輕輕就奪得了權位，鄰國東胡就有想法了。東胡大王想試探一下這個弱冠少年的膽識，於是來了個投石問路。他派了一名使臣到冒頓那裡，使臣到了那裡也不拐彎抹角，直接就向冒頓要一樣東西──一匹馬，一匹千里馬。

「頭曼生前有一匹千里馬，我們大王十分喜歡，冒頓公子能不能成人之美，獻給我們大王呢？」群臣一聽，個個怒火朝天，都說自己國家的東西怎麼能隨隨便便送給他人。冒頓做了一個「噓」的動作，然後說話了：「本是同根生，何惜一匹馬？」於是這匹千里馬就這樣被送給了東胡王。

東胡王得了馬還不滿足，於是不久又派使者來，說想要冒頓的一位愛妾。

群臣這下個個都咬得牙齒咯咯作響，個個摩拳擦掌，只等冒頓一聲令下就去滅了東胡。但是，冒頓的反應出人意料，他叫手下部將把刀劍通通放下，又發話了：「女人如衣服，兄弟似手足，衣服破了可以再補，兄弟之情斷了就不能再彌補了。」於是，他把自己最心愛的女人也送給了東胡王。

東胡王摟著如花似玉的小美人，嘴都笑歪了。都說人的貪欲是無止境的，這一點我們從東胡王身上就可以看出來。

投石問路，路也問了；真情相試，試也考了。這下東胡王已不滿足這些蠅頭小利了，他要的是冒頓的地盤。

「在東胡和匈奴之間，有一塊公地，我們大王想要在那裡建一棟別墅，還請冒頓公子成全啊。」東胡使臣沒隔多久，又跑來嬉皮笑臉地對冒頓說。

這下冒頓還沒等群臣開口，就大手一揮，直接把東胡使臣送上了斷頭臺。

面對冒頓的舉動，手下都很驚愕，大惑不解。先前東胡王咄咄逼人，我們當時都苦苦相勸大王給他點顏色瞧瞧，結果大王一直忍氣吞聲，現在卻又為何做出公然撕破臉皮之舉呢？

「此一時彼一時也！」冒頓一本正經道地，「一匹馬，乃身外物。一個女人，乃身邊物。唯一塊地，國之物也，豈能白白送人！」

不出幾日，冒頓大軍突然出現在東胡軍面前。東胡王哪裡料到膽小如鼠的冒頓敢來跟自己打仗啊！猝不及防之下，東胡兵敗如山倒，連東胡王也在這一戰中被滅了。冒頓捨小利而獲大利，就這樣吞併了東胡。

滅東胡後，冒頓又相繼向其他部落出擊。他東滅東胡，西征月氏，北破丁零，南征樓煩，還吞併了烏孫、樓蘭等三十六國的大片土地，在大漠南北和現今的東北、西北以及中亞、西伯利亞的廣大地區建立了盛世偉業。

在北方建立霸權後，野心勃勃的冒頓會就此甘心嗎？答案是否定的。他很快就把目光鎖定在了大漢王朝。

人心不足蛇吞象。冒頓想進入中原，就必須經過最北方的代地。為此，身為一方諸侯的韓王信早已有了準備。他把大部隊調到馬邑，做出了嚴陣以待的態勢，只等匈奴大軍一來便迎頭痛擊。

韓王信苦苦等待的冒頓終於來了。冒頓沒有直接攻城，而是寫了一封信射進城裡。韓王信哪裡料到這麼寒冷的天，這一萬多匈奴人竟然會如天神下凡般突然出現在眼前，而他身邊只有幾千守軍。韓王信看了信，是讓他開城門，這下該如何是好啊！

順便提一下，這個韓王信與其他諸侯有一個共同的特點，就是翻臉像翻書一樣快。當初劉邦攻克彭城時，韓王信馬上歸降劉邦。彭城兵敗後，韓王信馬上掉轉馬頭歸降項羽，後來見勢不對又歸降劉邦。

此時，這些匈奴人的威嚴使韓王信「順風倒」的風格再次顯現。面對這樣一群「狼人」，韓王信對守城一點信心也沒有，但他同時也有顧慮：如果真的投靠了他們，匈奴人的生活，他們這些道地道地的漢人能適應嗎？

韓王信正在猶豫，他的部將來勸他派人去向劉邦求救。韓王信當時想想也沒有其他辦法了，於是派了一個士兵趁夜色溜出了城，然後向劉邦所在的咸陽出發。

但人的腳力畢竟有限，哪能跟馬相比，因此，他走著走著就感到力不從心了。當他累死累活到達咸陽時，時間已過了五六天了。

五六天並不長，但對被困在籠中的韓王信來說就是度日如年了。好不容易熬到了第七天，終於熬不住了，於是他派人出城去和冒頓進行歸降細節的談判。

那邊劉邦接到信使的報告後，馬上調兵遣將，準備去救被困在馬邑的韓王信。

若要人不知，除非己莫為。就在這時，傳來了韓王信正和冒頓談判的事，劉邦的心頓時涼了半截，於是他決定暫時按兵不動。他直接寫一封信給韓王信，以求他能及時回心轉意。

韓王信就利益和政治地位問題，與匈奴進行了數輪艱苦的協商，但由於雙方存在語言障礙，想找精通兩國語言的翻譯官當真是難於上青天，再加上韓王信對這些匈奴人的底細還不是很了解，所以談判十分緩慢。

劉邦的信一到，倒是幫韓王信下定了決心。說白了，韓王信為什麼談

得這麼慢，就是對劉邦還存有最後一絲幻想和不捨，對匈奴還存有最後一點戒備和提防。接到信後的他不再猶豫了。

劉邦的這封信，說白了是一封問責信：「我封你為韓王，是叫你鎮守北方為國效力的，不是叫你和匈奴人勾三搭四的……」

受到責備的韓王信不再猶豫，馬上開門把匈奴人迎進了城裡。冒頓進了馬邑城後，歡喜之餘，馬上拜韓王信為大將，讓他充當先鋒，越過句注山，南攻太原。

韓王信的徹底背叛激怒了劉邦。他不顧年老體衰，決定親自掛帥出征，去擒韓王信滅冒頓，以解心頭之恨。

真情對對碰

漢高祖六年（西元前 201 年）十月，劉邦挑選三十萬精兵，從咸陽直接向太原出發。由於是劉邦親自出征，很多元老級重臣都跟隨他出征了，其中包括樊噲等武將，也包括陳平等謀士。

不過，劉邦手下的「三傑」沒有參與這次軍事行動。

蕭何從來都是管理後方的後勤部部長，前方打仗的事他向來不親自參加，況且他此時還在幫劉邦做工程建設，不去在情理之中。

張良迷上氣功後，整天閉門不出。劉邦曾親自上門慰問這個昔日自己手下的棟梁，但他已變得面黃肌瘦。因此，張良沒有出征也是情有可原的。

而韓信連降三級後，已是一個再普通不過的侯了，即使他想出征立

功，劉邦也不會再給他機會。

劉邦大軍很快就抵達了馬邑。這個馬邑是冒頓好不容易才拿下來的，自然不能輕易交還給漢軍，於是冒頓馬上派左賢王和右賢王帶一萬二千人馬去支援馬邑。冒頓以前戰無不勝，滿以為自己這次派這麼多人去已足夠掃平漢軍了。然而，他很快就發現自己錯了。

左、右賢王的一萬二千鐵騎到達馬邑後，和馬邑城的匈奴殘兵合在一起，馬不停蹄地趕到晉陽。在這裡，他們正好迎來了漢軍。

左、右賢王以前在打東胡徵月氏等戰役中幾乎沒有吃過敗仗，這時仍然發揮其慣用伎倆，採取騎兵特有的戰術：高舉高打。

第一批上前的是衝鋒隊。按左、右賢王的策略意圖是想把漢軍衝得七零八落，然後再大快朵頤。以前他的衝鋒隊多厲害啊！個個都不顧生死衝進敵陣中，把人家好好的陣形攪得一團糟，為隨後自己的大舉進攻提供機會。

但此時，面對漢軍，他們這一招卻不管用了。因為他們的衝鋒隊一溜煙地向前衝，瞬間就消失得無影無蹤了。只有刺耳的慘叫聲從地底下發出來。不用說，先鋒隊的人都掉入漢軍早就安排好的陷阱裡去了。陷阱裡布滿了竹籤等東西，上面又遮蓋了茅草和虛土。就和獵人狩獵一樣，只不過規模和工程大很多而已。

衝鋒隊失利後，左、右賢王並沒有灰心喪氣，他們充分發揮了不拋棄、不放棄的「士兵突擊」精神，馬上派出了第二批敢死隊。

這批敢死隊小心翼翼地繞過剛才的線路，一步一個腳印地朝著目標而去，眼看就要跟漢軍有個親密接觸了。可漢軍對這群「狼人」並不感興趣，只聽一聲指令，漢軍萬箭齊發，頓時天空中下了一陣箭雨。最後這批

敢死隊幾乎全部中箭身亡。

前面兩擊不中，他們使出了最後的絕招。左、右賢王大手一揮，第三批敢死隊拿著刀，揹著劍，拿著擋箭牌，接著奮力殺向前。雖然擋箭牌幫他們擋住了箭雨，但也擋住了自己的視線，他們只能跟著感覺向前衝。

事實證明，這種跟著感覺走的策略並不好，因為他們很快就人仰馬翻了。被摔得缺手臂斷腿的他們這才發現，原來這是地面上一根根毫不起眼的繩子惹的禍。

摔倒在地的匈奴兵還來不及站起來，兩邊的溝底又湧現出了漢人的騎兵，上去就是刀劍相加，頓時一片血肉模糊。

眼看絕殺技都不奏效了，左、右賢王還不知道知難而退。他們發出了決戰的訊號，全軍都呼啦啦地向前衝去，看架勢非要跟漢軍拚個你死我活了。然而，他們衝了一陣才發現，自己衝進的是漢軍的包圍圈，四處都是漢軍。

眼看情況不妙，左、右賢王這下才充分發揮打不贏就逃的作風。兩人一人在前開路，一人斷後，終於殺出血路逃了出去。只是他們逃出重圍後，回頭清點人數，這才發現，冒頓給他們的一萬二千人馬只剩下了不到三千。

什麼叫欲哭無淚，左、右賢王這時才體會到。冒頓聽說自己最為倚重的將領居然打了敗仗，非常吃驚，他們可是被人稱為黑白雙煞的無敵戰神啊！怎麼這次不敗金身被漢軍破了呢？冒頓揉了好幾次眼，幾乎不敢相信這是事實。

「一萬二千人馬現在只剩下三千人馬了？」冒頓痛惜道。

左、右賢王哭著說他們是如何如何中了劉邦的奸計，如何如何拚命才

得以逃命。直到這時冒頓才知道，原來這支漢軍不是等閒之輩。他下令全軍集結，共同對付漢軍。

此時已是十一月，大雪越下越大。漢軍感覺馬上就要被大雪的寒冷和壓迫所吞沒了。

中原人哪裡遇到過這樣寒冷的天氣？漢軍士兵被凍得畏首畏尾，手腫如包，有的連兵器都拿不穩，更別說打仗了。這時候，劉邦在城裡也沒有閒著，他一邊祈禱老天趕快停止下雪，一邊祈禱那個千刀萬剮的狼王冒頓千萬別這時候跑來打仗。

劉邦就是劉邦，他不愧為天子，既然是老天的兒子，他的祈禱當然奏效了。雪雖然還沒有停，但冒頓在幾十里外停止不前了。

此時天寒地凍，漢軍不適應這般寒冷的天氣，個個都在和冷空氣做鬥爭，如果打起仗來真是凶多吉少。在大好機會面前，心狠手辣的冒頓怎麼就像被孫悟空施了定身法一樣，突然裹足不前了呢？

劉邦感到很奇怪，於是他派了已被自己重用的婁敬去打探虛實。雪停了，風小了，天空也變亮了，然而好幾天過去了，就是不見婁敬回來報告消息。

劉邦坐不住了，總不能在這冰天雪地中長期住下去吧，又冷又餓的，喝西北風啊？這時他真渴望能和冒頓好好打一仗，早完事早回家。

與其坐以待斃，不如主動出擊。於是，劉邦決定主動前去尋找冒頓，和他們進行決戰。沿途的匈奴百姓見了漢軍就像老鼠見了貓，嚇得非躲即竄。

膽小如鼠，不足為慮嘛。劉邦不由對匈奴人多了幾分輕視之意。沿途不時有紮過帳篷燒過火的痕跡，這下劉邦更斷定匈奴人是心虛撤軍了，於

是更加放心大膽地去追擊。

當他們到達廣武時，這才碰到姍姍來遲的「探子」婁敬。此時的婁敬已變得蓬頭垢面，他跪在地上對劉邦說：「陛下，臣以為不宜再進攻啊！」

劉邦自然要問為什麼了。

婁敬說他這些天至匈奴軍營中見到的都是老弱病殘，他們個個弱不禁風似的，這和剽悍勇猛的匈奴人哪裡有一點相像呢？所以，婁敬判斷這很可能是敵人的誘敵深入之計。

此時劉邦正追在興頭上，他正為自己馬上可以全殲膽小如鼠的匈奴大軍而躊躇滿志，非但聽不下婁敬的建議，反而以「妖言惑眾」為由把他給抓起來了，還派人把他從戰爭的最前線直接送到廣武的黑深大牢裡去了。

婁敬不由淚水漣漣，發出了這樣一聲嘆息：「陛下啊！我們這一見是永別嗎？」

被婁敬這麼一攪和，劉邦一怒之下，變本加厲地提升了進軍速度。騎兵在前，步兵隨後，行軍過程當真層層有序。

這時候，匈奴人的狼皮、羊皮、虎皮等皮衣派上了用場。騎兵還好，有馬可坐，步兵們可就苦了，他們身上都是幾十斤重的鎧甲，能走多快？於是，當騎兵到了平城時，步兵和一些落隊的騎兵都被遠遠地甩在了後面。

這時天氣突然變得奇好。劉邦終於看到了藍天白雲，下令在平城休息休息再說。

「今天的天氣真不錯啊！」進城後的劉邦解開厚厚的皮毛衣，躺在座椅上，望著頭頂暖暖的太陽，柔柔地來了這麼一句。然而，他話音未落，一陣刺耳的叫聲便驚醒了他，接下來馬上有探子來報，說冒頓四十萬大軍

突然出現在城外二十里的地方，大有包圍平城的跡象。

劉邦大吃一驚，這平城城小牆薄，被困在這個城裡就只有死路一條了。他當機立斷，馬上下達了撤軍的命令。

這時，匈奴騎兵的叫聲越來越大，已從四面八方圍集而來。漢軍倉皇之下，交起手來，哪裡是人家的對手，只有節節敗退的份。

好在天無絕人之路。就在劉邦認為凶多吉少時，前面出現了一座大山救了他一命。劉邦喜出望外，下令向山上撤退。這山口兩邊是峭壁巨石，中間只兩丈來寬的口，易守難攻。匈奴人雖然勇猛，但又哪裡能衝破這一夫當關，萬夫莫開的關口呢？

這座山叫白登山。

雖然一時半會兒攻不上去，但冒頓是聰明人，知道此時的漢軍不到十萬人馬，而且山上又沒有擋風避雨的屋子，這天寒地凍的，只要把漢軍圍在山上幾個月，在飢寒交迫之下他們就會不攻自破了。於是，他馬上叫手下四十萬人馬把山的四周都圍了個水洩不通。

白登山脫險計

劉邦上山後，眉頭緊鎖：這光禿禿的山上既無衣又無食，身上自帶的糧食只夠吃五天啊！更要命的是，他的步兵又被冒頓派人半路攔截了。

幾天過去了，匈奴人只圍不打，劉邦的眉頭鎖得更緊了，像結了一層寒霜，怎麼辦啊？他最怕的就是冒頓圍而不攻啊！這樣下去，幾天的糧食吃完後，那就只有死路一條了。

　　就這樣度日如年地過了三天，劉邦知道再等下去不是辦法，於是暗思破敵之策。這時，劉邦身邊沒有張良、韓信等人物，第四謀士陳平就是重中之重了。

　　陳平，現在該是你出彩的時候了。

　　陳平是個精細人，自從被困在山上後，就一直在思考破敵之策，後來他找了幾個匈奴人談話。這次談話不經意間改變了一切，因為他了解到了冒頓的一些特殊習性和嗜好，一條妙計油然而生。

　　他低聲在劉邦耳邊一陣嘀咕。劉邦一聽喜出望外，馬上從軍中找來了個能言善辯且懂星相術的李公去辦這件事。為什麼非要懂星相術呢？

　　因為這個很重要，所謂謀事在人，成事在天，就是這個道理。

　　李公先扮成匈奴人的樣子，提著一個大黑皮箱出發了。李公到了匈奴的大本營裡，沒有直接去找冒頓，而是去找一個女人，一個年輕漂亮的女人，一個令冒頓言聽計從的女人。這個女人就是冒頓的妻子——閼氏。

　　冒頓非常疼愛閼氏，用一句話來形容就是「攬閼氏於懷抱兮，樂朝夕與之共」。

　　李公直奔閼氏「閨帳」，用金銀打通了門衛。閼氏聽門衛說有自稱「通上下五百年歷史，能知禍福運程」的相士求見，心中好奇，自然就接見了。

　　見了面後，李公也不說話，先送上禮物。他開啟黑皮箱，但見那古色古香的箱子裡裝滿了金銀珠寶、綢緞之類的東西。這些都是閼氏最喜愛之物，她看了眼睛直發光，一張臉竟如陽光般燦爛。她當下就笑納了。

　　收了禮物，她來了個「來而無往非禮也」，直接問他有何求。李公說他並無所求，他此番來只是想轉告她一個現象。

閼氏做洗耳恭聽狀。

李公說：「近幾天看天上月亮和星星都呈灰暗之色，就連早上的太陽也灰濛濛的像是打水裡撈出來的一般，您知道這是為什麼嗎？」

閼氏問：「這是為什麼呢？」

這正合李公的意，於是他順著話就往下面說了：「這是日月星辰在告訴我們，眼下與漢人這場戰爭打不得啊！」

閼氏一聽大感好奇，於是問一個親信侍衛是不是有這麼一回事。侍衛得了李公不少好處，自然說是。

聽了侍衛的話，閼氏又聯想到曾聽說過劉邦腿上有七十二顆痣是真龍天子下凡的傳言，心裡有點害怕了：「人家既然是赤龍的兒子，肯定會得到老天的保佑，想殺他只怕對自己不利……」

李公眼看閼氏已有動搖的跡象，不再等待，使出了殺手鐧，變魔術似的從懷中掏出一樣東西送給閼氏。閼氏開啟一看，卻是一幅畫，畫中是一個美女，美人一顧傾人城，再顧傾人國。

閼氏一看把自己的美貌給比下去了，一臉不悅地問道：「先生拿這幅美人圖有何用處？」

李公要的就是這種效果，但臉上不動聲色：「漢帝被單于圍困，想罷兵修好，特把金銀珠寶奉送給您，求您代為化解。漢帝擔心單于還不肯答應，願將國中第一美人獻於單于，只是美人不在軍中，所以先把畫像呈上，現已派人去接，很快就會到來，還請您代為轉達。」

閼氏頭搖得似撥浪鼓：「這倒不必了。」她把那幅畫還給李公的同時，還附帶了一個堅定的承諾，「退兵的事包在我身上」。

陳平就是陳平，料事如神，用金銀珠寶加天氣變化和美女將閼氏就此

搞定，而搞定了閼氏就等於搞定了冒頓。果然不出所料，冒頓被閼氏的耳邊風一吹，決定馬上撤軍。

已斷糧好幾天的漢軍正處在崩潰的邊緣，冒頓的突然撤兵讓他們丈二和尚摸不著頭緒，他們不敢相信這是事實，只是看了又看，探了又探，望了又望，最後才不得不承認：匈奴大軍確實走了。

漢軍心花怒放，喜極而泣。

劉邦心有餘悸，無心再戰。

於是，漢軍就此完成了他們的首次草原「數日遊」——撤軍了；於是，劉邦就此完成了這次失敗的征戰——打道回府了；於是，樊噲就這樣沒來由地被委以重任——留在代地守邊疆了。

在回途的路上，劉邦做了三件事。

第一件事：亡羊補牢。他把婁敬從牢裡提出來，重賞這個力勸他不要孤軍亂進的忠臣，加封他為關內侯，食邑兩千戶。

第二件事：論勞行賞。劉邦加封出奇謀解白登山之圍的陳平為曲逆侯（由原先的戶牖侯變為曲逆侯），賞在這次和匈奴對決中護駕有功的夏侯嬰食邑一千戶。

也許有人會問了，這一次脫險，陳平功勞最大，為什麼他只是由侯變侯？如果按侯是同一級來算，這哪裡是升，分明是平調嘛。

其實，這裡面是有玄機的。這曲逆侯管轄的地方叫曲逆縣，而曲逆縣是邊關的一個重要城鎮，是與匈奴做生意的主要通道。中原的絲綢、金銀、糧食、瓷器直接賣給匈奴人，這樣富得流油的地方是誰都夢寐以求的啊！

就這樣，陳平一躍成了曲逆侯。陳平自從歸順劉邦後，滿肚子經綸和

才華得到了充分展現。他屢建奇功，七出奇計，堪稱經典。

第三件事：遷怒於人。劉邦把對匈奴失利的怒氣全部遷怒到了趙王張敖身上。

張敖是張耳的兒子。他生得脣紅齒白面如冠玉，那叫一個玉樹臨風。呂后見他一表人才，透過多方面觀察和研究，最終認為他誠實可信，後與劉邦一番商議，便決定把女兒魯元公主嫁給他。因此，這個張敖說白了已是劉邦的準女婿了。

劉邦這次在回朝的途中，正好經過趙國，於是順道去看望自己的準女婿。面對準岳父的到來，張敖心裡很激動，他熱情地把吃了敗仗灰頭土臉的劉邦迎進府中後，極盡恭維之能事。別的不多說，他甚至連端茶送飯的事都親自來做，為的只是討準岳父的歡心。

看著忙忙碌碌、進進出出的張敖，劉邦心裡有想法了：「這樣的男人簡直就跟婦道人家一樣，哪裡有半點王者之氣？我當初決定把女兒嫁給他，看來真是看走了眼啊！」

他在張府住了幾天，見張敖天天都是這樣獻殷勤，更是打心眼裡看不起他。一天喝了酒後，他就把張敖大罵了一頓，然後怒氣沖沖地起程回洛陽去了。

這段小插曲看上去是劉邦霸道，張敖溫順，但其實不然。這只是故事的開始，好戲還在後頭。

刺客不帶刀

俗話說樹欲靜而風不止，劉邦雖然班師回朝了，但他的心情並不好，因為此時邊關的匈奴一直讓他寢食難安。這時候的冒頓對漢朝已是很不屑了，認為不過如此，於是他下令讓韓王信不斷騷擾漢的邊疆。

面對不斷發來的邊疆急報，劉邦真想找出一個能獨當一面的大將去迎擊韓王信。然而，此時他放眼整個朝廷，只有一個人能完成這項任務，這個人就是韓信。以韓信對韓王信，按理說這是絕配，但在劉邦的內心卻是絕苦 —— 這個人用不起啊！

也正是因為這樣，劉邦雖然對上次被困於白登山的事心有餘悸，但此時朝中無大帥，他思來想去，最終只得自己再度掛帥親征匈奴了。

這韓王信雖然身經百戰，也算是個風雲人物，但聽說劉邦的漢軍又來了，便學會了匈奴人的策略思想，不敢來「真情對對碰」了，而是玩起了「讓你猜猜我是誰」的遊戲。

就這樣，可憐的劉邦勞師動眾，忍著酷寒在邊疆轉了一個多月，連個匈奴人的影子都沒有見到。此時邊疆北風呼呼地吹，劉邦知道自己再這樣找下去，只怕沒有等來匈奴人，自己就先凍成殭屍了。於是，一個月後，劉邦帶著眾將又打道回府了。

然而，就在回來的路上，劉邦險些遭到刺客的刺殺。

說起被刺的原因，正是劉邦上次遷怒於趙王張敖而引起的。

當時劉邦因為心情不佳，在趙王府中當眾謾罵張敖，隨後拂袖而去，結果弄得張敖不斷反思自己做得不好的地方，不停地自我批評。結果他手

下的人就有看法了，都為他抱不平。丞相貫高和趙午等人，都是身經百戰的德高望重之輩，他們跟隨張敖的父親張耳多年，都是忠心耿耿之人，張耳死後，他們又輔佐張敖。看到主子受了天大的辱罵，這口氣他們無論如何也嚥不下去。

他們本來想馬上造反，但想到張敖忠厚老實，又是劉邦的準女婿，知道他肯定不會同意。於是，他們思來想去，最終決定刺殺劉邦。

他們當時的想法是，如果成功了，就都留在張敖身邊，輔佐他治國安邦；如果失敗了，就都離開張敖，讓他不受牽連。應該說他們的確是深明大義之人，想法很周密，無論成功與否都不會把張敖扯進來。正當他們摩拳擦掌等待機會時，劉邦卻自己送上門來了。

劉邦這一次班師回朝，正好又要路過趙地。因為去年鬧翻了，劉邦自己也不願意再去張敖的府上。眼看天快黑了，他便命人找了一家客棧，準備在客棧裡將就一晚，天亮了再繼續趕路。

於是，大漢版的《新龍門客棧》馬上就要上演了。貫高等人對這個客棧進行了精心的安排：店裡的老闆和夥計，以及一些食客都是殺手喬裝打扮的，而且廂房的夾層裡也都藏好了殺手。可以說貫高等人在客棧裡設下了一個必殺之局。

設局是需要智慧的，入局是需要時機的，破局是需要本事的。貫高等人設局之後，就看劉邦如何入局、如何破局了。

劉邦在參加完地方官吏的盛宴後，因一路勞苦想早點休息，便起身前往早就預訂好的客棧。

《三國演義》裡有落鳳坡上落鳳雛的故事。當時劉備率龐統西進去攻打蜀中的劉璋。但是，在途中，龐統因貪功狂進，中了敵人的埋伏，在落

鳳坡上壯烈犧牲了。因為龐統綽號鳳雛，他在落鳳坡的死去，冥冥之中似有天意，令人唏噓不已。

劉邦在用計方面肯定跟龐統沒得比，但在第六感方面卻比龐統高了數倍。就在入局──去客棧的路上，劉邦的第六感出現了，他突然心神不定起來，還問手下的人：「這是什麼地方啊？」

「回陛下，這裡叫柏人。」左右親信畢恭畢敬地回答道。

「柏人柏人……」劉邦念著念著，臉色突然陰沉下來，「柏人。柏通迫，柏人不就是被迫於人的意思嗎？看來此地不宜久留。」

劉邦這時憑著超強的敏銳性，察覺到了「入局」的潛在威脅，轉念間打消了去客棧夜宿的念頭，馬上採取了「破局」之策──不再停留，連夜回京。

就這樣，貫高等人精心安排的暗殺計畫泡湯了。對此，他們只能仰天長嘆：「謀事在人，成事在天。」

劉邦回到宮中後，匈奴人又恢復了本來的面目，每隔一陣子就會南下，侵擾漢朝邊境，進行一番搶擄燒殺後便逃之夭夭。正所謂來也匆匆，去也匆匆。漢朝邊境守將根本就拿他們沒有一點辦法。

劉邦更是頭疼，他已經親自帶兵出征兩次了。第一次被困於白登山差點連老命都賠進去，第二次匈奴人根本不買他的帳，讓他獨自在寒冬邊城裡受了一個多月的罪。

經過兩次大折磨，已是風燭殘年的劉邦對匈奴人已心有餘悸。派兵去打吧，只怕賠了夫人又折兵。匈奴人不拘小節，他們打得贏就打，打不贏就閃，你能拿人家怎麼辦？打，拿人家沒辦法；不打吧，就更加拿人家沒辦法。

這時候，劉邦身邊已沒有四大謀士了。關鍵時刻，他想到了一個人——婁敬。鑑於婁敬當初不遠千里來說遷都的事，他對這樣忠心耿耿的人很是喜歡和看重。再加上第一次出征邊關，劉邦沒聽他的意見，差點就送了命。這時，劉邦找來婁敬，就像抓住一根救命稻草似的，直接就問他匈奴的問題怎麼辦。

「陛下不會只想到用武力解決邊關問題吧？」婁敬沒有直接回答劉邦的問題，而是弱弱地反問了一句。

「除了武力難道還有其他辦法嗎？」

「這天下剛剛安定，士兵們還沒有從戰爭的疲憊期調整過來，只怕很難有所作為。此時打仗，難度太高啊！」

「那你說怎麼辦？」

「臣有一計，不用一兵一卒就可以使雙方化干戈為玉帛。俗話說擒賊先擒王，陛下只要搞定冒頓就能搞定匈奴了。」

劉邦只有聽的份兒了。

「只是這個計謀能不能成，關鍵就在陛下了。」隨後婁敬說出了他的計謀，兩個字：和親。

「如果陛下能把嫡系大公主嫁給冒頓為妻，再多贈些嫁妝，把婚禮舉辦得莊嚴而隆重，用氣勢震住匈奴人，他們就不敢再輕舉妄動了。」

應該說婁敬的計謀的確很妙，有「香車美人」相送，還有「糖衣砲彈」相贈，要想不成功都難啊！劉邦在點頭的同時也在為難。婁敬的計謀是要他「犧牲」公主來換大漢江山的安寧和平靜。但是，有一個明明白白、清清楚楚的問題，他只有魯元一個女兒是正室公主，要想把親生女兒送入狼虎之口，不說別的，單是「母老虎」呂后那一關就過不了啊！

劉邦知道說服呂后的工作和出征匈奴的難度是一樣的。不過，他還是相信事在人為這句話，於是決定直接和呂后面談。

自從當了皇帝，因為有三宮六院七十二妃，劉邦每天晚上對付這些美貌如花的妃子都來不及，因此很少寵幸人老珠黃的呂后。也正是因為這樣，劉邦一見到呂后，表現得極為溫柔，握住呂后的手親了又親，聞了又聞，彷彿呂后那早已粗糙如松樹皮的雙手如少女的手般柔軟。

正在呂后被這突如其來的溫柔弄得心中小鹿亂撞時，劉邦說話了。他委婉地說出了想拿女兒與匈奴和親的事。呂后本來想聽劉邦說花前月下的甜言蜜語，此時聽到這話，一瞬間就從迷離中驚醒了過來：「我只有這麼一個女兒，你如果要把他嫁給匈奴人，我還怎麼活啊！」呂后開始發威了，她幾乎是在咆哮。

「捨小家為大家，這個道理你都不懂嗎？」劉邦的聲音也很高昂，和剛才判若兩人。

「什麼捨小家為大家，我就是不懂。我只知道我只有魯元和太子一兒一女，而且魯元早已和趙王定親，馬上就要嫁過去了。你現在卻要拿自己臣子之妻送給敵人，不怕被天下人恥笑嗎？」呂后厲聲責問道。

面對呂后的發飆，劉邦的腿開始發軟了。

「這是和親又不是去受罪，再說把女兒嫁給趙王，這趙王只不過一個侯王而已，而那冒頓卻是堂堂的匈奴大王，一國之主啊！我們的女兒能嫁給這樣的人也算是造化了。」劉邦辯解道。

「匈奴人歷來蠻橫凶殘，那冒頓更是有過之而無不及，他弒父自立就是一件罪大惡極之事。我的女兒怎麼能嫁給這樣心狠手辣之人呢？你不要再浪費口舌了，言盡於此，請勿復言。」

勸說工作到此結束，最終劉邦以失敗告終。當然劉邦並不死心，為了用女兒換來自己的太平日子，他還派了許多能說會道的良臣去做說服工作，可那呂后軟硬不吃。她的策略也很簡單，來一人罵走一個，來兩人罵走一雙。劉邦萬般無奈之下只好放棄了把女兒嫁給冒頓的想法。

然而，和親政策並沒有就此作罷，劉邦不愧是劉邦，他馬上轉變思路，創新思維，舉辦了一次大型的「尋找公主」選秀活動。只要是臉蛋和長相跟魯元公主相像，身材和氣質也頗佳的少女，就可以參加這次活動。經過層層選拔層層篩選，最終還是讓劉邦找到了一個相貌和神情都特別像公主的人。

冒頓聽說劉邦願把女兒屈嫁給自己，自然又是點頭，又是哈腰，對劉邦的稱呼和態度馬上轉變了。既然你情我願，劉邦還特意派婁敬去匈奴那裡和冒頓簽訂了「和平共處若干條約」。簽字畫押一氣呵成，一錘子下去，雙方成交。

劉邦用「假公主」和親的辦法暫時穩住了匈奴人。

和親風波

不管怎樣，和親事件就這樣告一段落。這件事的直接後果是，在冒頓大撿便宜時，趙王張敖也撿了個大便宜。

這次和親雖然有驚無險，但呂后已是覺得山雨欲來風滿樓，她怕夜長夢多，於是乾脆選了個日子，把才滿十六歲的魯元公主嫁了過去。這個並不被劉邦認可的張敖就這樣成了大漢皇朝的第一女婿。

　　但是，他這個女婿並不好當，因為隨著刺殺事件的暴露，他也將面臨一場前所未有的大浩劫。

　　竇娥冤的故事想必大家都很清楚。六月飛雪，那是怎樣的一種冤情呢？這時的趙王張敖，也就是劉邦的女婿，將面臨比竇娥還冤的情況。

　　「若要人不知，除非己莫為。」沒過多久，貫高和趙午等人密謀暗殺劉邦的事就浮出了水面。

　　這裡還得提到一個人 —— 孫理。

　　貫高和趙午等人策劃刺殺案時，孫理生病在家，因此並沒有參與這件事。後來他病癒上朝時，聽到朝中一些大臣說起暗殺的事。言者無心，聽者有意，他細細打聽，竟然發現整個刺殺的過程驚心動魄，要多懸有多懸。

　　趙國朝中大臣都為這次暗殺事件沒有成功而深感惋惜。唯獨孫理暗自竊喜起來，他苦苦等待的報仇雪恨的時候終於來了。他想都沒想，就做出了一個大決定：告發貫高和趙午等人。

　　孫理和貫高等人同朝為官，他為什麼要手臂肘往外拐呢？

　　這事得從孫理的兒子孫逸說起。這孫逸說白了就是一個花花公子。他仗著父親是朝中高官，耀武揚威起來，整天惹是生非，做一些不良勾當。

　　有一天，孫逸在街上鬼混，恰巧有一頂轎子從他身邊飄過。透過薄如蟬翼的捲簾，轎中一個曼妙的身影若隱若現。

　　「莫非是天仙下凡來了？」孫逸這一看看得熱血沸騰，又見這轎子除了兩個轎夫外，並沒有其他的僕人跟從，他當機立斷，下令手下的狗腿子把轎子攔了下來。

　　孫逸掀開簾布，往轎中一看，那姑娘果然有閉月羞花之容，沉魚落雁之美。

「把她抬到府上去。」孫逸淫笑一聲，開始明搶了。

「這是喬大人之女，孫公子休得無禮啊！」轎夫自然認得這惡棍，他想喬大人在城裡也算是有頭有臉之人了，孫逸再驕奢淫逸，囂張跋扈，總得給喬大人面子吧！

事實證明，孫逸就是孫逸，他此時已是目中無人了：「什麼喬大人不喬大人，我孫大人比誰都大！」他手一揮，手下那幫狗腿子便蜂擁而上，幾下就把轎夫打趴下了，然後抬起轎子就直奔孫府。但是，還沒走多遠，這行人就被聞風而來的喬老爺攔住了去路。

喬老爺子那表情雖然恨不得生吞了孫逸，但他還是強忍著怒氣，要求孫逸把他女兒放了。

當時的孫逸被喬姑娘的驚世容貌迷傻了，眼看搶劫美女就要成功了，他哪裡肯善罷甘休？煮熟的鴨子能讓牠飛了嗎？想帶女兒回去，沒門。

雙方既然談不攏，那就只好付諸武力了。一片混戰中，喬老爺的管家被窮凶極惡的孫逸來了個一劍穿心。喬老爺的女兒雖然最終沒被孫逸搶走，但喬家也損失了一條人命。

喬老爺子馬上把這件事告到朝中去。鑒於光天化日之下強搶民女，最終還惹出血案來，這樣的案情太重大，趙王決定把案子交給貫高和趙午來處理。

貫高不愧是老臣，他在查這次「流血事件」的同時，還順藤摸瓜，查到了孫逸之前多起打死、打傷人的舊案。

善有善報，惡有惡報。做人如果做到孫逸這種毫無廉恥、惡貫滿盈的地步，連神仙都救不了。況且，貫高又是一個秉公執法的人，於是，他宣布「孫逸惡意殺人傷人罪」成立，且數罪併罰，判了孫逸死刑。

　　孫理聽說兒子被判了死刑，這下可慌了。他才兩個兒子，另一個天生就是傻子，說白了孫逸就相當於他唯一的兒子。他能眼睜睜地看著自己兒子走上斷頭臺嗎？於是，他連忙帶著重金，找貫高求情。

　　貫高並沒有接受他的「心意」。孫理急了，他也不管自己的身分和地位，居然給貫高跪下了。當時的場面真是悲涼和尷尬，但貫高還是不為所動。

　　「國有國法，家有家規，王子犯法與庶民同罪。像你兒子這等惡貫滿盈之人絕不能留下來。」貫高義正詞嚴地說道。

　　孫理的後門沒走通。貫高維持原判，孫逸很快就掉了腦袋。

　　從此，孫理和貫高等人的仇恨算是結下了。此時聞聽貫高等人謀反的事，他心中竊喜，趕緊馬不停蹄去找劉邦告密。

　　劉邦一聽，二話不說，就派人把趙王張敖抓起來了。孫理告的是貫高和趙午等人謀反，但劉邦自然明白擒賊先擒王，先把趙王抓住再說。

　　部下謀反，肯定是主人指使的。張敖被擒後，參與密謀的眾臣，知道東窗事發，他們難免一死，於是不等劉邦派人來抓，他們就開始練自刎的功夫了。自趙午開了個頭後，其他重臣紛紛效仿，頓時宮中鮮血直流。

　　倒了一批又一批的重臣後，餘下之人也大有前仆後繼、死而後已的態勢。這時候貫高出現了，他的到來阻止了大家繼續自刎。

　　「謀殺皇上的事是我們自己主張的。」貫高大聲說道，「跟大王無關。如今大王受牽連被抓了，我們不能光在這要死要活啊，我們要把命留著去替大王申冤啊！」

　　於是，接下來出現了感人至深的一幕。朝中官吏押著趙王全家及老臣們向京城出發，一些大臣自願剃了頭髮，戴上枷鎖，甘願為奴也要追隨他

們一起入京受審。

到了京城後，除了魯元公主，其他人一律按罪人對待。而張敖數次上書要求見劉邦，結果卻如泥牛入海，無半分音信。狡猾的劉邦已經把這個案子交給廷尉來處理了。

因為張敖是劉邦的女婿，廷尉暫時把他軟禁起來，並不敢亂動私刑，不過貫高等人卻飽受了皮肉之苦。

貫高是個硬骨頭，他始終一口咬定自己是刺殺事件的主謀。貫高既然總是不肯招供，廷尉為了審出些東西來只得用刑。幾天過後，幾乎所有的刑都用了，貫高身上早已血肉模糊，體無完膚，但他嘴裡還是那四個字：「我王冤枉。」

廷尉沒辦法了，再審下去也審不出個結果來，只得向劉邦彙報了情況。這時候，魯元公主早已找到呂后求情，呂后也對劉邦進行了各種勸說，但劉邦對這次刺殺事件始終耿耿於懷。聽完廷尉的工作彙報，劉邦又驚又怒，既然硬的不行，那就來軟的，於是他決定從貫高的好友入手。

這時候，一個叫洩公的人登場了。

這個洩公和貫高是在一個村子裡長大的，後來又都效力於劉邦。只是一個始終跟著趙王，一個跟著劉邦到了中央。

昔日的一對好友在獄中相見了。已是奄奄一息的貫高見了好友自然也很高興，必要的寒暄過後，兩人談起了故鄉，話匣子一開啟就像氾濫的洪水一發不可收。但是，洩公此行不是來敘舊的，他很快就刺探起趙王謀反之事來了。

人在獄中，死期在即，面對孤筆薄紙，心境可想而知。然而，此時面對洩公的「言行逼供」，貫高是這樣回答的：「有什麼比自己的性命還重要

呢？我之所以這樣袒護趙王，是因為趙王一直被矇在鼓裡，壓根兒就不知道刺殺一案。他沒做的事，難道我這個做臣子的硬要說他參與了才是說實話嗎？」

洩公完成了他的使命，可以去覆命了。

而這時的廷尉也沒閒著，他迅速審問了其他一些老臣，他們和貫高的口供是一樣的，都說整件事是他們自作主張，和趙王無半點瓜葛。而呂后這時也堅持進行說服工作。這個霸道的女人甚至說出這是劉邦想方設法剪除異姓之王的一場屠殺。呂后的話給了劉邦很大的震驚和壓力。

就這樣，這個案子查了又查，問了又問，最終得出的結論是：沒有一個人說刺殺是趙王主使的。

查無證據，又在輿論壓力之下，劉邦無可奈何地降趙王為宣平侯，將他無罪釋放。

放了趙王，那麼這次暗殺密謀的主使貫高該怎麼處置呢？這可是一個大問題。

這時候，劉邦也意識到了自己當時在對待趙王的態度上是不對的，再加上貫高面對嚴刑逼供威武不屈，面對軟磨硬泡也矢志不渝，因此他決定連貫高也一併無罪釋放。

洩公一聽劉邦肯放了貫高，自然很是高興，第一時間就去牢裡告訴好朋友這個消息。但令他意想不到的是，這一去竟是和好友訣別的。

「趙王被無罪釋放了。」貫高聽到這個消息，一下子從牢裡跳起來，大叫道：「蒼天啊，你果然開了眼！」

「不但趙王被放了，連你也一塊被赦免了。」洩公接著說。

「作為臣子，我卻謀害皇帝，還有什麼臉去見皇上呢！大錯已鑄，恐

怕是難以更改了。」貫高的反應出乎洩公的意料。

　　貫高說完這句話後突然把頭撞上了牆，頓時頭破血流，一代名臣就此歸去了。

　　總而言之，貫高的死令整個朝廷都震驚了。後來，無罪釋放的張敖親自穿上孝衣，為這個元老級忠臣舉行了一場隆重的葬禮，將一代名臣的忠骨埋在了他的家鄉。

第十六章　邊塞那些事

第十七章
太子保衛戰

宮心計

劉邦後宮有三個女人不可不講。她們是後宮第一夫人呂雉，後宮第一美人戚姬，後宮第二美人薄姬。

後宮第一夫人：呂雉。

呂后是劉邦的原配夫人，當年身為富婆的她委身下嫁劉邦，後又在楚漢之爭中被項羽擒至楚營達三年之久。都說人是會變的，劉邦當了皇帝後，呂雉也完成了自己的蛻變，由村婦變成了皇后。她言談舉止很有風度，不愧是出自名門。

打仗的時候，這個女人沒有展現出巾幗之風，但當了皇后之後，她注定將登上歷史的舞臺成為主角。在劉邦後宮的爾虞我詐之爭中，離不開總導演呂后的精心策劃。

後宮第一美人：戚姬。

前文提到，劉邦在彭城兵敗逃離項羽追殺的過程中，成功娶到了號稱楚國第二枝花的戚姬戚美人。那晚在陋室的萍水相逢，戚姬把自己獻給了劉邦這個半百老頭。也就是那一夜風流後，戚姬竟然懷了孕，還生下了一個白白胖胖的兒子 —— 劉如意。

劉邦得了天下後，並沒有忘記這位自己朝思暮想的大美女，馬上就把她接到了宮中。她的到來很快就把劉邦的心給吸引了過去。再加上她有白白胖胖的兒子做保證，因此，在劉邦心目中的地位大有一鶴沖天之勢。

也正是因為這樣，呂后馬上把戚姬列為後宮黑名單的榜首人物。

後宮第二美人：薄姬。

薄姬同樣是一位絕世美女。她原本是魏王魏豹的寵妃。魏豹後來不識時務背叛劉邦，致使韓信大軍壓境，最終落得個可悲下場。後來，劉邦無意中對薄姬的「驚鴻一瞥」，成就了一段姻緣。

值得一提的是，這個薄姬跟著魏豹時，魏豹總想她能為自己生個兒子，但她的肚子就是不爭氣。事實證明，還是劉邦的威力大。薄姬跟了他後，居然很快就懷孕了。十月懷胎後，薄姬生下的也是一個白白胖胖的兒子，劉邦給他取名為劉恆。母憑子貴，有了兒子撐腰，薄姬在劉邦心目中的地位也節節攀升起來。

由此可見，劉邦身邊最紅的三個女人都各有特點。呂后雖然人老珠黃，但擁有原配之宜，這是她最大也是最不可動搖的優勢。而戚姬和薄姬擁有如花般的臉蛋，年輕美貌是她們最大的優勢。

薄姬雖然無力撼動後宮的格局，但正是因為她的存在，後宮之中充滿了更大的變數和懸念。

這後宮三強還有一個共同的特點，那就是她們各自都生有一個白白胖胖的兒子。

呂后生的兒子叫劉盈，也就是現在的太子。戚姬生的兒子叫劉如意，後被封為趙王。薄姬生的兒子叫劉恆，後被封為代王。

都說三個女人一臺戲。劉邦後宮的好戲開始上演了。

首先出招的是戚姬。戚姬因為最受劉邦寵愛，所以吹枕邊風的機會就多。

「陛下的兒子很多都被封王了，為什麼不給如意封王呢？」戚美人開始「吹風」。

「朕的兒子自然都會有封號。如意還小啊，哪能當一國之君呢？」劉

邦搪塞著。

「他不能理朝，那就給他找一個好相國啊！臣妾只有這麼一個兒子，你不封他我心裡不安啊！」戚美人開始施壓了。

「沒問題，記住了。」事實證明，戚美人的渾身解數還未使全，劉邦就繳械投降了。

機會總是留給有準備的人。第一次親征匈奴很失敗、很受傷的劉邦回到洛陽，屁股還沒坐穩，他的胞兄劉仲就衣冠不整地闖進來，告訴他一個驚人的消息：「匈奴人已打到他的代地來了。」

劉邦正一肚子火氣沒處發，見劉仲這狼狽的樣子，他也不顧兄弟之情了，當即就罷免了他的代王職位，改立他為合陽侯。而新的代王自然而然就給了戚姬的兒子如意。劉邦還命陽夏侯陳豨為代相。

就這樣，在劉邦焦頭爛額之時，戚姬卻取得了自己和呂后之爭的第一場區域性勝利。

一招得手後，戚姬並沒有滿足，她再接再厲，第二招隨即出手。前面已經說過，經過長達數月的審理，趙王的冤案最終得到了公正的裁決。

不過，趙王張敖從此不再是趙王了，而變成了宣平侯。

那麼，趙王之位就空缺了出來，需要再立。立誰呢？劉邦想也沒想，就立了如意。有人提出疑問說如意已經是代王了，但劉邦反駁道：「他當了代王就不可以當趙王嗎？」就這樣，年僅八歲的如意馬上集兩王於一身，代地被納入趙地，如意成了趙王。

這一切都得歸功於他的母親戚姬。戚姬仗著劉邦的寵愛，不斷吹枕邊風，劉邦自然對她百依百順了。如此一來，她的兒子人雖然小，但官卻越做越大，風頭之勁蓋過了太子劉盈。

劉盈身為一個十多歲的小太子，正值逍遙快樂的年紀，哪裡會想到這個小小的如意已經威脅到了自己的太子地位。不過，他的母親，也就是大漢皇朝第一位皇后──呂后，自然不會袖手旁觀。

就目前的後宮之爭來看，前兩輪都呈一邊倒的局面。第一輪：劉邦封戚姬的兒子如意為代王，戚姬勝。第二輪：劉邦加封戚姬的兒子如意為趙王，戚姬再下一城。

前兩輪的爭鬥戚姬都取得了勝利。隨著形勢的變化，第三輪的爭奪顯得尤為關鍵。

如意被封了兩次王後，戚姬接下來還會僅僅滿足於多撈幾個王嗎？她已把目標直接鎖定在了太子之位。呂后不可能袖手旁觀，她將誓死力保自己兒子的太子之位。一時間，烽煙頓起，一場太子爭奪戰和保衛戰馬上就要拉開序幕了。

臣不能奉命

也許有人會說，這個戚姬胃口真大啊，這麼快就想把自己的兒子拉上太子位。不過，戚姬之所以這樣做，也是情非得已。

既然她是劉邦最寵愛的女人，就注定會這麼想這麼做。戚姬已是人在江湖，身不由己，不爭取也不行啊！自己的兒子既然當了代王、趙王，而如果不能當太子，那一旦劉邦歸西後，她和兒子還有活路嗎？

因此，除非戚姬像其他宮女一樣，是一個默默無聞、一點都不得寵、對呂后構不成任何威脅的人。如果是這樣，什麼都不用去幻想，平平安安

地過完一生就算是大富大貴了，但她不是，她已經沒有退路了。

戚姬和呂后的第三輪太子之爭是從一次狩獵開始的。這次狩獵，劉邦帶著太子劉盈以及寵妾戚姬。途中，有一隻大兔子在草叢中，劉邦想考驗太子的箭術，於是叫他射這隻兔子。

太子自然立刻上箭拉弓，但他拉滿了弓半天也沒有射出去。良久，他把弓放下吸了一口氣，然後再次拉弓，可惜還是沒有射出去，又放下弓吸了一口氣。如此反覆了幾次後，兔子被驚覺了，撒腳就是一陣猛跑，很快就不見了蹤影。

兔子都跑了，箭卻連射都沒有射出來，劉邦很生氣，後果很嚴重：「想不到你的箭術這麼差，不說射的本領了，連拉個弓都成這樣！」

這時候，還痴痴望著兔子遠去方向的劉盈收回了目光，很平靜地回了一句令人吃驚的話：「父皇，不是兒臣射術不精，是因為兒臣發現這隻兔子是一隻快要生小兔的母兔啊！兒臣每次弓要離手之時，都不忍下手啊！」

由此可見，當時的劉盈是多麼善良仁厚的少年啊！可惜當時劉邦並不買他的帳，說出了這樣一句意味深長的話來：「如此憨厚的小子將來能打理好朕的江山嗎？」

其實，劉邦這個感嘆也有一定的道理。試想，一個連一隻兔子都捨不得殺死的人，是不是太心軟了點呢？對平常人來說，心軟未必不好，但對將成為一國之君的人，他能把江山守住嗎？

從來官場如戰場，該出手時還是要出手，該狠心時也要狠心啊！做臣子的如此，做皇帝的亦是如此。

因為戚姬當時就在劉邦身邊，這一幕自然不能逃過她那雙美麗的慧

眼。於是回到宮中，戚姬就開始借題發揮了。她說話之前也很注重技巧，首先用盈盈玉手給劉邦斟了幾杯熱酒，然後等劉邦酒勁上來、情意正濃時，她張嘴了：「陛下以為，太子與如意哪一個更適合做皇帝呢？」

「如意。」劉邦想也沒想就答道。說完這句，他也不等戚姬相問就又解釋道，「太子太仁厚了，一點都不像我啊！」

「既然如此，太子一旦成了天子，他還能把你辛辛苦苦打下來的江山守住嗎？」戚姬反問道。

「恐怕有點難啊！」劉邦一想到太子打兔子那一幕就來氣。這樣的婦人之仁能成什麼大氣候？

「既然如此，陛下為什麼不立如意為太子呢？如意可不是一般的孩子，無論是彎弓射鵰還是琴棋書畫，無論是才情還是智商都比太子強上百倍千倍啊！」戚姬步步緊逼。

「這個恐怕不行，太子是很早的時候就立下的，不能隨意更改啊！」劉邦雖然有點醉意，但關鍵時刻腦子還是清醒的。

「有什麼能比江山更重要呢？」戚姬弱弱地反問了這麼一句。

美人更重要！當時劉邦心裡是這麼想的，愛江山更愛美人嘛。

「陛下難道僅僅以為我是在為兒子著想嗎？我這是為你們劉氏的萬代江山著想啊！」說著戚姬使出了女人的無敵殺手鐧 —— 眼淚。

她一把鼻涕一把眼淚，哭得那個梨花帶雨，哭得那個傷心欲絕，哭得那個昏天黑地。總之，哭得那個死去活來時，劉邦那個心疼啊沒法形容，他只能下定決心換太子。

換立太子的事很快就被提上了日程。當然，呂后也不是吃素的，她早已聞到風聲，並密切地注視著劉邦的一舉一動，思忖著對策。沒多久，劉

邦就召集朝中文武重臣，開始商量換太子的事。呂后此時也沒閒著，她專心致志地躲在大殿的東廂房裡，當了一回忠實的觀眾。

呂后雖然緊張異常，但她並沒有慌張，因為以她的聰明才智和高人一等的判斷力，早已算定了擁護原太子劉盈的人會多些，因為畢竟太子是在楚漢相爭時就立了的，又沒有什麼大的過錯，怎麼能說廢就廢呢？

劉邦待眾人都到齊後，說出了他這次召集眾臣的最終目的：換立太子。他的話剛一出口，眾臣的反對之聲就如滔滔流水不絕於耳。

「自古廢長立幼乃是取亂之道。秦始皇就是沒有早立長子扶蘇為太子，才使趙高這樣的奸臣統領政權，把大好江山白白葬送了，這是前車之鑑啊！」

「太子沒有什麼過錯，憑什麼換了他？」

「呂后對漢室江山既有功勞，又有苦勞，她的兒子是最佳繼承人。當初陛下參加起義時，呂家人傾家蕩產地支持，可以說沒有呂后就沒有漢王朝的今天。」

……

幾乎所有在場的大臣都在口沫橫飛地闡述反對換太子的理由時，眾臣中唯有周昌一個人傻傻地站在那裡，臉紅得像三月裡的姑娘，一個字也沒有說。

正所謂，眾口鑠金，積毀銷骨。劉邦見眾人這般咄咄逼人的架勢，也不禁心有餘悸，於是把目光投向了周昌。他把全部希望都寄託在了周昌這根救命稻草上：「周愛卿，你說如何呢？」

劉邦這樣問是有目的的。一來如果周昌說可以換太子，那麼他的底氣又會上來，雖然只有一個人支持，但總比沒有人支持好。更何況周昌素來

以寬厚仁義著稱，在眾臣中還是很有分量的。二來如果周昌不贊成，他也正好有一個臺階可下，大不了順著他的意思，更換太子的事就此作罷。

不過劉邦此時竟然忘了周昌有口吃的毛病。他這一問，那周昌可憋了大半天才擠出這麼一句話來：「陛……陛下……廢……廢掉太子，臣……臣……臣不能奉命……」

眾人聞言都一改緊繃的臉，大笑起來。劉邦也笑起來了。話說到這個地步了，他還能說什麼呢？廢立太子的事只能這樣暫且作罷了。

眾人退朝後，呂后找到了周昌。她不顧自己的身分和地位，竟然給這個「救命恩人」下跪了。周昌當時那個震驚和感動都是溢於言表的。在個人羽翼未豐時，呂后就是這樣隱忍著來拉攏朝中大臣，讓他們忠心耿耿地效忠自己和太子的。

透過廢立太子的事，戚姬和呂后雙方的較量再度更新。如果說以前她們在後宮的爭奪還是猶抱琵琶半遮面的話，現在就已經撕破臉皮進行公開的較量了，由暗鬥變成了明爭。可惜的是，在這極為關鍵，可以說成敗在此一舉的第三輪較量中，戚姬幾乎耗盡了全部力量，但最後獲勝的卻是呂后。

這一輪的失利，對戚姬的打擊是巨大的。可以毫不誇張地說，戚姬已有一隻腳站在懸崖的邊緣了。她本來以為把劉邦搞定，太子一事就搞定了，然而，她一直苦苦等待的好消息沒有來，滿臉陰沉的劉邦來了。

劉邦陰沉的臉已經告訴了她一切。一切盡在不言中，戚姬滿懷喜悅的期待頓時化為烏有。她甚至怎麼都想不明白為，什麼皇帝也有做不成的事。直到這時，她才知道事態的嚴重性。她這才後悔起來，看來廢立太子這步棋自己走得太匆忙、太草率了，她滿以為這步棋怎麼走都可以穩操勝

券，但棋盤上的風雲變幻出乎了她的意料。一步行來錯，回頭已百年。戚姬又不是傻子，她知道自己一旦失敗，面臨的將是萬劫不復。

因此，在劉邦面前，她又使出了殺手鐧——眼淚。事實證明，她的殺手鐧每次都是奏效的，劉邦原本受傷的心沒有人去安慰，現在反而需要來安慰別人了。於是他向最心愛的女人立下了這樣一份保證書：好男人不應該讓心愛的女人受一點點傷……

戚姬有了劉邦的保證，雖然稍稍寬心，但她心中的疙瘩卻是如烏雲般揮之不去。從此，她的臉上再也沒有笑容了。

劉邦看在眼裡急在心裡。昔日周幽王弄了個「烽火戲諸侯」，只是為了博他最心愛的紅顏一笑。千金難買一笑。怎樣才能讓自己心愛的女人放下心中那千千結，重新展開笑顏呢？

這時，御史趙堯主動獻計了。他只說了十個字：為趙王選相，萬事無憂矣。

劉邦是明白人，一聽就明白是怎麼回事，他馬上就召周昌進殿來。這周昌在上次開換立太子大會時，雖然也是反對派，但正是他那幽默搞笑的「臣不能奉命」解了劉邦的圍，讓他有臺階可下。再加上周昌在楚漢相爭中也立下了汗馬功勞，在眾臣中的威望是很高的。

當劉邦說出了要立他為趙王的代相時，本來已被呂后那一跪震驚到的周昌一個趔趄差點跌倒。他也是個明白人，他很想做個中立派，他知道自己一旦捲入這場後宮的爭奪戰中，將會引火燒身。

然而，此時君命如山，他又怎能違背呢？就這樣，不久，周昌護著如意離京上任去了。太子爭奪戰總算暫時告一段落，這場戰役最終以戚姬的失敗告終。

　　而戚姬仗著劉邦簽發的「保證書」，表面上仍可高枕無憂，但劉邦將來百年之後，他的「保證書」失效後，她該怎麼辦呢？她能鬥得過心狠手辣的呂后嗎？他兒子有周昌輔佐就真能永保平安嗎？

反就一個字

　　周昌是個正直的人，但正直的人也得為人做事，也有自己的一畝三分地，也不可避免地要為自己的利益著想。也正因為如此，周昌上任後，就和陳豨起了衝突。

　　在分封大會時，陳豨被劉邦封為陽夏侯。後來，劉邦經不住戚美人的蠱惑，封如意為代王時，由於如意太小，戚姬又捨不得讓她才八歲的寶貝兒子遠離自己去代地上任，於是陳豨的身分轉身一變，由「陽夏侯」變成了代國的「代相」。

　　由於如意還是個小孩，代國之地就是陳豨說了算。說白了，他就好比是代王。也正因為這樣，代地的英雄豪傑無不對他敬重有加。而陳豨又禮賢下士，因此更得人心，陳府每天都門庭若市。

　　周昌來了之後，代替了陳豨的地位，成了代相。陳豨則光榮地退居二線了。對此，陳豨並無怨言，相反，他對周昌還是很敬重的，經常去「問候」這個新代相。

　　然而，陳豨如果像普通人一樣去找周昌，以周昌的為人和性情自然是很樂意的，但問題就出在每次去周府時，陳豨都太過重視自己的禮儀了。他每次隨行的人員都有近千人，車子近百輛，

這樣壯觀的場面著實讓周昌吃驚啊！他經常在劉邦身邊，就算皇帝出巡也不過千把人，而這個陳豨的出訪竟然可以跟皇帝相媲美。

第一次，周昌除了驚羨外，並沒有其他的想法。第二次，周昌除了感慨外，也沒有其他的想法。第三次，周昌除了驚羨和感慨外，就有其他的想法了。周昌再也坐不住了，馬上趕到京城去見劉邦，並且以密談的形式說出了陳豨的「作風問題」。

劉邦聽說自己至高無上的權威受到了挑釁，怒不可遏，於是下令御史府（相當於現代的最高檢察院）全權負責調查這件事。御史府的官員們一番忙碌的調查後，得出的結論和周昌的幾乎一模一樣：陳豨很多舉動反常，似有造反之意。

陳豨很快知道了劉邦派人來祕密調查的事，他意識到事情的嚴重性，於是馬上召開了一次內部政治會議。會議一開始，陳豨就丟擲劉邦調查自己這個話題，問他的部下該怎麼辦。他手下這些門客正唯恐天下不亂，馬上給陳豨舉了兩個例子來告誡他。

例一，韓信在楚漢爭霸中造成了力挽狂瀾、扭轉乾坤的作用，如今卻被除去了封國降為侯，現在還「軟禁」在京城中，空有侯名，什麼事都不能做。

例二，原趙王張敖是劉邦的女婿，根本就沒有反意，卻以「莫須有」的罪名被除去了封王降為侯。

兩個例子一舉出，陳豨的心頓時涼了半截，都說用人不疑，疑人不用，既然劉邦都對自己起了疑心，那他還坐在這裡做什麼，難道坐等劉邦揮刀來砍自己的頭顱嗎？思來想去，陳豨最終決定造反。

當然，他反之前，還想去說服一個人，只要這個人肯和他聯手，那麼

他成功的機會就會大大增加。

　　這個人就是淮陰侯韓信，統軍百萬的帥才，帶兵打仗，戰無不勝，天下英雄無人能出其右。

　　陳豨派了一個說客對韓信進行說服工作。韓信看完陳豨的信後，半晌才說出這樣一句話來：「當初我兵權在握，謀士蒯徹勸我反叛，那時如果反，可能現在就是三分天下了，但當時我沒心動。現在天下形勢已定，我不想再蹚這渾水了。」說客沒有說服韓信，只得回去交差。

　　就在陳豨密謀造反的時候，劉邦也沒有閒著。他忙得很，因為他痛恨也深愛著的父親劉太公去世了。之所以說痛恨，是因為當年劉太公對他太有偏見了，總是看不起他。他甚至還清楚地記得父親當年那句常掛在嘴邊的「不務正業的小子」，那句話像一片烏雲在他心頭揮之不去。那時候他對父親是有看法的，說白了，他心裡還帶著些許恨意。

　　那一年的元旦，劉邦舉行了朝中盛宴，劉太公作為太上皇自然也參加了。酒席上的劉邦突然想起不堪回首的往事來，心中有點泛酸，於是，他就對劉太公說了這樣一句話：「記得在家時，父親大人總說我不務正業，還總是說我不如二哥。父親大人，現在你覺得你兩個兒子誰的產業大呢？」

　　太上皇很是尷尬，只是笑笑，什麼也沒有說。

　　但父親畢竟是父親，母親早逝，對劉邦來說，他只有這麼一個父親了。因此，他原諒了父親當年的偏心。為此，他還為這個可愛的父親建了一個「仿中陽里村」，讓父親住在宮中也像回到了家鄉一樣。

　　種種跡象表明，劉邦大有對父親越來越好之跡象，但就在這時候劉太公走到了人生的盡頭。看來他真是福大命不大啊！

　　皇帝父親的葬禮自然安排得很隆重。因此，朝中的大臣也就都要來參加。陳豨也收到請柬了。收到請柬後，他就犯難了：「該怎麼辦呢？是不是該去呢？如果去了會不會有危險呢？」

　　這時，他的部下提醒他說：「當初劉邦就是利用狩獵的機會把韓信擒住的。這次劉邦既然對大王您已產生了懷疑，現在去參加葬禮肯定凶多吉少啊！」

　　「是啊，這麼說來那是不能去了。既然不能去，那就只有立即起兵這一條路可走了。」被逼上梁山的陳豨痛下了決心。

　　西元前197年秋，陳豨與韓王信的部將王黃、曼丘臣等人正式起兵造反。

　　陳豨自立為代王，發兵攻打趙、代之地，但劉邦早有提防，於是他草草辦理了父親的葬禮，然後親自帶著大軍來平叛了。劉邦的大軍走到代地附近（邯鄲），就下令安營紮寨不再前進。他在這裡做了三件安撫人心的事。

　　第一，免去丟失了二十多座城池的常山太守與太尉的罪過，並且繼續重用他們為常山太守與太尉，火速滅敵。

　　第二，在趙地找了四個壯士，封他們四人為將，賜一千戶封邑。讓他們充當先鋒隊，為其他各路大軍的到來贏得了寶貴時間。

　　第三，花費大量的金銀珠寶去收買王黃和曼丘臣的部下，在金錢效應的帶動下，讓王黃和曼丘臣兩人幾乎成了光桿司令。

　　做了這幾件事後，劉邦採用了武俠中最為經典的武功招數：以靜制動。面對劉邦的「不動」，陳豨卻坐不住了，他開始行動，把自己的部下分成了三路來和劉邦展開對戰。

第一路：由王黃、曼丘臣帶兵一千（只有這麼多人可派了，因為他手下的士兵紛紛倒戈到劉邦那裡去了）屯於曲逆。

第二路：由張春率一萬人渡過黃河攻聊城，侯敞負責接應。

第三路：趙利守東垣，另勾搭上韓王信共同進軍。

「敵不動，己不動，敵若動，己先動。」這是武學中的至理名言。

看似劉邦在邯鄲靜悄悄的，但陳豨剛剛行動，劉邦就行動了。劉邦採取的是最穩妥也最安全實惠的辦法：瞄準目標，各個擊破。

劉邦針對陳豨的叛軍進行了如下部署：

第一路：由郭蒙及曹參對付張春。

第二路：由樊噲來對付侯敞一路。

第三路：由灌嬰去曲逆，目標直指王黃、曼丘臣。

第四路：由柴武負責去平定韓王。

劉邦則親自率大軍，任酈商和夏侯嬰為大前鋒，直逼東垣。

以上是劉邦針對陳豨而出的招。除此之外，劉邦派了周勃去偷襲趙地的都城（陳豨的老窩）。事實證明，劉邦果然是出色的軍事家，以牙還牙，雙方對陣的結果均以漢軍告捷結束。

周勃不負眾望，他的大軍以最快的速度蕩平了武郡，動搖了陳豨的根基。接著，捷報頻傳：郭蒙大敗張春；樊噲平定清河常山，斬殺了侯敞；灌嬰更是勢不可當，趕走了王黃和曼丘臣。

面對各路大軍的全線勝利，劉邦親自坐鎮的這一路同樣不甘落後，他們也順利拿下了趙利守的東垣城。對陳豨打擊更大的是，王黃和曼丘臣被灌嬰打敗，押送給了劉邦，免去了劉邦一番「相思」之苦。對待甲級戰

犯，劉邦不再心慈手軟，馬上把這兩人送上了斷頭臺。

　　而此時唯一不明朗的就是柴武對韓王信這一路了。

　　韓王信投靠匈奴後，心裡並不快活。他雖然得到了冒頓的重用，但再多的錢財也不能消除雙方血性上的差異。更要命的是，他忍不住思鄉之情了。都說葉落歸根，他也早已過了不惑之年，想到自己的下半輩子將再也無法回到家鄉了，他心裡那是什麼滋味，誰也說不清。

　　也正是因為這樣，接到陳豨的求救信後，他便決定南下支援，順便回到中原去看看。然而，這一看，又看到了什麼呢？他剛剛出發，就看見了一個故友——柴武。

　　也不知是巧合還是劉邦的故意安排，兩個昔日好朋友此時卻在戰場上相遇了。兩人眉目傳情了一陣，並沒有交手的意思。雙方就此僵持著。

　　但是，柴武的仁慈之心很快就消除了，因為這時其他各路大軍已頻頻告捷了。唯有他這一路還是靜悄悄的沒有一點動靜。

　　「如果主子將來怪罪下來，我的烏紗帽就不保了。我豈能為了友情，而葬送了美好的未來？」柴武想到這裡，拔出身邊的劍，一劍斬斷自己的衣袍。

　　既然此情無計可消除，那我就來個割袍斷義好了。柴武割袍斷義後，老友的情義才下眉頭，計謀就上心頭了。當然，說是計，也是最簡單的計謀而已，因為柴武來了個突然大撤軍。

　　本來敘舊的好朋友突然走了，韓王信心裡很是失落，於是他馬上決定去追擊。當然，他此時追的目的也不再是想跟柴武重修於好，而是想捉住他去向冒頓請功。

　　可惜，事實證明，韓王信沒有經過大腦的這一舉動是很不明智的。他

追啊追，當追入一片叢林時，他的人生也走到了盡頭。中了埋伏的韓王信被好友柴武親手斬於馬下。

最後，走投無路的陳豨只好選擇了走韓王信的老路 —— 投靠匈奴。

穿老鞋走新路，那叫不拘一格；穿新鞋走老路，那叫故步自封。陳豨投靠匈奴便是穿新鞋走老路之舉。事實證明，他走這條路，不僅傷了腳，而且走向了一條不歸路。

平定陳豨的叛亂後，劉邦馬上又對趙、代兩地分而治之。趙王如意管他的趙地，代地由他的另一個寶貝兒子劉恆來掌管。

這個劉恆乃是劉邦另一個愛妃薄姬的兒子。除了戚姬，劉邦最寵愛的就是薄姬了。如果說戚姬如同山野裡嬌小可人的百合花的話，那麼薄姬就是幽谷妖嬈冷豔的鬱金香。

劉邦雖然也喜歡這個冷美人，但畢竟他最愛的還是熱美人 —— 戚姬。再加上他後宮佳麗三千，因此，冷落冷美人也在情理之中了。

說白了，封劉恆為代王，就是劉邦對薄姬的一種補償。而即將去上任的新代王劉恆馬上就得寸進尺，向劉邦提出了一個更為苛刻的條件。他以自己年幼為名，要求母親薄姬一同去上任。

劉恆這樣做是有深意的（其實是薄姬教劉恆這樣做的）。一方面母親在宮中遭冷遇，本來就可有可無；另一方面卻是因為後宮之爭。前段時間戚姬和皇后的太子之爭，已讓後宮之爭的問題真真切切地擺在眾人面前了。

呂后現在正在拉攏後宮的其他貴妃們。而戚姬仗著是劉邦最寵的妃子，也不甘落後，自然會全力出擊。薄姬也是聰明人，她自然不願意捲入後宮的是是非非中。

海闊憑魚躍，天高任鳥飛。離開是最明智的選擇。然而，她到代地後就真的可以黯淡刀光劍影，穩處一方平安嗎？

成也蕭何，敗也蕭何

物以類聚，人以群分。芸芸眾生，於紛繁複雜的社會生活中，總是有序無序地分分合合、散散聚聚。「觀其友，知其人」時常是應驗的。慎重交友，理論上說容易，做起來又較難。人與人之間，相識相知，需要一個過程，也需要經事歷變。不論畏友、密友，不論暱友、賊友，都不會一下子認清辨識出來。朋友之間，情義無價。順境與逆境，辨別度是不一樣的。順境識人，熱霧滿目；逆境識人，冷清可見。鑑別、考驗往往在危難之時。

大家都知道，韓信之所以能發跡，之所以能被劉邦重用，完全是蕭何的功勞。當時他不斷地向劉邦推薦，並且不惜追出千里去挽留這個人才，才使得這個當年默默無聞的人才得到了劉邦的重用。

劉邦拜韓信為大將軍後，韓信終於走上了歷史的舞臺，特別是東歸時，他對漢中三王初試牛刀後，其天才般的軍事才華終於有了用武之地。因此，功成名就後的韓信感謝了很多人。感謝生他養他的父母，感謝小時候給他熱饙饙的漂母，甚至還感謝那個逼他忍受胯下之辱的小混混。而在韓信心裡，他最想感謝的人就是蕭何。

這是一份摯友之情，密友之意，暱友之親。然而，人生的風雲變化是紛紛擾擾，醉亂人眼的。

　　前面已經說了，陳豨被劉邦逼得叛亂時，他首先想到的就是聯合用兵如神的韓信一起造反。而韓信雖然被劉邦連降三級，一再打壓，卻早已抱定了「咬定青山不放鬆」的忠誠思想。但事情的發展並不允許韓信得過且過地活下去。正所謂，樹欲靜而風不止。直接拉韓信下水的是他手下一個叫尹中勝的人。

　　尹中勝悄悄地到呂后那裡告發韓信造反，不為名也不為利，就是為了他哥哥尹中魁。

　　其實，尹中勝的哥哥尹中魁也沒做什麼大事，只做了一些勾搭女人的偷情勾當，誰知卻惹到韓信的頭上來了。尹中魁利用英俊的外表和韓信一個侍妾陳姬好上了。如果韓信不發現那倒也罷了，但韓信是什麼人物，他不知道的事，自然也會有人告訴他。告訴韓信這件事的是他的另一個侍妾孫姬。告發的原因不說大家也明白，同是侍妾相煎能不急嗎？

　　韓信雖然是率兵百萬的帥才，為人做事也不拘小節，但他又豈容別人動自己的女人呢？於是尹中魁馬上去蹲監獄了。韓信立刻派人審訊他，待證據齊全後，他就要向尹中魁開刀問斬了。

　　對這一切，尹中魁的弟弟尹中勝看在眼裡急在心裡，他馬上就想出了一條救兄長的妙計來：在前不久陳豨派來使者說服韓信造反的事上大做文章。

　　尹中勝的造訪正中呂后下懷。此時，她已成功捍衛了自己兒子的太子之位，正野心勃勃地想在朝中樹立自己的威信，於是，韓信很光榮地成了她的磨刀石。呂后知道韓信也不是省油的燈，要對付他也不容易，於是她找來了一個得力的幫手——蕭何。兩人在密室中進行了一次對話。

　　「韓信吃了豹子膽，居然想與陳豨裡應外合來造反，該如何處理這件

事啊？」呂后直接問。

「證據何在？」蕭何吃了一驚，輕聲反問道。

「都是尹中勝的舉報，他說韓信要趁高祖出征之際襲擊太子啊！」呂后說道。

「口說無憑，只有拿到他造反的真憑實據才能定罪啊！」蕭何其實對韓信還是挺信任的。

「當年韓信是你一手推薦和提拔起來的，如果真出了什麼大事，只怕你這個做丞相的也脫不了關係啊！」

這句話說到蕭何心坎裡去了，他默然不語起來。

「韓信不服朝廷管理已經很多年了，如今又要謀反叛亂，這樣的人留著豈不是對我大漢皇朝的威脅？」

「皇后的意思是……」蕭何看著呂后眼神中透露出來的殺機，感到了一絲寒意。

「你既然已明白，就出一個主意吧，能把韓信神不知鬼不覺地殺掉最好。」

「是……臣……這就想想。」蕭何已是滿頭大汗了。

隨後，聰明的蕭何出了一個主意：誘殲韓信。

「我們先造聲勢，佯說高祖已凱旋，陳豨也已被擒住了。朝中大臣聽到這樣的好消息必定都會前來朝賀。到時候，韓信如果能自動送上門來最好，如果他不來，也不用著急，我親自去請他來。這樣，皇后您只需要先派殺手埋伏在宮中，韓信一到，就殺無赦。」

這無疑是一個絕佳的好主意，呂后連連稱好。於是蕭何馬上就把這件

事付諸行動了。

聽到劉邦平叛陳豨凱旋的消息，朝中大臣們的反應很是積極熱烈，第一時間紛紛到朝中表示祝賀。只有韓信的臉上面無表情，無喜、無嗔、無怒、無怨，難道他是真的已修練得心靜如水了嗎？

答案是否定的。其實在他內心裡，他真希望劉邦這次最好是失敗，敗得一塌糊塗最好。如果是這樣，已被「架空」的他才會再次顯示存在的價值，吃了敗仗的劉邦也許才會想到用兵如神的他。因此，聽了劉邦大獲全勝的消息，他反應很冷淡，並沒有像其他大臣一樣去朝中道賀。

既然韓信不肯自動送上門來，蕭何於是採用了下策，親自去請韓信。到了韓府，韓信正在下圍棋。一番寒暄後，蕭何來了個單刀直入：「近日從前線傳來好消息，高祖打敗了陳豨，馬上就要回朝了，這件事你不會不知道吧？」

「聽到了一點風聲。」韓信淡淡地答道。

「既如此，大臣們都去朝中道賀，為何唯獨不見你去呢？」蕭何反問。「我近日身子不舒服，所以……」韓信搪塞道。

「你是朝中重臣，別人都去了，你不去，只怕有點說不過去啊！」蕭何說道，「今兒我正好有空，不如我陪你去宮中轉轉吧！」

「如此，恭敬不如從命了。」韓信對這位大恩人哪裡會有提防呢！

就這樣，韓信當即換了衣服跟著蕭何去了宮中。這一去，便成了韓信人生中的絕唱。韓信剛踏進宮中的大門，早已「恭候」多時的武士們就把他捆成了個「活木椿」。

驚呆了的韓信，急忙回過頭找蕭何求救，這時卻發現蕭何已沒了蹤跡。

利則相攘，患則相傾，從摯友、密友、暱友到賊友只隔著一扇門，這

對韓信來說的確是一件悲哀的事。

「罪人韓信，你可知罪？」蕭何走了，呂后出現了，她來了一個下馬威。

「臣何罪之有？」韓信反問道。

呂后隨後說出了韓信兩項罪名。

「陳豨被高祖擒住後（純屬呂后信口雌黃，陳豨此時正在匈奴那邊「度假」呢），已供出你和他有暗謀之實，想裡應外合來對付朝廷。不僅如此，你府中的舍人尹中魁之弟供出你和陳豨有書信來往。」

隨後，呂后就直接宣布，韓信「謀殺」罪名成立，判處死刑，並立即對他施行了「虎頭鍘」。

可憐的韓信哪裡說得出一句爭辯的話來，只是在頭顱掉下來的那一剎那，吟出這樣一句挺有深意的話來：「悔當初沒有聽從蒯徹之言，如今居然栽在一個女人的手上，這是天意啊！」

將略兵機命世雄，蒼黃鐘室嘆良弓。一代名將就此乘風而去，這就是「成也蕭何，敗也蕭何」的由來。

而劉邦平定陳豨造反後，回到朝中就聽到韓信死的事，他的反應是喜憂參半。喜的是韓信一直是他的眼中釘肉中刺，現如今釘拔了刺沒了，一大心病也就消除了；憂的是呂后以這種赤裸裸的方式直接就把韓信「咔嚓」了還是不妥的，至少朝中的大臣會有看法的。

只是他知道事已至此，已無彌補的餘地了。當然，劉邦就是劉邦，對細微之處的把握恐怕比女人還要敏感。韓信臨死前那句話，又讓他勞師動眾地去尋找一個人 —— 蒯徹。

成了通緝犯的蒯徹馬上就被抓住了。劉邦聽說蒯徹被擒後，親自來審

訊這個有反意的人。

「聽說你當初曾力勸韓信造反，可有此事？」劉邦的審訊以問話的形式展開。

蒯徹沒有多大的驚慌，答道：「是又如何，不是又如何？」

劉邦終於大怒了，他認為審訊沒必要再進行下去了，馬上給蒯徹下達了煮殺的極刑。

「你既然這麼嘴硬，就讓你清清白白地來到這個世上，然後再清清白白地去吧！」

「且慢，臣是冤枉的。」關鍵時刻，蒯徹還是鎮定自若。

「你散布反大漢帝國的言行，罪不可恕，何冤之有？」劉邦當年跟項羽交戰久了，也學會了「獅子吼」功夫，只可惜他的火候跟項羽來比相差何止十萬八千里。

對此，蒯徹進行了這場辯論賽的最後陳述：「此一時，彼一時，當初天下混亂，英雄並起，不想當元帥的士兵不是好士兵，因此，我勸我的主子反叛，好立下千秋功業。可惜他並沒有聽從我的意見，否則我和他也不會落到如此地步了。當時想成大業的英雄那麼多，難道陛下您都要煮了不成？」

劉邦聞言半晌說不出話來，蒯徹這是大徹大悟之感言，還是發自肺腑之言已並不重要了，重要的是這話說得確實高深，寓意太深了。於是，劉邦收回成命，放了蒯徹。

蒯徹出了宮後，並沒有急著離開，而是直奔韓信那座孤墳而去。他沒有像尋常人那樣對韓信磕頭祭拜，他只祭不拜，因為他對自己這個主子感到惋惜的同時也很痛惜，如果他當初能聽自己的話，結果就不會是這樣了。

屋漏偏逢連夜雨

　　韓信平白無故地被呂后的妙計處理掉後，天下並沒有就此太平。相反，呂后草率的行為造成了很嚴重的後果。

　　第一個站出來反對劉邦的就是彭越。當然，與其說是彭越居安思危主動站出來反劉邦，還不如說是被劉邦逼起來造反的又一典型案例。

　　劉邦去平叛陳豨時，曾令彭越一道前去，但當時彭越以身體有疾為由，推託不去。按理說人家有病不能去，作為一國之君應該體諒一下，但劉邦當時卻不這麼認為，為此還大發雷霆。

　　「現在叫你彭越出征，你彭越以病推託。怎麼會這麼巧，一到關鍵時刻就病了？什麼病，怎麼早不生晚不生，偏這個時候生？」當時有點憤怒的劉邦就寫了一封信送到彭越那裡，極盡挖苦之能事。

　　看了信後，彭越心裡不好受，憂鬱病馬上發作了。他的憂鬱也不無道理，自劉邦奪得天下後，到現在誅殺的諸侯王也有好幾個了。

　　燕王臧荼第一個被他殺掉，但好歹這個人死有餘辜（誰叫他整天高喊著「我要造反」）。隨後楚王韓信突然連降三級，讓人丈二和尚摸不著頭緒。接著韓王信被逼著投靠匈奴，後又被劉邦的大軍所滅。這幾個人除了燕王臧荼是主動扯起造反的大旗，其他人都是沒有造反或被逼著造反的。居安思危，彭越心裡就想：「劉邦的下一個目標該不會是我吧？」

　　正巧這時，韓信又被斬了。這下彭越就再也坐不下去了。他馬上召集心腹召開了一次政治會議，討論下一步該何去何從。

　　會議開始後，部將們就以手中無一兵一卒的韓信被冤殺為突破口，力

勸彭越起兵造反。但面對部將一浪高過一浪的造反聲，彭越卻總是搖搖頭，並且說出了自己不想造反的三點理由：「其一，劉邦封我為王，待我不薄，我怎能輕易言反？其二，退一萬步來講，此時的漢王朝已強大無比，就算想造反，也只有一個結果：死路一條。其三，我自己的死是小事，但不能牽連我的家人及眾將你們啊！」

但他的觀點並沒有得到部下的共鳴，相反，這些部將馬上進行了最強而有力的反駁。理由同樣有三：其一，誅殺功臣是每個開國君主的「優良」傳統作風，高祖劉邦只怕有過之而無不及。其二，韓信已是前車之鑑，劉邦的下一個目標已經鎖定在大王您的身上了。其三，劉邦現在召您去朝廷，如果大王真的應召而去，那麼結果只能是步韓信的後塵 —— 死路一條。

這下，彭越左右為難了。他一時拿不定主意。但真要他現在去造反，就算他有反心，也沒有反膽啊！於是彭越選擇了「等」的戰術，他決定等到劉邦消了氣，再去負荊請罪，化干戈為玉帛。然而，樹欲靜而風不止，就在彭越還想劉邦能回心轉意時，一件芝麻大的小事卻把他直接給逼上了梁山。

這件小事得從彭越手下一個叫蔣公的人說起。這個蔣公因為和彭越是老鄉，再加上他以前行軍打仗時，每每都身先士卒衝在前面，屢立戰功，因此，在彭越被劉邦封為梁王後，彭越也讓蔣公做了自己的太僕（類似於祕書）。

這太僕以前在行軍打仗時是個好士兵，但當了太僕後，他的人生觀念就轉變了，信念也腐化墮落了。太僕仗著是梁王身邊的大紅人，目中無人，目空一切起來。

一次，他喝了酒，駕著自己的豪華馬車四處蹓躂，並美其名曰兜風。

人家兜風一般是到人少景美的地方去，但他為了顯示自己的百裡挑一，與眾不同，兜風時哪裡人多就往哪裡鑽。於是鬧市成了他的首選地。

駕著豪華馬車在鬧市上橫衝直撞，這樣的回頭率肯定是很高的，太僕也著實風光了一把。但太僕這種飄飄然的美好感覺並沒有維持多久，就被刺鼻的血腥味給沖淡了：他的馬車撞死了街上一個路人。

殺人者償命。彭越在法律問題上，一向以鐵面無私著稱，接到群眾的聯名舉報後，他毫不手軟，把太僕囚禁起來，準備從嚴從重處理這件案子。

被關在黑屋裡的太僕酒醒後不由冷汗如雨，單就這次撞死人的事，他就該被砍頭了，要是以前的罪行都被彭越知道了，他的頭掉一百次也不夠啊！於是他苦思脫身之法。

彭越念其往日情分，只是把他關在一間通風良好的黑屋子裡，並沒有把他打入「地牢」裡去。這給太僕的出逃創造了機會。他先把捆在雙手上的繩子在石牆上摩擦著，費盡九牛二虎之力磨斷繩子後，再施展「壁虎爬牆」的功夫，從通風條件良好的破漏黑屋頂上爬了出去。

逃出黑屋後，太僕一不做二不休，直接就上京城向劉邦告狀去了。他駕車撞死了人，現在卻來了個惡人先告狀，狀告彭越謀反。

劉邦一聽又有一個謀反的，怒不可遏，他馬上派人去梁地把不明所以的彭越給抓了起來。彭越被交由相當於御史的王恬開來審訊。

這個王恬開行軍打仗、治國安邦的本領沒有，但見風使舵、溜鬚拍馬的本事卻無人能及。

他透過察言觀色，暗自窺探，已明白了劉邦的心意。於是，他沒有找

到彭越造反的確切證據，隨便審了幾下，就判決：彭越謀反罪名成立，判處死刑。

判了彭越的死刑後，按理說劉邦理應滿意了，這不是他一直想要的結果嗎？然而，當彭越真的被判了死罪後，劉邦卻又猶豫了。呂后已經錯殺了一個韓信，如果這時又把彭越殺掉，只怕真會惹怒其他諸侯。群臣激怒，到時候只怕又會生出一些是非來。

思來想去，劉邦最終推翻了王恬開的判罰，進行了終極判罰：免去彭越的死罪，給他留一點活罪。當然，這活罪也不單單是重杖屁股這麼簡單，而是直接把他流放到蜀郡那片荒涼之地去了。

劉邦當年被項羽趕到那個荒涼無比的漢中，此時也讓彭越去那裡體驗一下生活，這叫有福同享，有難同當。按理說死裡逃生的彭越撿回了一條性命後，理應馬上去上任才對。但是，他心中總是覺得憤憤不平，甚至還想直接去找劉邦讓他回心轉意。

但此時絕情的劉邦已打定了主意避而不見，彭越吃了數次閉門羹後，才不得不慢慢收奔赴蜀地，然而他內心還在等待劉邦的回心轉意。最終，他沒有等到劉邦赦免他的詔書，相反卻等來了一個女煞星 —— 呂后。

這時彭越就像病急亂投醫一樣，見了呂后，就像抓住了一根救命稻草一樣。他直接就向呂后訴苦了，他信誓旦旦地說自己從來沒有想過造反，說到動情處不禁淚水漣漣。

「讓你受委屈了。」等彭越說也說完了，哭也哭夠了，呂后這才安慰道，「這樣吧，你也別往蜀地去了，跟我去見皇帝吧！我幫你美言幾句，讓你官復原職。」

「多謝！」彭越感激的淚水在眼眶中直打轉。於是，他放著好好的蜀

地不去了，又鬼使神差般跟著呂后回皇宮了。他滿以為憑著呂后跟自己這次「美妙的邂逅」，自己梁王的位置將失而復得。但他哪裡知道，他這一次回京城竟是人生的終點。

呂后見到劉邦後，直接說出放彭越去蜀地等於是放虎歸山。面對呂后不斷放大的「因果論」，劉邦心中也是一顫一顫的，嘴裡直叫道：「如此，我該怎麼辦，我該怎麼辦？那彭越已確定去蜀地了啊，總不能再派人去追回來吧！那樣等於是自己打了自己一個耳光啊！」

「這個你不用操心，人我已經請來了。」呂后說到這裡狡黠地一笑。

於是，彭越在盼星星、盼月亮、盼呂后的好消息時，盼來的卻是又一張逮捕令，罪名是在前往蜀地的途中招兵買馬，欲有不軌之舉。

彭越又回到了那個熟悉的監獄，直到這時他才感到了前所未有的寒意。最毒婦人心，可惜他明白得太晚了。可憐的彭越最終落得和韓信一樣的下場。

呂后在韓信的問題上初露鋒芒後，這一次再展雄風。一個蛻變後的皇后正逐漸露出猙獰的面孔。

值得一提的是，為了防止出現韓信死後蕭徹的祭祀方式重演，劉邦下令把彭越的頭顱掛在城牆上，下寫有一封詔書：敢有收起或祭祀彭越頭顱之人，與彭越同罪。

一連幾天都沒有人敢來祭祀。這天，忽然出現了一個身穿白衣白褲，腳踏白靴，頭紮白巾，總之一身白的人。他手裡拿著祭品，對著彭越的頭顱邊拜邊哭。那些守吏也不是吃素的，不由分說，就把那人抓起送到朝廷。「你是何人，」劉邦怒罵，「敢來祭祀彭越？」

「我乃梁大夫欒布是也！」那人平靜道地，「前些日子奉彭王命到齊國

出差，今日回來，特向他覆命……」

「你難道沒有看到詔書嗎？居然敢在大庭廣眾之下哭祭，這是同謀之罪，來人啊，快快把他煮了！」劉邦怒火沖天。

此時殿前正擺著湯鑊，衛士一接到命令，二話不說，將欒布提起，就要往湯鑊中送。說時遲那時快，就在衛士要下手的空當，欒布撕心裂肺般地大叫了一聲：「臣有一句話，如果不說出口，將死不瞑目。」

「但說無妨。」劉邦這時倒顯得很大度。

既然你要我說，那我就不客氣了，於是欒布的口才得到了充分的發揮，舉出了彭越的兩大蓋世功勞。

「其一，陛下敗走彭城，敗走滎陽、成皋之間，項羽強兵壓境，如果沒有彭王居梁地，助漢擊楚，這天下早就是姓項的了。其二，垓下決戰，彭王如果不來，項王也未必就會敗。如今天下已定，彭王受封，肯定想將封地傳於萬世，又怎麼會去想造反的事呢？」

劉邦是聰明人，個中緣由一點就破，靜心一想，彭越的事他也自知做得太過分了，於是不但赦免了欒布，還給了他一個官來當。就這樣，欒布靠這樣一場祭祀得到了一個大官職，讓人哭笑不得。

劉邦的做法是欲蓋彌彰，然而群眾的眼睛是雪亮的，正如欒布所言：功臣人人自危，不反也被逼反了。

第十七章　太子保衛戰

第十八章
人生沒有捷徑可走

愛與恨的邊緣

　　記得曾看過這樣一個笑話。一個主人請客，他一共請了三個客人，來了兩個後，還有一個沒有來。於是主人發話了：「該來的還沒有來。」聽了主人的話，兩個在場的客人都很難堪，其中一個大為惱火，拂袖而去了。這時主人急忙去阻攔：「不該走的走了。」這下剩下那個客人氣量再大也忍不住了，於是他也憤然而去。最後只剩下主人一個人了。

　　這個故事從我們現在的角度來看，主人錯就錯在他的言行，是他逼著客人都怒而離去的。

　　而此時的劉邦所遇到的情況也一樣。呂后先設計了個先斬後奏把韓信殺掉，隨後又想方設法殺了彭越。要知道當初張良曾把韓信、彭越和英布歸為三虎將。現在兩虎將死了，另一員虎將英布自然也坐不住了。呂后斬韓信、誅彭越，實際上正如「請客的主人」，已經把「客人」英布逼上了絕路。

　　前面已說過，韓信、彭越所謂的「造反」，都是因為手下人想謀取個人利益，利用皇帝對他們的猜疑來惡人先告狀的，從而給了呂后借刀殺人的機會。

　　而相對韓信的人頭落地，彭越的死就慘不忍睹了，他最後被剁成了肉醬。於是，各大諸侯都接到了劉邦送上的一份特殊的禮物 —— 彭越的肉醬。劉邦想用這種方式來唬住手下眾臣，使他們安分守己，不再生出謀反之心。但事實證明，劉邦這種做法非但沒有造成殺雞儆猴的作用，反而適得其反。

　　英布接到肉醬後，震驚得目瞪口呆，於是他加強了個人防備，把自己

的地盤守得嚴嚴實實的。說白了，這時他採取的是觀望的政策，還遠遠沒有到達造反的地步。然而，該來的終歸會來，躲也躲不掉。把英布逼上絕路的同樣是一件小事。

韓信被人告發，是因為麾下一個侍妾和手下的臣子私通，他憤怒之下欲斬了那通姦之人，最後被那通姦之人的弟弟反咬一口。結果，他被呂后砍了頭。彭越則是因為放縱一個心腹，平時管教不嚴，偏生他犯了人命官司時才想到要治他的罪。心腹逃到劉邦那裡直接告了他一狀。結果，他被劉邦砍了頭。而此時英布被告發也是因為一個妾。

這個妾是他最為寵愛的女人 —— 陳姬。

話說有一天，陳姬突然病了。英布對這個大美人寵愛至極，自然馬上就叫醫生替她看病。按理說，生病看醫生，這都是自然的事，但有人卻想利用這個看病的醫生大做文章。這個人便是英布的一個部將，姓賁名赫。

他想趁陳姬生病時，多去照顧陳姬，贏得這個美人的芳心。到時候她只要在英布面前美言幾句，那麼他的仕途就會青雲直上了。於是他今天提著燕窩來看陳姬，明天又提著人參湯來看陳姬，後天等陳姬的病好了一些後，還請她到自己的府上做客。

女人是水做的，這話一點都不假，賁赫一切的努力並沒有白費。幾次下來，陳姬又是激動，又是感動，只恨不能以身相許了。

病好之後，陳姬便向英布述說了，她生病時賁赫的照顧。說到動情處，她的眼裡竟然閃動著些許淚珠。她滿以為英布聽了也會感動的，但哪知英布越聽臉色就越陰暗，到最後就像烏雲密布的天空要下雨了一般。

陳姬這才意識到自己犯了一個致命的錯誤，那就是在男人面前提另一個男人怎樣好怎樣優秀，因為男人很容易吃醋。然而，此時已晚。英布爆

發了：「你們該不會做了什麼見不得人的事吧？」所謂愛有多深，恨就有多切。當時英布在沒有證據的情況下，因愛生恨，直接派人去把賁赫抓了起來。

賁赫哪裡知道自己拍馬屁沒拍好，反而拍到馬腳上去了。幸好他還有「順風耳」這一絕活，因此，英布派的人到他的府上時，他早已腳底抹油，逃了個無影無蹤。其實他逃跑的路線也很明確，直奔劉邦所在的京城（和韓信、彭越手下告狀的形式如出一轍）。

劉邦此時已是草木皆兵，英布「造反」的事引起了他的高度重視，於是他馬上派人去調查這件事。而英布聽說賁赫拒捕而逃，自然認定他這是「畏罪潛逃」了。「看來他果然給我戴了綠帽子！」英布盛怒之下，便把賁赫的家人全給殺了。

事實證明，英布製造「滅門之災」的時機不對，這給了劉邦派來的調查組一個可以交差的事件。本來就是走過場的他們，這時只在英布的地盤上白吃白喝了幾天，就馬上打道回府向劉邦報告調查的詳情去了。結論是：英布誅殺賁赫全家，確實想謀反啊！

劉邦一聽，火冒三丈：「英布你這小子活膩了是吧！看我怎麼收拾你！」

不過，究竟該派誰去搞定英布呢？劉邦在人選的問題上左右搖擺起來。

思來想去，他最終決定派太子劉盈出征。一來，劉邦想試一下太子的能耐。後宮的戚姬和呂后之爭日益嚴重。而戚姬自太子爭奪戰失敗後，一直鬱鬱寡歡，劉邦為此也很著急。現在這樣做，正好可以試一下太子的斤兩。換句話說，如果太子這次勝了，他就死心塌地地讓他做自己的繼承人。如果太子敗了，對不起，這太子的位置還是交給他最寵愛的妃子戚姬的兒子如意吧！二來，劉邦想打擊一下呂后囂張的氣焰。自從太子保衛戰

告捷後，呂后老練多了，她處心積慮，表面上對戚姬噓寒問暖，處處關心，但實際上，她的暗刀子已瞄在戚姬身上了。只是因為劉邦盡力保護她，才使得呂后不敢輕舉妄動。因此，劉邦此時派太子出征，也有殺殺呂后威風之意。

太子出征，正可謂一箭雙鵰。

當然，這是劉邦出的招，呂后會甘心逆來順受做待宰的羔羊嗎？

朝廷中除了聽話的和不聽話的人，還有一個特殊的人 —— 張良。

自從劉邦奪得天下後，張良就歸隱家中練「闢邪神功」去了。他練功就是為了明哲保身。他那把老骨頭，還想真練成絕世武功，那只是痴人說夢吧！但為了能保住性命，練功對他來說已是別無選擇的最佳辦法了。

廢立太子的事出現後，呂后把目光鎖定在了這個極有分量，而且又很「懂味」的明白人身上。她向張良去求教，太子該如何才能明哲保身。

張良本來已是兩耳不聞朝中事，一心只練聖賢功。但面對呂后的苦苦糾纏，他被逼得情非得已，只好說了這樣一句真心話：「為阻止陛下廢太子，有四個人可以去請。」隨後他說出了這四個人的名字：東園公、綺里季、夏黃公、甪里先生。這就是所謂的「商山四皓」。

據說此四人都年逾八旬，長得童顏鶴髮，仙風道骨，非同常人。又據說當年劉邦曾派人去請這四個人下山來助他，但都遭到了拒絕，可見這四人來頭不小。呂后被張良點撥得茅塞頓開後，便決定親自去請「商山四皓」下山。

於是，《三國演義》中三顧茅廬的故事提前上演了。呂后備好重禮，先後三次上商山，終於憑著一顆真誠的心打動了這四個世外高人。

就這樣，太子身邊擁有了「商山四皓」組成的強大智囊團，實力和地

位得到了大大的鞏固和提高。因此，面對劉邦的出招，呂后就詢問這四人組成的智囊團該怎麼辦。

四人馬上就幫呂后想辦法。呂后自然依計行事，先是端著一碗熬好的雞湯來到劉邦的身邊，然後極盡溫柔體貼之能事。

「今天太陽是打西邊出來的吧？」劉邦也不禁被呂后的溫情弄得丈二和尚摸不著頭緒了。

呂后表演完後，再藉機提起太子出征的事來。而且嚴格按照商山四皓的部署，只說了幾句就放聲大哭起來：「盈兒還小，而且從來也沒有打過仗，你現在叫他帶兵出征不是趕他上絕路嗎？」此後呂后的淚水一發不可收拾，滔滔不絕，大有「水漫金山」之勢，劉邦只好乖乖地投降了。

「既如此，還是我親自帶兵去出征吧！」劉邦說完這話時，呂后立刻收住淚水，破涕為笑，就這樣，在這次劉邦和呂后的「暗鬥」中，呂后又一次取得了勝利。

劉邦決定自己再次領銜出征時，他的親信祕書長兼私人保鏢夏侯嬰變得忙碌起來。他透過各種管道打聽到原楚國的令尹薛公很了解英布，就向劉邦推薦了此人。

夏侯嬰那是什麼人物，他的話自然極具分量，於是劉邦馬上傳薛公前來問話。密室裡，兩人的對話開始了。

「你看朕跟英布的形勢如何？」劉邦問道。

「英布有三條路可走，如果走正確的第一條路，他的形勢一片大好；如果走不好不壞的第二條路，鹿死誰手，雙方還是一個未知的結果；如果走錯誤的第三條路，他必敗無疑。」薛公語出驚人。隨後，薛公詳細地分析了所謂的上、中、下三條路的情況。

「所謂上路也是上策，英布可向東攻取吳地，向西奪占楚地，吞併齊地，占據魯地，鞏固燕、趙兩地，然後固守大本營淮南。如此一來，崤山以東就不再是朝廷所有的了。

「所謂中路也是中策，英布可向東攻取吳地，向西奪占楚地，吞併韓地，占領魏地，掌握敖倉的儲糧，阻塞成皋通道。如此一來，誰勝誰負將充滿懸念。

「所謂下路也是下策，英布可向東攻取吳地，向西奪占下蔡，然後把輜重送回越地，自己返回長沙。如此一來，他就是自尋死路。」

面對薛公有條不紊的分析，又驚又喜的劉邦馬上生出一問：「英布會採取上、中、下哪一策呢？」

薛公胸有成竹地說英布絕對會選下策的路走：「英布只能夠看到眼前的蠅頭小利，他哪裡能看到更遠的東西呢？」

問完話後，劉邦的底氣更足了。於是，他在帶領十萬大軍出發前，就立皇子劉長為淮南王，等於把真正的淮南王英布當成是透明的了。

正在這時，久未露面的張良出現了。他消瘦的身子盈盈一彎，蒼白的頭髮在陽光下特別刺眼。

「陛下，恕臣身體有恙，不能隨你一起出征。」張良道，「臣特為你這次出征餞行，並且贈陛下一言，那英布乃匹夫之勇，只需智取不要硬拼啊！」

「朕明白了。」劉邦此時像個溫順的小孩，對張良頻頻點頭哈腰。

「陛下還應任太子為將軍，監領關中軍隊，以防陛下走後發生意外啊！」張良提出自己的第二個忠告。

「朕明白了。」劉邦說著馬上下了一道命令，抽調關中三萬精兵作為太

子警衛隊，由太子親自指揮，負責關中的安全保衛工作。

臨走前的兩個忠告，看似微不足道，卻讓劉邦更加看重張良了。從這些細微之處，我們不難看出，張良就是張良，他的計謀比起「漢中三傑」中的其他兩位（韓信和蕭何）都要高明百倍。也正是因為這樣，劉邦先後對韓信和蕭何動了手，唯獨對張良始終沒有一點表示，最後讓他平安地走完了自己的一生。

寧可站著死，不可跪著生

英布自從被逼著起義造反後，已是箭在弦上不得不發了。於是英布首先選擇了東邊最弱的劉賈進攻。事實證明，英布的出發點選擇得還是很不錯的，這劉賈看似驢屎面上光，但肚子裡哪裡有一點真才實學呢！

因此，英布的大軍很快就勢如破竹地殺到了吳地。劉賈打仗的本事沒有，但逃命的本事卻不是一般的強。

他很快就逃出了英布的包圍，然後慌不擇路之下，帶著幾個親信逃到了一片荒涼的墳地裡。這裡成了劉賈最終的歸宿地。晚上，自感無顏回去見劉邦的劉賈，趁陪同他的幾個親信睡著之際，用一根繩子結束了自己的生命 —— 上吊了。

英布旗開得勝之後，馬不停蹄地揮師渡過淮河向楚國殺去。

劉邦稱帝後，本來是封韓信為楚王的，但後來因恐韓信功高蓋主，在陳平的妙計下，借用狩獵之名擒住了韓信，剝奪了他的楚王之職。後來劉邦最小的弟弟劉交成了楚王。

劉交小時候勤奮好學，屬於班裡的「好學生」。當了楚王後，劉交不用再像以前那樣，整天在田地裡做事了。空閒時間多了後，他整天抱著兵書研究行軍打仗的事。用他的話來說就是活到老，學到老。

現在他驟然聽聞英布的反軍朝他這裡來了，經過一番冥思苦想後，決定兵分三路去迎敵。他這樣安排是有根據的，兵書有云，兵分三路，可以彼此呼應，出奇制勝。可以說劉交對兵書了解得還是比較透澈的，但他同時也忘了一句很重要的話：盡信書不如無書。

試想，英布那是什麼人物，他和項羽一樣，都有以一當十之勇。對兵力本來就不多的劉交來說，兵分三路，讓自己的實力進一步削弱了。只要英布的大軍集中火力擊敗了劉交三路大軍的其中任何一路，那麼其他兩路大軍就會不戰而敗。

可惜當時的劉交只懂得一點表面理論的東西，哪裡知道用兵的精髓？英布集中火力，擊敗了劉交布好的「三龍陣」的中路軍馬，其他兩路果然就崩潰了。就這樣，英布幾乎沒費什麼周折就取得了第二次大勝。

就在英布乘勝將要再度出擊時，劉邦的大軍來了，真正意義上的對決終於要展開了。西元前 195 年秋，英布和劉邦大軍在蘄州境內相遇。

不是冤家不聚頭。英布早就盼著和劉邦決一死戰了。因此，他馬上擺出了決戰的陣形。而劉邦是何等人物，他觀察了一下形勢後馬上決定堅守不出。「你不是急於跟我決戰嗎？我偏不給你打的機會。」劉邦把軍隊退守在庸城。

「既然你守，我就攻好了。」面對劉邦的堅守，英布也不是吃素的，他學著項羽當年對付劉邦的絕招，採取強攻之術。但是，對劉邦來說，這招就像對牛彈琴一樣根本起不到任何作用。英布決戰又沒有決戰的機會，強

攻又強攻不下，急得像熱鍋上的螞蟻。

「一鼓作氣，再而衰，三而竭。」兩軍相持了一段時間後，養精蓄銳的劉邦，終於趁城下英布疏於防備時，來了個突然襲擊。劉邦連續多日都閉門不出戰，英布本以為他被嚇破了膽，哪裡料到他會突然來進攻？於是，面對鋪天蓋地而來的大軍，他很快就只有退的份兒了，退了一陣就到了淮河。

此時已是初冬的寒霜時節。淮河啊淮河，一個字形容就是冷。形勢所逼，英布只得下令將士們進行游泳比賽，於是士兵們都跳進了淮河。只是當他們落到冰冷的河裡時，才發現這渾水蹚不得。

除了抗寒能力特強的和像楊過一樣練過「禦寒功」的人，絕大多數士兵都步屈原的後塵去了，可謂「淮河水滔滔，內有凍死骨」。

英布舉行了游泳比賽後，劉邦自然也不甘落後，他馬上舉行了砍瓜比賽，對著河裡的冰凍人一陣胡剁亂砍。等游泳和砍瓜比賽結束，英布回過頭來清點人數時才發現，自己數萬人馬只剩下一千多人了，而且這一千多人還都衣冠不整，傷痕累累。

但此時英布除了拚命逃還能做什麼呢？而劉邦充分發揮其骨子裡的窮追猛打作風，追擊了兩天兩夜，直到英布身邊只剩下百來人了，他突然下令停止追擊。劉邦不再去追殺英布，並非手下留情，想放英布一條活路，而是他早已胸有成竹，相信已成甕中之鱉的英布，是逃不出自己的手掌心的。

事實上，劉邦只寫了一封信給長沙王吳臣，就搞定了一切。劉邦為什麼單單給吳臣寫了一封信，不寫給別人呢？這是有原因的。

英布的妻子乃長沙王吳臣之妹。換句話說，吳臣就是英布的妻兄。以

劉邦的聰明才智自然知道，走投無路的英布首先會選擇投靠吳臣。吳臣本來長沙王當得好好的，哪裡料到自己的妹夫真的造反了，接到劉邦的信後，他嚇得兩腿直打哆嗦。他面臨兩大艱難的選擇：其一，放下眼下的榮華富貴，支持妹夫造反，從此踏上人生的不歸路；其二，堅決和英布劃清界限，來個大義滅親，以確保自己的地位不動搖。

考慮來考慮去，最終吳臣還是理智戰勝了衝動，個人利益戰勝了親情，為了保住自己的「烏紗帽」，他決定大義滅親。

於是，接下來發生了這樣一幕，劉邦寫信給吳臣，吳臣居然去信給英布。這其中的原因我們且不去多說，就來看一下英布接到吳臣的信時的表情吧──喜，大喜，非常喜，特別之喜，勝過洞房之喜。

吳臣寫給他的信內容簡潔明瞭，一句話，就是請妹夫去長沙他的地盤避難。

絕望中的英布似乎看到了一絲光明，他本來就打算投靠妻兄去，現在妻兄居然主動來請他這個敗軍之將，他能不喜不自勝嗎？他認為有了妻兄的幫助，東山再起還是有希望的。

於是，英布馬不停蹄地日夜兼程，不消幾日就走到了鄱陽的洞庭湖。八百里洞庭湖風景之美那沒得說。

連日奔波，心力交瘁的英布也確實感覺太累了。於是，他在風光秀美的洞庭湖邊找了一家客棧住了下來。到了客棧後，他和他的親信們開始喝酒了。這些大老爺們兒所有的傷感和怨恨都化在酒中了，不久他們就都醉得像死豬似的了。

這時，客棧裡閃出了一群黑衣蒙面的提刀刺客。他們對著這些醉得東倒西歪的醉客就是一陣刀光劍影。

這些黑衣蒙面刺客其實並非什麼殺手，或是黑道打劫的團夥，他們是吳臣派來的「半路殺手」。說白了，這一切都是吳臣精心設下的局，一個必殺之局。可憐的英布還沒有明白怎麼回事就成了刀下冤魂了。

而此時的劉邦沒有追擊英布，除了知道英布必死無疑外，更重要的是，他在衝出庸城和英布搞偷襲戰時，中了一支冷箭。他邊養傷邊聽英布的消息，不久吳臣就將英布的頭顱獻了上來。

一切盡在他的掌握之中，劉邦對這樣的結果很滿意，馬上給吳臣開出了獎賞單：賞黃金一千兩。

泰戈爾（Tagore）在《飛鳥集》（*Stray Birds*）裡說：「小狗疑心大宇宙陰謀篡奪牠的位置。」還有一句話說得好：天下沒有疑點，疑心一起，那就是鐵板釘釘。所以世上本沒有禍，疑心的人多了，便成了禍。

英布雖是一代英豪，可惜卻疑心病重，為了一頂莫須有的帽子，把吃醋的家庭倫理劇演成了戰爭片，都是小心眼惹的禍，注定了悲慘的結局。

獨善其身的奧祕

搞定英布後，至此早期封的王已差不多都被劉邦給殺了。隨即，劉邦把目光停留在了漢中三傑中的蕭何和張良身上。漢中三傑，韓信行軍打仗的本領無人能與之相匹敵，但在明哲保身上卻和蕭何、張良相差太遠。也正是因為這樣，韓信第一個就被淘汰掉了。剩下就看張良和蕭何誰能堅持到最後了。

蕭何在楚漢之爭中把後勤部部長當得很好，為劉邦的最終勝利提供了

最堅強、最有力的人力和物力支持。也正是因為這樣，劉邦在建國後的分封大會上，把蕭何排在了第一的位置上。

而張良雖然在楚漢之爭中造成的作用是不可估量的，但畢竟被韓信搶去了不少風頭，不如蕭何和韓信的舉重若輕。

自從劉邦建國後，張良就一直在家裡練心法，練氣功，練長生不老術，練昇天入地之法，練蓋世無雙之神功。事實證明，他練的武功雖然不是天下最厲害的武功，但卻是可以使他永遠立於不敗之地的絕招。他的聰明之處就在於他視野廣闊，料敵於先。而蕭何等人都是在劉邦的猜疑下才出招的，效果自然不可與其相比了。

為了生存，從來不出手的蕭何，一出手就不凡，連出三招，招招逼人，招招封喉，展現出了一名出色政治家的修養和素質。

第一招：妙計擒韓信。

當初陳豨叛亂時，蕭何還在幫劉邦修造皇宮，他只是停留在「國事，家事」上，因此行軍打仗的事他都可以只聞不管。

但隨著皇宮的修成，他還來不及享幾天休閒的生活，呂后已開始母老虎發威了。在母老虎的威逼下，他不得已只好設計擒住了韓信。也正是因為這樣，蕭何得到了劉邦的嘉獎：增封五千戶食邑，特派五百人作為他的侍衛。

賞五千戶食邑我們很容易理解，錢財土地誰不希望越多越好？但特派五百人來做侍衛就大有文章了。

「皇帝給我增加警衛那是為了我的安全著想啊，這是皇帝對我的關心啊！」一開始，蕭何也這麼認為，但他手下一個叫召平的人對他進行了另一種解釋：「劉邦名義上加派五百人來當你的警衛，是為了保護你的安全，

但實際上不是保護你，是懷疑你，是監督你啊！」召平的話讓蕭何頓時驚出了一身冷汗。

第二招：傾家蕩產支持劉邦平定英布的叛亂。

蕭何知道劉邦替自己加派警衛是別有用心後，便堅決辭讓了劉邦的封賜。理由是現在國家正是用人的時候，怎麼能因為我而浪費這麼多人力資源呢！

非但如此，聽說劉邦要親自帶兵去平定英布的叛亂時，他還獻出自己所有的家當充當軍餉。這一招真絕，劉邦對蕭何的識時務大為滿意。然而平定英布後，劉邦把目標又鎖定在蕭何身上，因為蕭何的威望在京城一帶太大了，大有蓋過他這個真龍天子的態勢。而這時的蕭何也看到了劉邦對自己投來的不善眼神，於是他馬上想方設法地去降低聲望。

別人都夢寐以求能得到一個好名望，而蕭何卻是想盡一切辦法降低自己的聲望。他開始四處購買房子，而且均是賒帳，從來沒有付過錢。這種購買方式，按照現在的說法就是強買強賣了，等於是強占了百姓的土地。於是個別膽大的就告到劉邦那裡去了。在《史記》記載中：「上罷布軍歸，民道遮行上書，言相國賤強買民田宅數千萬。」

劉邦一聽，笑了，這樣的事對國家和朝廷沒有一點損害，倒是把蕭何廉潔奉公的名聲給徹底毀了。透過這件事，蕭何的聲譽受到了一定的影響，劉邦的心裡也得到了一些平衡。前面兩招一出手，使得面臨信任危機的蕭何暫時得以進入「安全席」。

第三招：建議將長期荒廢不用的皇家林苑借給百姓。

也許是前面兩招出得太漂亮太完美了，蕭何的第三招馬上又出手了。

他的招式一招快過一招，令人嘆為觀止。把皇家林苑借給百姓，讓本來就缺田少地的農民能有田可種，有飯可吃，有衣可穿。

這封奏章上報後，他本來認為這件事會使劉邦覺得自己對朝廷很忠心，但他萬萬沒有想到，這一次他的善舉善過了頭。劉邦看完奏章，臉陰得就像是要下大雨了，二話沒說就叫人綁了蕭何。

蕭何是何等人物，大臣們見他被抓了，向劉邦求情的人自然很多了。其中一位姓王的衛尉和蕭何的關係最好，他也向劉邦求情了。他到了劉邦那裡，也不顧什麼君臣禮節了，直接就問劉邦為什麼要抓蕭何。

劉邦給蕭何定的罪是接受商人的賄賂，替他們要上林苑，討好百姓，誹謗他人。

王衛尉馬上反駁劉邦的話：「這是對百姓有利，對國家有利的事呀，也正是一個相國的正直之處啊！陛下怎可疑心相國受了商人的賄賂呢？」

接下來，他又像其他能言會道的說客一樣，說出蕭何當年在楚漢之爭中如何如何有功。劉邦沒轍了，最後只得下令釋放已經六十歲高齡的蕭何。

蕭何穿著囚衣，光著腳跑到劉邦宮中，叩謝劉邦赦免大恩。劉邦擺了擺手，讓蕭何回去自己思過，就這樣蕭何穿著囚衣，在長安眾多百姓面前，狼狽回到了家中。

從此，長安百姓提到相國蕭何，都非常鄙夷，蕭何的名聲可謂徹底掃地。劉邦氣得命令蕭何退還賤買的全部土地，蕭何也全部退還了。蕭何請求退休，劉邦也認為蕭何老糊塗了，批准了。

西元前 193 年，在韓信去世三年後，已經臭了名聲的蕭何，在長安家中病逝，蕭何臨終前，給子孫後代留下了一句遺言：

「後世賢，師吾儉；不賢，毋為勢家所奪。」

在蕭何彌留之際，漢惠帝劉盈親自前往看望，並問：「相國百年之後，誰可代之？曹參可否？」

奄奄一息的蕭何，竟然站起來向劉盈叩頭：「陛下能得到曹參為相，我蕭何即使死了，也沒有什麼遺恨了！」蕭何去世後，獲得諡號「文終」，年六十四歲，他的兒子蕭祿承襲了鄼侯爵位。

帝王的悲哀

想必大家對和劉邦同年同月同日生的那個盧綰還記憶猶新，這個從小和劉邦稱兄道弟的哥兒們，劉邦待他並不薄，封他做了燕王。

隨著朝中原封大王一個個被誅殺，這時候非劉氏宗族的異姓王已經是稀有動物了，只剩下燕王盧綰和長沙王吳臣了。

而陳豨被逼造反逃到匈奴後，劉邦並沒有放過他。他派出的「奪命殺手」是周勃。周勃不愧是劉邦最得力的部將之一，他利用還處於「和親蜜月」中的匈奴人的中立，集中火力很快就消滅了陳豨。

但在這個看似簡單的過程中還生出一些是非來。「說服」和「溝通」匈奴的外交政策是燕王盧綰去辦的。盧綰當時派出的使者是張勝，這個張勝的使命，是以三寸不爛之舌說服「大漢女婿」冒頓收起支援陳豨之心。

但外交官張勝之行並不是一帆風順的，因為他在說服匈奴人的同時，還將面臨匈奴外交官對他的「反說服」。當時匈奴的外交官其實也是漢人，他的名字叫臧衍。他的父親大家相對比較熟悉—— 臧荼。臧荼被劉

邦除掉後，他兒子臧衍逃到了匈奴。這時候臧衍就對同樣是黃皮膚黑眼睛的張勝進行了攻心政策。他說的話就是韓信那句經典的警世名言：「狡兔死，良狗烹；飛鳥盡，良弓藏……」

其實，面對張勝這樣聰明的人，根本就不需要再解釋什麼了。張勝自然明白，一旦陳豨真的被消滅了，劉邦的下一個目標就輪到燕王了。

一語驚醒夢中人，臧衍的話不無道理啊！那劉邦是什麼人物，行軍打仗的本事沒有，猜忌、多疑、心狠手辣卻是他的特長。

權衡利弊後，張勝的心開始動搖了。於是接下來發生了這樣一幕，說服官張勝本來是來說服匈奴人不幫陳豨，讓他自生自滅的，但到了冒頓面前說的話卻是完全相反，居然強烈要求匈奴人出兵去救陳豨。

在張勝的煽風點火下，原本決定中立的匈奴人再也坐不住了，他們馬上發兵去支持陳豨。幸好素來以雷厲風行著稱的周勃，早已趁張勝和匈奴人周旋期間，快刀斬亂麻，把陳豨解決了，並不給匈奴人交鋒的機會就班師回朝了。按理說這件事應該畫上一個句號了，但周勃回到朝廷後，馬上遞給劉邦一個奏摺：燕王有造反的跡象啊！

當時的盧綰被矇在鼓裡，等張勝回來知道情況後，心中暗叫「苦也」。而張勝卻重複了韓信那幾句話。

盧綰也不是傻子，劉邦屠殺功臣的事他也是極為關注的。雖然他仗著「同年同月同日生」這個護身符暫時得以保命，但「山雨欲來風滿樓」，面對腥風血雨陣陣撲面而來，這時盧綰的頭腦也開竅了，他最終決定聽從臧衍和張勝的建議，和匈奴聯盟。

匈奴方面正求之不得呢！燕國和匈奴毗鄰，平時的壓力本來就大，匈奴人一旦侵犯中原就肯定要與他交戰，與其到那時再交戰，不如現在聯

盟。但他這種和匈奴人若即若離的關係並沒有維持多久，因為劉邦很快就來了個「大捉姦」。

劉邦因平定英布時受的箭傷並不輕，回來後時常復發的緣故，他沒有親自來辦這些事，而是耍了兩個小計謀。

首先，劉邦派出了手下兩個親信審食其和趙堯去燕地調查。其次，下詔書召盧綰入京。

這便是病中劉邦的雙管齊下。這個審食其，和當年劉邦手下最優秀的外交官酈食其的名是一模一樣的，只是姓氏不同而已，兩人各有千秋。酈食其口若懸河，一張嘴巴能說會道，有「鐵嘴」之稱。而審食其長相英俊，一雙眼睛含情脈脈，大漢第一皇后呂后也跟他有一腿。

審食其此時雖然還沒有達到大紅大紫的地步，但已跟呂后對上了眼，然而因為劉邦尚且健在，他們還只是停留在暗送秋波的份兒上，並沒有其他的越軌行為。也正是因為這樣，審食其說話的分量可想而知了。

接到詔書後，盧綰犯難了，韓信當年被擒那一幕又出現在他眼前。去還是不去，他左右為難。最終他的心腹手下都力勸他千萬別去自投羅網。於是怕極了的盧綰最終決定拒絕入京。他甚至還產生了和當初英布一樣的想法：等有機會再向劉邦解釋。然而，稍有頭腦的人就會知道，他不會再有解釋的機會了。

審食其去調查也只是走了一下過場，然後抓住盧綰不肯去京城的問題大做文章，直接上奏：盧綰不肯來京城，其造反之心已昭然若揭。

劉邦聽後大怒：「什麼同年同月同日生，什麼兄弟情義都通通見鬼去吧！敢跟我作對，我不會給你好果子吃的。」於是他還是使用先前平定其他諸侯王的相關經驗，來了個先斬後奏，立皇子劉建為燕王，然後再派他

的連襟樊噲帶兵去平定盧綰。

然而這次事情的發展並不是一帆風順的。樊噲走到半途時，自己也將面臨人生中的一場大浩劫。

劉邦手下一個親信侍衛，因為當年一點個人私怨而記恨樊噲，又見病重期間的劉邦對戚姬很是憐愛，對呂后大為反感，甚至一見到呂后和太子就會發起無名的火來，深惡痛絕的態度很明顯。樊噲帶兵出發後，這個侍衛就趁機進讒言，說呂后和樊噲因為「血緣」關係，他們「勾搭」在一起，準備等陛下死了之後，謀權奪位，讓劉氏天下變成呂氏天下。

此時已病入膏肓的劉邦聽了大吃一驚，他心裡嘆道：「看來這年頭除了自己，真的沒有一個人可以相信了。」於是，他終於露出了廬山真面目，馬上把陳平和周勃兩大心腹叫來，讓他們兩個馬上提來樊噲的人頭。當時劉邦吩咐得還有板有眼，陳平負責捉拿樊噲，周勃負責平定盧綰之亂。

陳平和周勃哪裡料到劉邦突然要殺他的連襟，這一驚非同小可。但劉邦此時已是「難得糊塗」了，再勸也沒有用。於是他兩人合計了一下，決定把劉邦的「砍人頭」先變成「抓住人」再說，至於其他的只能走一步算一步了。

正是因為他們兩個私自變通，才最終保住了樊噲的性命，因為劉邦不久就撒手西歸了。

劉邦在死前，還有一樁心願未了，那就是太子之事。前面已經說過，第一次廢立太子，劉邦面對大臣們「眾志成城」的反對，最終不得不放下皇帝至高無上的架子，堅持最民主的「少數服從多數」原則，宣告廢立太子一事暫時告一段落。

　　但此時因為箭傷復發而感到來日不多的劉邦，看著整天梨花帶雨的戚美人衣不解帶地守在自己身邊，他的心裡也不好受。他知道憑著呂后的心狠手辣，一旦他撒手而去，呂后仗著太后的身分，戚姬便會如同一隻螞蟻一樣任她蹂躪。

　　迫不得已之下，他決定將「白臉」進行到底，再次更換太子，以確保他最愛的女人——戚姬在他死後不受一點點傷。於是，順應形勢的需要，廢太子的大會將要再次舉行。

　　這一次，劉邦也不拐彎抹角，直接就把會議的中心議程擺在大家面前：廢立太子。

　　「太子劉盈生性柔弱，哪裡有一國之君的陽剛之氣？朕決定把太子改換成如意，各位意下如何？」劉邦問道。

　　眾人一起發言：「陛下萬萬不可廢掉太子。」隨後，大臣們的發言跟第一次廢立太子的發言別無二致，什麼廢長立幼乃是取亂之道，什麼劉盈心慈仁厚將來是個明君，什麼大秦王朝就是前車之鑑。總之，他們的態度很明確：堅決反對廢立太子。

　　對群臣的一致反對，劉邦在會前就有了充分的猜想，所以與會時他費了九牛二虎之力把張良請來了，他想利用張良在朝中的威信來助自己一臂之力。然而，令他始料不及的是，當劉邦向張良投去詢問的眼神時，張良居然也反對廢立太子一事。這差點沒氣得劉邦吐出血來。

　　即使是這樣，劉邦還是不想讓他的女人失望，他「咬定青山不放鬆」，堅決要廢掉太子。眾臣眼看他們的建議劉邦都熟視無睹，自然也不會輕易妥協了。

　　正在這時，叔孫通亮劍了。他雖然滿腹經綸，但和周昌一樣，也不善

言辭，因此，會議開始後，他沒有說一句話，但此時眼看劉邦來軟的不吃，乾脆就來硬的了。他刷地拔出劍，頓時劍光閃閃，寒氣逼人。

就在群臣吃驚的時候，叔孫通並沒有把刀架到劉邦脖子上，而是不急不慢地架在了自己的脖子上：「如果陛下非要改立太子，臣與其看到我大好江山不久就因動亂而敗亡，不如先走一步吧！」

廢立太子一事，眼看就要鬧出人命來了。劉邦沒轍了，他深深地體會到了孤掌難鳴的深切含義，於是只好妥協道：「罷了，罷了，廢立太子的事就此作罷。」

劉邦第三次廢立太子的事就這樣草草收場，結果是劉邦和戚姬再度失敗。而這也是戚姬最後一次反擊呂后的機會。從這以後，戚姬只能希望劉邦長生不老，永遠也不要死去，否則……戚姬根本就不敢往下再想了。

善解人意的劉邦自然察覺到了戚姬的憂鬱。一天，他看著一直陪在自己身邊而眼睛卻腫得像水蜜桃似的戚姬，有感而發，吟出了千古佳句：「鴻鵠高飛，一舉千里。羽翮已就，橫絕四海。橫絕四海，當可奈何？雖有矰繳，尚安所施？」

當年項羽被困垓下，吟出了：「力拔山兮氣蓋世，時不利兮騅不逝。騅不逝兮可奈何，虞兮虞兮奈若何！」他的愛妾虞姬聽後，跟他對了一首：「漢軍已略地，四方楚歌聲。大王意氣盡，賤妾何聊生。」言畢，虞姬來了個一劍穿喉。可以說虞姬的選擇是非常明智的，證明她忠貞勇敢的同時，也使自己避免了隨著項羽失敗，落入敵手後可能出現的慘劇。

而此時已明明知道前途凶險的戚姬並沒有像虞姬一樣，在劉邦面前來個大殉情，成就一個烈女的形象。也正是因為這樣，才有後來戚姬被呂后折騰得不成人樣的「人彘」事件，讓她受盡了活罪才明明白白地死去。

不是尾聲的尾聲

劉邦知道自己來日不多了，然而，此時他已對呂后以及呂氏家族的強大感到了很大的壓力。他此時擔心的不僅僅是他最心愛的女人的問題了，還擔心自己死後，這辛辛苦苦打下來的江山能不能保得住。

心狠手辣，這是劉邦對呂后的最終評價。他已敏銳地感覺到，他死後呂后將是對大漢江山威脅最大的人。太子劉盈不但懦弱，而且尚年少。他繼位後，呂后獨攬大權也是必然的。也正是因為這樣，病危中的劉邦對呂后極為反感，甚至一見到呂后就會怒氣沖天。

當然，呂后雖然在某些方面心狠手辣，但也並非一點情義也沒有。為了醫好劉邦的病，她花重金請來了南山的一個神醫 —— 華太仙。

「只要陛下還沒有嚥氣，我就可以治好他的病。」神醫一出手，果真不同凡響。

如果這個華太仙真能把已病入膏肓的劉邦治好，那麼，中國古代最厲害神醫的帽子就該從華佗頭上取下來，戴在他頭上。可惜的是，劉邦並沒有給這個華太仙表現的機會。劉邦拒絕接受他的治療，也許是他在人生的最後關頭不想再欠呂后的人情吧！

劉邦非但不想接受呂后的人情，而且還在病榻中想出了兩個治服呂后的絕招。他甚至有些自負地認為，這兩招能夠確保大漢江山在自己兒孫的手上世代傳接下去。

第一招：簽訂白馬之盟。

劉邦把朝中重臣召進宮來，然後叫人殺了一匹大白馬，再把馬血混合

成血酒擺在眾人面前。劉邦端起酒杯，鄭重宣了兩重誓：「國以永存，施及苗裔。從今而後，非劉氏而王，非有功而侯者，天下共擊之！」

第一條的意思是說大漢王朝是我的，也是你們的，但終歸是大家的。只要國存在一天，在座諸位的子孫後代都共同享有人生出彩的機會，共同享有夢想成真的機會，共同享有與大漢帝王一起成長與進步的機會。有夢想，有機會，有奮鬥，一切美好的東西都能夠創造出來。

總而言之，劉邦給大家吃了一粒定心丸：只要劉家人有肉吃，他們這些「高管」肯定會有湯喝。

第二條的意思是，大漢王朝的皇位只能由我劉氏直系來繼承，有妄想篡位者，妄自尊大者，大夥直接上刀劍而誅殺，殺死叛逆者不償命。大漢王朝的諸侯王只能是由功臣或是功臣之後來當，沒有功勞之人如果擅自坐上去，大夥直接上板磚猛砸，砸死陰謀者不償命。

總而言之，劉邦將了大家一軍：大漢王朝的千秋偉業靠大家共同維護，大漢王朝帝國富國夢靠大家共同實現。大家一定要緊密團結，牢記使命，心往一處想，勁往一處使。

劉邦發完誓後，也不管大家答不答應，反應如何，就一口喝乾了杯中的血酒。

劉邦都做到這份兒上了，群臣自然不甘落後，紛紛叩拜於地，齊聲宣誓道：「國以永存，施及苗裔。從今而後，非劉氏而王，非有功而侯者，天下共擊之！」說完也都飲下了血酒。

看到此番場景，一臉病態的劉邦終於露出了一絲笑意，大家喝了這杯血酒就意味著要為這個誓言、為劉家朝廷盡忠職守永生永代。

這就是著名的「白馬之盟」。

第二招：重用兩個人。

陳平在楚漢之爭中最後時刻起的作用是巨大的，可以說他是劉邦能最終打敗項羽的不可或缺的人物。而且在大漢王朝成立後，他隨劉邦親征討伐匈奴，劉邦被圍白登山時，他的妙手幫劉邦解了圍。因此，在劉邦心目中，他的地位是很高的。

關鍵時刻劉邦自然不會忘了這個忠心耿耿的人。劉邦此時派陳平和他手下最為得力的武將灌嬰共同駐守在軍事要地 —— 滎陽。

滎陽是通往關中的咽喉，也是兵家必爭之地。換句話說，一旦天下有變，首先就要過滎陽這一關。

後來的事實也證明，劉邦這一招是絕招，在呂氏掌握天下大權，席捲天下時，他們雖然曾風光一時，但正是因為劉邦早就留有這一招，陳平和灌嬰守在滎陽，呂后才不敢把大漢王朝的「劉氏」大旗改成「呂氏」大旗。

做完這兩件事後，劉邦本來已經很累了，但還得應付一次呂后的問話。

劉邦在位時任蕭何為相，這是盡人皆知的。那麼蕭何之後誰可以為相呢？呂后也有這樣的問題：「陛下百年後，蕭丞相也百年後，誰人可為相？」

「非曹參莫屬。」劉邦答道。

「曹參之後，誰人可為相？」呂后接著問。

「王陵吧！」劉邦說著嘆了一口氣道，「不過，王陵有點直得過頭了，不能單獨用他，須用陳平來輔助他。只是陳平智識有餘，厚重不足，須兼用周勃。」

「那王陵之後呢？」呂后接著問。

劉邦沒有再回答了。

此時，天際突然墜落一顆耀眼的流星。

漢十二年（西元前 195 年）四月，六十一歲的劉邦與世長辭。

劉邦傳——權謀天下：
登基稱帝與功臣離散，楚漢終決一統江山

作　　　者：飄雪樓主

發　行　人：黃振庭

出　版　者：崧燁文化事業有限公司

發　行　者：崧燁文化事業有限公司

E - m a i l：sonbookservice@gmail.
com

粉　絲　頁：https://www.facebook.
com/sonbookss/

網　　　址：https://sonbook.net/

地　　　址：台北市中正區重慶南路一段
61 號 8 樓

8F., No.61, Sec. 1, Chongqing S. Rd.,
Zhongzheng Dist., Taipei City 100, Taiwan

電　　　話：(02)2370-3310

傳　　　真：(02)2388-1990

印　　　刷：京峯數位服務有限公司

律師顧問：廣華律師事務所 張珮琦律師

定　　　價：375 元

發行日期：2024 年 07 月第一版

◎本書以 POD 印製

Design Assets from Freepik.com

國家圖書館出版品預行編目資料

劉邦傳——權謀天下：登基稱帝與
功臣離散，楚漢終決一統江山 / 飄
雪樓主 著 . -- 第一版 . -- 臺北市：崧
燁文化事業有限公司 , 2024.07
面；　公分
POD 版
ISBN 978-626-394-525-8(平裝)
1.CST: 漢高祖 2.CST: 傳記
622.1　113009876

電子書購買

爽讀 APP

臉書